고수 사성어로 인생의 를 읽는다

고수 고사성어로
인생의 수를 읽는다

2016년 6월 20일 초판 1쇄 인쇄
2016년 6월 30일 초판 1쇄 발행

저   자 | 홍혁기
발행인 | 김영애
기   획 | 윤수미
마케팅 | 정윤성
발행처 | SniFactory(에스앤아이팩토리)
디자인 | 최치영
등록번호 | 제2013-000163호(2013년 6월 3일)
주   소 | 서울시 강남구 삼성로96길 6 엘지트윈텔1차 1402호
전   화 | 02-517-9385
팩   스 | 02-517-9386
이메일 | dahal@dahal.co.kr
홈페이지 | www.snifactory.com

ISBN 979-11-86306-56-7 13190
값 15,000원

고수
사성어로
인생의
멋을 읽는다

홍혁기 지음

다흘미디어

난세를 슬기롭게 이겨낸 사람들,
그 이야기

『고사성어로 인생의 수를 읽다』는 1980년대 『주간조선』과 『법제法制』지 그리고 『상장上場』에 연재되었던 고사성어故事成語를 묶어 만들게 된 책이다. 『주간조선』은 필자가 조선일보에 근무할 때 쓴 것이고, 『법제法制』는 법제처에 근무할 때, 마지막으로 『상장上場』은 한국상장회사협의회의 요청으로 동 협의회에서 발행하는 월간지에 집필한 것이다. 어느 날 『법제』지의 편집자가 딱딱한 법률 소개나 해설 중심인 이 잡지에 한 편쯤 부드럽고 부담 없는 기사를 실었으면 좋겠다는 제의로 시작한 것이 이 고사성어집이다.

당시 한 면을 채우려면 200자 원고지 8~9장 분량이 필요했고, 그 양을 채우려니 자연히 등장인물의 활동이나 당시의 정황, 그 말이 이루어지게 된 배경과 경위를 소개하지 않을 수 없었다. 그러다 보니 단순한 자구字句 해설이 아니어서 독자들로부터 흥미를 갖게 했고, 은근히 다음 호에 나올 고사도 기다려지게 되었다. 아마도 다른 종류의 책에서는 느끼지 못한 흥미와 소득이 있었던 것 같다. 지방에 출장을 나갔다가 돌아온 동료 직원이, 경기 북부의 한 기관에서 『법제』지에 난 고사성어들을 모아 책처럼 편철하여 직원들이 돌려보고 있더라는 말을 전해주었다. 글을 쓸 줄 모르는 사람의 글이었음에도 흥미롭게 읽는다는 말에 필자는 매우 흐뭇했다.

그래서 비록 세련미 없는 글이기는 하지만, 정성을 기울인 글이었기에 이를 모아 책으로 내 보려고 한 지가 벌써 20여 년이 지났다. 그동안 여러 가지 일로 분망하여 손을 대지 못하다가 이제 비로소 내게 되니 감회가 새롭다.

고사성어는 한자 문화권 사람들에게 널리 읽히는 책이다. 각 나라마다 출판이 되고 또 외국의 것을 번역하여 발간하기도 했다. 그러나 대개의 경우 사전 형식으로 간단한 뜻풀이만 되어 있을 뿐, 그 성어가 이루어진 배경 동기 인물들의 활약이 무엇인지 자세히 소개된 경우가 적다.

필자는 중국의 정사正史인 『25사史』의 열전列傳 및 다른 전적들을 참고하여 항목별로 분류하고. 충실하면서도 흥미롭게 구성해 보았다.

기존의 책들은 대부분 중국의 고사성어들을 편집했고 우리나라의 고사는 별로 소개한 것이 없다. 그러나 이 책에서는 삼국시대 이래 우리나라의 고사성어들을 『문헌비고文獻備考』와 각종 사서史書 및 패설稗說들에서 흥미 있는 것을 추려서 같이 소개했다.

그 중에서 몇 가지 내용들을 들어보면 "복숭아 두 개로 세 사람을 제거하다"라는 '이도살삼사二桃殺三士'에서는 옛 사람의 슬기를, "솔개가 마른풀을 먹다"라는 '연식고초鳶食枯草'에서는 간사한 흉계를 조심하라는 교훈이 담겨 있다.

전에 어떤 분이 "한형주韓荊州에게 인정받기를 소망한다"라는 '식
한지원識韓之願'을 "한국을 이해해주기 원한다"라는 뜻으로 잘못 알고
말했다가 국제적인 망신을 샀던 예가 있다. 따라서 최소한의 교양을
갖추기 위해서라도 이를 공부할 필요가 있다.

고사성어는 지식을 쌓기 위해서뿐만 아니라. 우리에게 교훈과 경
계가 되는 것이 많아 일상생활에 큰 도움이 되리라고 생각한다. 그것
은 우리의 정신 수양에 도움이 되고. 현대사회를 살아가는 처세술로
도 활용될 수 있다. 옛날이나 지금이나 사람들이 살아가는 양상은 크
게 다르지 않기 때문이다. 특히 이 시대의 젊은이들, 그리고 치열하게
사는 사회인들이 옛 선현들의 고사를 통해 이 힘든 세상을 슬기롭게
이겨내길 바란다.

또한 나는 정치가들이나 경제인들이 반드시 한번 이 책을 읽어보
기를 권한다. 어떻게 처신하는 것이 바르고 성공하는 길이며, 어떻게
행동하는 것이 실패로 직결되는 지를 알려줄 것이다.

『논어論語』에 "3인이 동행할 경우에도 그 가운데에는 반드시 나
의 스승이 있다. 그 선善한 자를 가려서 따르고 그 불선不善한 자를 보
고 고친다"고 했다. 우리가 역사를 배우는 까닭은 그 뿌리를 알고 옛
사람의 잘잘못을 가려서 따르고 고치려는 것이다. 고사성어를 익히는
것도 역시 우리 일상생활에 본으로 삼으려는 것이다.

한글세대는 한자에 익숙지 못하다. 우리 생활언어의 70~80%가
한자 용어임에도 한자를 등한시하다 보니 문맹 아닌 문맹이 양산되었

다. 이제 초등교육부터 한자를 가르쳐야 한다는 여론이 일면서 늦게나마 한문에 눈을 돌리고 있어 다행이다. 이 책은 고교생들을 비롯하여 대학생, 일반 사회인에 이르기까지 부담 없이 읽을 수 있는 책이다. 생활의 지혜도 얻으면서 흥미롭게 한문 공부를 해보는 것도 좋을 듯하다.

끝으로 이 책을 내면서 원전原典에 충실하려고 노력했고, 재삼 확인하는 성의를 기울이긴 했지만, 혹시 잘못 알았거나 알면서도 부주의로 그릇 넘어간 경우가 없지 않을 것이다. 많은 질정을 바란다.

2016년 5월
열상洌上의 죽남헌竹南軒에서

2장 속 깊은 아랫사람이 되어라

3장 사람을 가려 사귀어라

Ⅱ. 사회생활, 일事이 중요하다

4장 일 잘하는 인재가 되어라

난관에 침착하게 대응하라

I. 사회생활, 사람ㅅ이 전부다

1장

능력 있는 윗사람이 되어라

어둠 속 잡아 끈 손은 취중의 행동인 것을
고운 손, 바람 같이 관끈을 끊었다네.
십분 맑은 물에서는 물고기가 살 수 없기에
군왕의 넓은 도량 바다 같다 일러오네.

충성을
부른다

絶纓 절영

관끈을 끊는다는 뜻으로, 남자의 넓은 도량을 일컫는다.

[설원 복은 說苑 復恩]

초楚나라 장왕莊王이 영윤令尹 투월초鬪越椒의 반란을 평정하고 돌아와 여러 신하를 점대漸臺에 모아놓고 연회를 베풀었다. 이 자리에는 장왕의 비빈妃嬪도 참석했다.

"과인이 풍류를 즐기지 않은 지 6년이다. 이제 역신도 제거되어 나라가 안정을 찾았다. 문무관원들은 실컷 마시고 마음껏 즐기도록 하라."

임금과 신하는 푸짐한 음식과 흥겨운 풍류로 하루를 즐겼다. 저녁이 되어도 흥이 다하지 않자, 장왕은 불을 밝히고 사랑하는 허희許姬를 시켜서 여러 대부와 장군들에게 술을 돌리게 했다. 술잔을 받은 신하들은 자리에서 일어나 받아 마셨다.

그런데 난데없는 광풍이 연회석을 휩쓸며 모든 촛불을 일시에 꺼버렸다. 미처 불을 밝히지 못한 어둠 속에서 어떤 사람이 허희의 손을 잡아끌었다. 허희는 깜짝 놀라 잡힌 손을 뿌리쳐 뽑고 오른손으로 그 사람의 관끈을 잡아채 끊었다. 관끈을 손에 넣은 허희는 잽싸게 몸을 돌려 장왕 앞으로 달려가 조용히 고했다.

"첩이 대왕의 명을 받들어 백관에게 술을 돌리는데 그 중 한 사람이 무엄하게도 불 꺼진 어둠 속에서 첩의 손을 잡아 당겼습니다. 첩이 그 자의 관끈을 낚아채 왔으니 빨리 불을 밝혀 그 무례한 자를 찾아내도록 하소서."

허희의 말을 들은 장왕은 아직 불을 밝히지 말라 명하고 이어서

"과인은 오늘의 이 연회에서 경들과 마음껏 즐기기로 약속했다. 경들은 모두 관끈을 끊고 실컷 마시도록 하라. 관끈이 끊어지지 않은 자는 마음껏 즐기지 않겠다는 자이다."

백관들이 모두 관끈을 끊은 뒤에 장왕은 비로소 촛불을 밝히라고 명했다. 이로써 허희의 손을 잡은 자가 누구인지 알 수 없게 되었다. 연회를 마치고 궁으로 돌아온 허희가 장왕에게

"신첩은 남녀 간에 예의가 있어야 한다고 들었습니다. 더구나 군신 간에는 더 말할 것도 없습니다. 대왕께서 여러 신하에게 술을 돌리라 시키신 것은 신하들에게 존경의 뜻을 표하신 것입니다. 그런데 무엄하게도 신첩의 손을 잡아끈 자가 있었으나 대왕께서 그 자를 색출하지 않으셨으니 어떻게 상하 관계가 유지되며 남녀의 예의가 바로잡히겠습니까?"

"이 일은 여자가 알 바 아니다. 옛날 임금과 신하가 술자리를 같

이할 때에는 술은 석 잔을 벗어나지 않았으며, 낮에만 열고 밤에는 벌이지 않았다. 그러나 이번에는 과인이 모든 신하들에게 마음껏 즐기도록 명했고, 낮에 이어 밤까지 불을 밝히며 즐기도록 했다. 술 취한 뒤의 광태는 인간의 본성이다. 만약 그자를 찾아내어 벌을 가하면 그대에게도 아름다울 것이 없고, 국사國士의 마음을 상하게 하여 신하들에게 즐거움을 주지 못할 것이며 과인이 명한 뜻에도 어긋나지 않겠는가."

허희는 장왕의 넓은 도량에 탄복했다.

그 후 장왕이 진晉나라와 싸울 때였다. 장왕이 위급할 때마다 한 장군이 목숨을 내던지고 달려와 장왕을 보호하며 구하곤 했다. 장왕이 이상히 여겨 그 장군을 불렀다. 알고 보니 그 사람이 허희에게 관끈을 뜯겼던 바로 그 장군이었다. 후세에서 이 연회를 이름하여 절영회絕纓會라 일컬었다.

절영시絕纓詩

어둠 속 잡아끈 손, 취중의 행동이건만   暗中牽袂醉中情
고운 손, 바람 같이 관끈을 끊었다네.   玉手如風已絕纓
십분 맑은 물에는 물고기가 살 수 없기에   育魚水忌十分淸
군왕의 넓은 도량, 바다 같다 일러오네.   盡說君王江海量

너그러워야
사람이 모인다

水淸無大魚 수청무대어

물이 지나치게 맑으면 큰 고기가 없다는 뜻으로,
똑똑한 체하며 지나치게 따지려들거나 냉엄하기만 한 사람에게는
추종하는 무리가 없다는 사실을 일컫는다.

[후한서 반초전 後漢書 班超傳]

반초班超는 중국 후한 광무제光武帝 때의 사학자 반표班彪의 아들
이요, 『한서漢書』를 저술하다가 옥사한 반고班固의 아우이며, 끝맺지
못한 『한서』를 이어 받아 완성한 반소班昭의 오라비이다. 사학자 집안
의 무골武骨로 태어난 반초는 이상이 높고 쾌활하여 사소한 일에 구애
받지 않았고, 또 달변이었다.

명제明帝 5년, 형 반고가 나라의 부름을 받고 교서랑校書郎이 되
자 반초는 어머니를 모시고 낙양洛陽으로 올라갔다. 반초는 가난한 집
안의 생계를 돕기 위해 사서寫書하는 관청의 고용원으로 일했다. 하루
종일 붓을 잡고 정력을 소비하려니 답답하고 고통스러웠다. 어느 날
반초는 붓을 집어던지며 탄식했다.

"대장부로서 지략은 없으나 이역異域에 나가 공을 세우고 제후諸侯로 봉해져야지 글씨만 쓰고 있을 수 있는가!"

곁엣 사람이 깔깔거리며 비웃자 반초는 이렇게 말했다.

"너희들이 어찌 장사壯士의 뜻을 알겠는가."

반초는 침울하고 답답한 마음에 관상쟁이를 찾았다.

"당신은 제비턱에 호랑이 머리를 하고 있어 날며 고기를 먹을 팔자요. 반드시 만 리 밖에서 공을 세워 제후에 봉해질 것입니다."

명제 16년 봉군도위奉軍都尉 두고竇固가 흉노匈奴의 정벌에 나섰을 때 반초는 비로소 가사마假司馬에 임명되어 군사를 거느리고 이오伊吾라는 곳을 공격, 포류해蒲類海에서 큰 공을 세웠다. 두고는 반초의 능력을 인정하여 서역西域의 선무宣撫(지방이나 점령지의 주마에게 정부 또는 보국의 본의를 권하여 민심을 안정시키는 일) 책임자로 현지에 파견했다.

반초는 선선鄯善에 이르러 목숨을 건 활약을 펼쳤다. 그는 이역 만리 서역에서 큰 공을 세워 마침내 도호都護가 되었고 정원후定遠侯에 봉해지는 영광을 누렸다. 반초가 서역에서 활동한지 30여 년, 나이 70세가 되자 도호의 직책을 사임하고, 낙양으로 돌아와 사생교위射生校尉로 있다가 세상을 떴다.

반초가 서역 도호의 자리에서 물러날 때, 교위로 있던 임상任尙이 후임자로 임명되었다. 임상이 반초에게 조언을 청했다.

"그대는 고위직을 역임한 사람이니 내가 조언할 처지는 못 되오만, 굳이 어리석은 소견을 말하라면 한마디 하겠소. 국경에 배치된 하급 관리나 사병들은 대개 교양이 없거나 성격이 거칠고 죄과가 있는 사람들이라오. 또 서역 사람들은 음흉하고 교활하여 다루기 어려운 족속들이라오. 그대의 성격은 엄하고 조급하여 너그러움이 적은 것 같소. 물이 지나치게 맑으면 큰 고기가 없는 법이라오._{水淸無大魚} 업무를 도에 지나치게 엄격히 처리하면 아랫사람의 협조를 얻기 어려운 법이요. 작은 과오는 관대히 처리하고, 행정을 대범하게 총괄해야 할 것이요."

임상은 반초에게 특별한 조언이 있으려니 기대했다가 가장 평범한 말을 들었다 여기고 귀담아 두지 않았다. 그러나 반초의 말은 평범하면서도 실제로 행하기 어렵고. 특히 이민족의 선무에는 필수적인 말이었다. 반초의 조언을 무시한 임상은 부임한 지 3년 만에 반초가 30년 동안 서역에 구축한 한나라의 기반을 무너뜨려 끝내 소환당하고 말았다.

물이 지나치게 맑으면 큰 고기가 없다는 말은. 실은 『공자가어_{孔子家語}』에 '물이 지나치게 맑으면 고기가 없고, 사람이 지나치게 따지러들면 따르는 자가 없다._{水至淸則無魚 人至察則無徒}'라는 말에서 연유한 것으로, 반초가 자구를 약간 달리하여 표현한 것이다.

성심을 다해야
인재가 모인다

買骨 매골

죽은 천리마의 뼈를 사들인다는 뜻으로,
인재를 얻으려는 간절한 소망을 일컫는다.

[전국 연책 戰國 燕策]

중국 전국시대 연燕나라 상국相國 자지子之는 세객說客 소진蘇秦과 사돈 간이었고, 그 아우 소대蘇代와는 막역한 사이였다. 제齊나라 선왕 宣王은 소진이 죽자 소대를 중용하여 연나라에 사자로 보냈다. 연나라 왕 쾌噲는 소대를 맞아 제나라 왕의 사람됨을 물었다. 소대는 연나라 왕을 자극하여 상국 자지에게 도움을 주려고 했다.

"제나라 왕은 그 신하를 불신하여 패왕覇王이 되기 어렵습니다."

이 말을 들은 연나라 왕은 상국 자지를 전적으로 신임하게 되었고, 자지는 연나라 국정을 마음대로 휘두르게 되었다. 녹모수鹿毛壽란 자도 자지의 일당이었다. 연나라 왕에게 다음과 같이 아뢰었다.

"나라를 자지에게 양여하는 것이 좋겠습니다. 요堯임금을 현군이라 일컫는 것은 천하를 허유許由에게 양여하려 했기 때문입니다. 허유가 받아들이지 않을 것을 알고 짐짓 양여한 것인데 결국 천하도 잃지 않으면서 천하를 양여했다는 명예를 얻게 된 것입니다. 대왕께서 나라를 자지에게 양여한다 하더라도 자지는 감히 받아들이지 못할 것입니다. 이렇게 되면 대왕께서는 요임금과 같은 현군이 되시는 것입니다."

어리석은 연나라 왕은 자지에게 나라를 양여하고 정사에 간여하지 않았다. 자지는 사실상의 왕으로서 연나라의 국정을 요리했다. 자지가 국정을 맡은 지 3년에 연나라는 큰 혼란에 빠졌다. 민심은 떠났고 원망은 하늘에 닿았다.

장군 시피市被가 태자 평平과 군사를 모아 자지의 토벌에 나섰다. 몇 달을 싸웠으나 전과가 없을 뿐 만 아니라 수만의 군사를 잃었고 장군 시피도 싸우다 죽음을 맞이했다. 바로 이때 제나라 선왕이 병사를 몰고 연나라를 침공해 들어왔다. 자지의 반역을 토벌한다는 명분이었으나 내란을 틈타 연나라를 멸망시키고 그 땅을 차지하려는 속셈이었다. 제나라 군대는 별 저항 없이 연나라 도읍에 입성했다. 연나라 왕 쾌가 죽고 자지도 죽음을 당했다. 연나라 사람들은 태자 평을 왕으로 받들고 제나라 군대와 맞서 항전했다. 이 임금이 연나라 소왕昭王이다.

소왕은 몸을 낮추고 예물을 후히 하여 천하의 현사賢士를 맞아들이려 했다. 거대한 제나라에 보복을 하려면 무엇보다 부국강병책으로 국력을 길러야만 했다. 소왕은 명사 곽외郭隗를 찾아가 연나라가 처한 정황을 설명했다.

"제나라가 연나라의 내란을 틈타 습격해 왔습니다. 나라가 작고 힘이 약해서 보복이 어렵습니다. 현사賢師를 맞아들여 국정을 개혁하면서 선왕의 치욕을 씻고자 합니다."

이에 곽외가 아뢰었다.

"천금을 내어놓고 천리마를 구하는 왕이 있었습니다. 3년을 기다렸으나 구하지 못하자 한 내시가 구해오겠다고 나섰습니다. 석 달 만에 천리마를 구했다는 전갈이었으나 말은 죽은 것이었습니다. 내시는 죽은 말의 뼈를 오백 금이나 주고 사가지고 왔습니다. 왕은 크게 화를 내며 '산 말을 사오랬지 죽은 말을 사 오랬느냐.'하고 펄펄 뛰었습니다. 내시는 '죽은 말도 오백 금을 주고 사왔으니 산 말이야 더 말할 게 있겠습니까? 천하의 모든 사람들이 상감을 위하여 말을 팔려고 할 것입니다. 곧 소식이 있을 것 입니다.'라고 했습니다. 그리하여 1년이 못되어 천리마 세 필을 얻을 수 있었습니다. 지금 대왕께서 유능한 인사를 끌어들이려 하신다면 먼저 저에게 후한 대우를 하셔야 합니다. 제가 대우를 받게 되면 저보다 몇 배 유능한 인사가 찾아 올 것입니다. 천리를 멀다 아니하고 찾아올 것입니다."

소왕은 곽외를 위하여 화려한 저택을 짓고 극진히 스승으로 모셨다. 곽외가 훌륭한 대우를 받는다는 소문은 금세 퍼졌다. 위魏나라에서 악의樂毅가, 제齊나라에서 추연鄒衍이, 조趙나라에서 극신劇辛이, 그 밖에 천하의 명사들이 연나라로 모여들었다. 소왕이 백성들과 고통을 나눈 지 28년에 연나라는 마침내 부강을 이루었고, 병사들의 사기는 하늘을 찌를 듯 했다. 소왕은 악의를 상장군으로 삼아 진秦·초楚·한韓·위魏·조趙와 공동 전선을 펴 제나라를 공격하여 대승을 거두고 제나라 수도 임치臨淄로 진격하여 궁실 종묘를 불태웠고 거莒와 즉묵卽墨을 제외한 제나라 전토를 짓밟아 보복했다.

아랫사람의
본심을 읽어라

君舟臣水 군주신수

임금은 배요 신하는 물이란 뜻으로, 사공이 물의 성질을 잘 알아서
배를 다루듯이 임금이 민심을 정확히 파악하여 백성을
이끌어야 함을 일컫는다. 재주복주載舟覆舟라고도 한다.

[후한서後漢書 권 65]

후한後漢 때 인물 황보규皇甫規는 이름난 장군이었다. 141년 (영화
永和 6), 티베트계의 유목민 강羌이 삼보三輔를 대거 침공하여 안정安定
을 에워쌌다. 정서장군 마현馬賢이 여러 고을의 병사를 이끌고 공격에
나섰으나 전과가 없었다. 이때 황보규는 평민 신분으로 마현의 작전
을 보고 토벌이 어려울 것이라 생각하고 글을 올렸으나 받아들여지지
않았다. 마현이 강에게 해를 입자 고을의 장군이 황보규가 계략이 있
음을 알고 공조功曹로 삼아 갑사 8백 명을 내어주니 강과 싸워서 크게
물리쳤다.

양태후梁太后가 수렴 청정할 때 황보규는 비로소 현량방정賢良方正
이란 관리 임용시험에 응해 대책문對策文을 올렸는데, 당시 권력자 대

장군 양기粱冀를 공박하는 내용이었다. 양기는 발호跋扈(권세나 세력을 제 멋대로 부리며 날뜀)하다라는 문자가 붙은 인물이다.

'…임금은 배요, 백성은 물입니다. 여러 신하는 배에 탄 손님이요, 장군 양기의 형제는 노를 젓는 사공입니다. 성의를 다해 배를 저어야 나라의 복이 되는데 나태하고 거드름만 피우니 마침내는 거센 물결에 삼켜지고 말 것입니다.'

화가 난 양기는 황보규의 성적을 최하로 주고, 낭중郎中에 임명했다. 황보규는 신병을 이유로 취임치 않고 고향으로 돌아갔다. 양기의 사주를 받은 고을에서도 황보규를 두서너 차례나 죽음에 이르도록 모함했으나 끝내는 죄 없음이 밝혀지곤 했다. 황보규는 고향에서 『시경 詩經』·『주역周易』의 교수로 후진을 양성했는데 문도門徒가 3백여 명에 이르렀다. 양기가 죄를 얻어 죽자 나라에서 다섯 번이나 황보규를 불렀으나 그는 나아가지 않았다.

당시 숙손무기叔孫無忌란 자가 태산太山에 근거를 두고 도둑의 무리를 이끌고 여러 지역에 출몰하며 노략질을 했다. 중랑장 종자宗資가 토벌에 나섰으나 성과를 거두지 못하자, 특명으로 황보규를 태산태수 太山太守에 임명하여 도둑 떼를 소탕했다. 161년(연희延熹 4), 강이 다시 침공해 왔다. 황보규는 중랑장이 되어 관서병關西兵을 이끌고 적 8백여 명을 베는 대전과를 올렸다. 강은 황보규의 위엄에 두려움을 느끼고 10만여 명이 투항했고, 이듬해 농우隴右의 강을 토벌하러 나서자 강이 사자를 보내 항복하겠다 하였다. 황보규는 의랑議郎이 되고, 후侯

에 봉해졌다.

　내시 서황徐璜이 뇌물을 얻어내려고 사람을 보냈으나 황보규는 응하지 않았다. 관속들이 뇌물을 주자고 청했으나 황보규는 단연 거절했다. 괘씸하게 여긴 서황은 강이 항복한 것은 진심이 아니요, 황보규가 뇌물을 바쳤기 때문이라고 모함하여 황보규는 구속되었다. 여러 관원 및 태학생 3백여 명이 궐문에 모여 억울함을 호소했는데 마침 대사령이 내려지며 황보규는 석방이 되었다.

　도요장군度遼將軍에 임명된 황보규는 부임한지 수 개월에 중랑장 장환張奐을 후임으로 추천하여 교체되었다가 장환이 대사농大司農으로 옮기면서 다시 도요장군이 되었다. 주요 직책에 연임되자 황보규는 병을 핑계로 물러나려 했으나 허락되지 않았다. 이럴 즈음, 친구 상군태수上郡太守 왕민王旻이 상을 당했다. 황보규는 관할을 벗어나 하정下亭이란 곳까지 가서 조문을 했다. 이 사실을 병주자사幷州刺史 호방胡芳에게 밀고한 자가 있었다.

　"황보규가 관할을 멀리 벗어나 법을 어겼습니다. 위에 보고해야 합니다."

　그러나 호방은 못들은 체했다.

　"황보규는 관직에서 물러나려고 고의로 이런 짓을 한 것이다. 나는 인재를 아끼려는 조정의 뜻을 받들어 이 사람의 행동에 말려들 수 없다."

　황보규는 홍농태수弘農太守로 옮기고, 수성정후壽成亭侯에 봉해져 식읍으로 2백호가 주어졌으나 봉후封侯만은 사양했다. 호강교위護羌校尉로 있다가 병으로 소환되어 돌아가다가 곡성穀城에서 죽음을 맞이했다.

황보규가 대책문에 인용한 '임금은 배요, 신하는 물입니다君舟臣水'는『공자가어孔子家語』에 '임금은 배요, 백성은 물이다. 물은 배를 띄우기도 하고 그 배를 뒤엎기도 한다. 임금이 이 뜻을 마음에 새겨서 위험을 생각한다면 지혜로워진다.'고 한 말을 인용한 것이다.

능력과
의지를 보라

累卵 누란

계란을 쌓는다는 뜻으로, 이루기도 어렵거니와 위험스럽기 이를 데
없음을 일컫는다. 누란지세累卵之勢, 누란지위累卵之危라고도 한다.

[사기 범수전 史記 范雎傳**]**

범수范雎는 중국 전국시대 위魏나라 출신이다. 진秦나라 소왕昭王
의 객경客卿(타국출신으로 경이 된 사람)이 되었다가 수상이 되어 부국강병
책과 원교근공책遠交近攻策으로 이웃 나라를 잠식, 병탄하여 진나라를
최강국으로 이끈 인물이다.

범수가 위나라를 떠나 진나라로 탈출하여 객경이 되기까지는 많
은 시련을 겪어야 했다. 범수는 본래 위나라 중대부中大夫 수가須賈의
문객門客(세력있는 집에 머물면서 밥을 얻어먹고 지내는 사람)이었다. 수가가 제齊
나라에 사절로 갈 때 범수는 보좌역으로 따라갔다. 제나라 양왕襄王은
범수가 비범한 인물임을 알고 황금 열 근을 내려줬다. 범수는 사양하
고 받지 않았다.

그러나 위나라로 돌아온 범수에게는 질곡桎梏(고통의 상황)이 기다리고 있었다. 제나라에 기밀을 누설했다는 혐의였다. 범수는 재상 위제魏齊에게 태형을 받아 갈빗대와 이가 부러지는 중상을 입고 졸도했다. 위제는 범수를 거적에 둘둘 말아 변소에 처넣어 뭇사람의 오물 세례를 받게 했다. 큰 인물에 대한 위제의 질투심이 범수에게 잔혹 행위를 하게 했던 것이다.

의식을 회복한 범수는 간수를 붙들고 억울한 사정을 말하고 뒷날 틀림없이 보답하겠으니 살려달라고 호소했다. 간수는 범수를 죽은 것으로 보고하고 도망치도록 해주었다. 범수는 친구 정안평鄭安平의 집에 숨어서 장록張祿이란 이름으로 치료를 받고 있었다.

이때 진나라 외교사절로 왕계王稽란 사람이 위나라에 왔다. 범수는 정안평의 도움으로 왕계를 만날 수 있었다. 밤새 이야기하는 사이, 왕계는 장록의 웅변과 원대한 포부에 매료되었다. 왕계는 내심 그 인물됨으로 보아 소문에 듣던 범수가 아닌가 생각하고, 은근히 진나라로 같이 갈 것을 종용했다. 범수는 그제야 자신의 신분을 밝히고 그간의 사정을 털어놓으며 통행이 자유롭지 못함을 이야기했다. 왕계는 크게 반기며

"선생을 제가 모시고 가겠으니 걱정 마십시오. 다만 교외까지만 비밀리에 나와 주십시오."

범수는 이렇게 해서 출생지 위나라를 벗어나 무사히 진나라로 갈 수 있었다. 왕계는 소왕에게 위나라와의 외교 사무를 보고하고, 장록 선생은 세상에 드문 인물이며 위나라에서 박해를 받고 있었으므로 모

시고 왔다고 했다.

"장록이 진나라 장래를 점치기를 '진나라는 국내적으로나 국외적으로 계란을 쌓은 것累卵처럼 위험을 안고 있다. 국정에 참여할 기회가 주어진다면 진나라를 반석 위에 올려놓을 수 있다. 그 방책을 글로 대왕께 아뢸 수 없는 것이 안타깝다.'하기에 데리고 왔습니다. 한번 시험해 보십시오."

소왕은 왕계의 말을 믿지 않았고, 범수에게도 관심을 두지 않다가 1년여 만에 범수를 만나보고 객경에 임명했다. 드디어 기회를 잡은 범수는 실력을 발휘하기 시작했고, 그 능력을 인정한 소왕은 범수를 수상으로 임명함으로써 진나라는 천하 최강국으로 발돋움 할 수 있었다.

보좌할 사람을
잘 선택하라

因人成事 인인성사

다른 사람으로 인해 일을 이룬다는 뜻으로. 모든 일은 혼자 힘으로
할 수 없고 타인의 협조를 얻어 일을 성사시킴을 말한다.

[사기 평원군전 史記 平原君傳]

전국시대 조趙나라 B.C. 292년(혜문왕 9) 조나라는 진秦나라의 침
공을 받아 수도 한단邯鄲이 포위되었다. 혜문왕은 평원군平原君 조승趙
勝에게 초楚나라의 지원을 얻어 진나라 군사를 물리칠 방도를 모색하
라 하였다.

평원군은 문무를 겸하고 용기 있는 식객食客 20인을 선발하여 초
나라에 동행하기로 하였는데 선발된 인원은 19인이었다. 이에 모수毛
遂란 사람이 그 20인에 끼겠다고 자청하였다. 평원군은 그 제의를 받
아들여 다 같이 초나라로 갔다. 초나라에 도착한 평원군은 진나라 병
사를 물리치기 위해서는 초나라와 연합전선을 펴야 한다고 장시간에
걸쳐 역설했으나 결말이 나지 않았다. 일행이 동행을 자청한 모수에

게 들어가 보라고 권했다. 모수는 검을 끼고 들어가 평원군에게 물었다.

"연합전선이 해가 되느냐, 이익이 되느냐 두 마디면 결정될 일입니다. 아침부터 한낮이 된 지금까지 결말이 나지 않음은 웬일입니까?"

초왕은 중간에 끼어든 모수를 불쾌히 여기고 평원군에게 누구냐고 물었다. 평원군이 비서라고 말하자 초왕은 얼굴을 붉히며 호통을 쳤다.

"물러가라. 네 상전과 말을 하는데 어찌 감히 끼어든단 말이냐."

모수는 검을 앞에 세우며 말했다.

"옛날 탕왕湯王은 70리 영토로 천하의 왕이 되었고, 문왕文王은 백 리의 땅으로 제후들을 복종시켰습니다. 이는 병사의 수가 많아 그런 것이 아니요, 기회를 잘 포착하여 분발하였기 때문입니다. 지금 초나라 영토는 5천리요, 병사는 백만이나 되어 능히 패왕霸王이 될 수 있는 기반이 됩니다. 초나라 국력에 누가 감히 대항하겠습니까? 진나라 장수 백기白起는 보잘것없는 사람입니다만 수만 명의 병사로 초나라와 싸워 세 번 모두 이겼습니다. 이는 초나라의 한이요, 수치입니다. 그럼에도 대왕은 진나라를 증오할 줄 모르십니다. 연합전선을 펴자는 것은 초나라를 위한 것이지 조나라를 위한 일이 아닙니다."

논리 정연한 모수의 말에 초왕은 할 말을 잃었다. 이윽고 초왕이 말했다.

"선생의 말에 수긍이 갑니다. 우리가 총력을 기울여 선생의 말에 따르겠소."

모수가 따지듯이 연합전선을 펴겠다는 말이냐고 다그치자 그렇다고 했다. 모수는 왕의 사신에게 희생犧牲의 피를 올리라 하고, 초왕에게 삽혈揷血, 즉 서약의 증표로 입에 피를 바르게 했다. 다음은 평원군이. 다음은 모수가 삽혈했다. 이렇게 하여 조나라와 초나라의 연합전선은 이루어졌다. 그런 다음 모수는 그 피를 일행 19인에게 주어 돌려가며 삽혈하게 하고 일갈했다.

"그대들은 녹록한 사람들이다. 남의 힘을 빌려 일을 이루는 사람因人成事들이다."

평원군은 모수의 힘을 빌려 초나라와의 연합전선을 성공리에 마치고 조나라로 돌아갔다. 약속한대로 초나라는 춘신군春申君에게 군사를 주어 조나라를 지원토록 하였고, 위魏나라 신릉군信陵君도 군사를 이끌고 조나라를 지원했다. 이에 진나라는 어쩔 수 없이 싸움을 포기하고 군사를 돌려 돌아갔다.

경험이 풍부한 사람을
활용하라

老馬識途 노마식도

늙은 말이 길을 안다는 뜻으로, 경험이 풍부하여 숙달한 인물 또는
그 일에 익숙하여 선도될 수 있는 사람을 일컫는다.
노마지로老馬知路, 노마지지老馬之智라고도 한다.

[한비자 설림상 韓非子 說林上]

　　관중管仲은 중국 춘추시대의 제齊나라 수상이다. 이름은 이오夷吳
라 하고 자는 중仲이라 했다. 환공桓公을 도와 제나라를 부강한 나라
로 이끌었고, 주周나라 왕실을 받들고 북방민족인 융적戎狄의 팽창을
막았으며 여러 제후국을 규합하여 천하를 바로잡는 데 이바지한 인물
이다.

　　연燕나라가 영지令支라는 북융北戎에게 침략을 받고 제나라에 지
원을 요청했다. 환공은 관중 및 습붕隰朋을 위시한 많은 장병을 거느
리고 연나라로 달려갔다. 영지는 연나라 영토를 유린하고 주민의 많
은 재물을 약탈하다가 제나라 군대가 온다는 말을 듣고 달아났다.

　　관중은 영지가 물러가긴 했으니 제나라 군대가 돌아서면 또다시

침범할 것이라 생각하고, 이 기회에 토벌하여 후환을 없애자고 건의했다. 환공은 관중의 의견에 따라 영지의 군대를 추격해 갔다. 영지는 산이 높고 험준한 것을 이용하여 군사를 매복하고 완강하게 저항했으나 제나라 군대를 당해내지 못했다.

영지는 고죽孤竹이란 나라에 지원을 요청하는 한편, 협곡을 이용하여 방어할 계획을 세웠다. 제나라 군대가 진격하려면 반드시 황대산黃臺山의 험한 협곡을 통과해야 했다. 많은 참호를 파서 군사를 매복시키고 제나라 군대가 진입하면 그 후면을 나무와 돌로 차단하고 상류의 물길을 돌려서 막으면 제나라 군대가 물을 얻지 못하여 버티기 어려울 것이므로 이때 반격을 가하면 승리할 수 있다는 계산이었다.

영지의 계책은 효과가 나타났다. 제나라 군대는 수로水路가 차단되어 고통을 겪었다. 전군에 명하여 수맥水脈을 찾아 물을 얻는 자에게는 큰상을 준다 하고 산을 누벼 수맥을 찾도록 했다. 습붕이 군에 명했다.

"개미는 수맥이 있는 곳에 집을 짓는다. 개미집이 있는 곳을 파라."

군사들은 개미집을 찾아 헤맸으나 찾을 수 없었다. 습붕이 다시 명했다.

"개미는 겨울에 양지바른 곳에 집을 지으니 산 남쪽에서 찾아야 하고, 여름에는 시원한 곳을 찾아서 응달로 가므로 산 북쪽에서 찾아야한다. 지금은 겨울이니 산 남쪽을 살펴 개미집을 찾되 마구 파헤치지는 말아라."

군사들은 습붕의 지시에 따라 산 남쪽에서 병사가 충분히 마실 수 있는 수맥을 찾아 물을 얻었다. 이로써 제나라 군대는 황대산 협곡을 무사히 통과하여 영지군을 뒤쫓아 고죽으로 진격했다.

고죽의 군대는 제나라 병사를 한해旱海라는 사막으로 유인할 계책을 세웠다. 미곡迷谷이라고도 불리는 이 한해는 사람이 죽으면 으레 가져다 버렸고, 때 없이 부는 폭풍은 따갑게 모래를 몰아쳐 지척을 분간하기 어렵다. 자칫 미곡에 빠지기라도 하면 헤어나기 어렵고 독충과 맹수가 들끓었다.

고죽 사람들은 추장이 한해로 달아났다고 제나라 군대를 속였다. 따라서 제나라 군대는 쉽사리 이 험지에 빠지게 되었고, 끝이 안 보이는 모래언덕에는 폭풍이 일고 모래가 흩날려 눈을 뜰 수 없다. 오도 가도 못할 지경이라 병사들은 두려움에 휩싸였다. 관중은 환공을 모시고 행군하다가 급히 군사를 정지시켜 한 곳으로 집결시키고 환공에게

"신은 전에 '늙은 말이 길을 안다老馬識途'고 들었습니다. 이곳에서 자란 말 중에는 이곳을 통과한 경험이 있는 말이 있을 것입니다. 이곳 토산土産의 늙은 말을 앞세워 따라가면 길을 찾을 수 있을 것입니다."

하고 토산의 늙은 말을 뽑아 앞세우도록 했다. 말은 지혜롭게 험악한 사막의 길을 거침없이 인도하여 마침내 제나라 군대를 위험에서 벗어날 수 있게 했다. 한해를 무사히 빠져나온 제나라 군사는 늦춤없이 진격하여 마침내 영지와 고죽을 평정하고 돌아갔다.

아무리 미천한 재주일지라도
쓰일 곳이 있다

鷄鳴狗盜 계명구도

닭 울음소리를 잘 내고, 개로 위장하여 물건을 훔친다는 뜻으로,
아무나 익히지 않는 천박한 재주를 지닌 사람을 일컫는다.

[사기 맹상군 전 史記 孟嘗君 傳]

맹상군孟嘗君 전문田文은 제齊나라 위왕威王의 손자요, 상국相國 전영田嬰의 아들이다. 천첩賤妾 소생으로 5월 5일에 태어났다 하여 아버지 전영은 기르지 말고 내다버리라 명했다. 그러나 전문의 어머니는 차마 버리지 못하고 사람들의 눈을 피해 비밀리에 길렀다. 전문이 다섯 살이 되자 어머니는 전문을 아버지에게 인사 시켰다. 아버지 전영은 명에 따르지 않았다며 벌컥 성을 내었다. 어린 전문이 꿇어 엎드리며 당돌하게

"버리라는 이유는 무엇입니까?"

"5월 5일은 흉일이다. 이날 아이가 태어나 문門의 키만큼 자라면 부모에게 해를 준다는 속설이 있다."

"사람의 명은 하늘에서 정해주는 것이지, 문에서 타고나는 것은 아닙니다. 사람의 명이 속설과 같이 문에서 타고난다면 문을 높이면 될 일이 아닙니까?"

아버지 전영은 할 말을 잃었다. 다섯 살배기 전문의 말은 옳았다. 기특하게 여긴 전영은 아들 전문에게 관심을 기울이기 시작했다. 어느 날 전문은 아버지에게

"아버지께서 국정에 참여하여 내리 세 임금을 섬기고 계십니다. 제나라 국력은 더 나아지지 않았으나 우리 집은 거부가 되었습니다. 집안에 능력 있는 사람이 없어 장래가 걱정됩니다."

전영은 이때부터 전문의 능력을 인정하여 40여 명의 아들 가운데 전문을 후사로 삼아 집안의 대내외관계, 재정의 출납 등 모든 일을 맡겼다.

전영이 죽자 전문은 설공薛公의 작호를 이어받았고, 맹상군이라 호칭되었다. 맹상군은 재산을 아낌없이 풀었고, 유명 인사들을 초치, 후하게 접대했다. 빈객은 날로 늘어 천하의 명사는 물론, 망명객 범죄자까지도 찾아들었다. 맹상군은 신분의 귀천이나 상하 구별 없이 찾아오는 사람은 모두 맞아들였고, 동등하게 처우하며 자신도 그들 속에서 생활했다. 식객은 3천여 명을 헤아렸고, 명성은 온 천하에 널리 알려졌다.

B.C. 286년(제나라 민왕湣王 15) 맹상군은 진秦나라 소왕昭王의 초청으로 식객 1천여 명을 거느리고 진나라에 갔다. 소왕은 맹상군을 진나라 승상으로 임명하려 했으나 이 기회에 제거해야 한다고 건의하는 자가 있었다.

"전문은 제나라 왕족입니다. 진나라 승상이 되면 제나라 이익을 우선으로 할 것이므로, 진나라에 이익이 되지 못합니다. 그 인물됨으로 보아 제나라로 돌려보내서는 옳지 않습니다."

소왕은 이 말을 듣고 맹상군을 연금하고 죽이려 했다. 맹상군은 비밀리에 소왕이 아끼는 연희燕姬에게 자신의 석방을 도와달라고 부탁했다. 연희는 흰여우 갖옷을 주면 석방을 알선하겠다고 했다. 흰여우 갖옷의 값은 천금이나 가는 희귀한 것이었다. 맹상군은 흰여우 갖옷을 이미 소왕에게 예물로 바쳤었다.

맹상군은 흰여우 갖옷 두 벌을 갖지 못해 고심하고 있을 때, 개로 변장을 잘하는 식객 하나가 진나라 궁으로 숨어들어 장롱 속의 흰여우 갖옷을 훔쳐 내왔다狗盜. 흰여우 갖옷은 연희에게 바쳐졌고, 연희의 청으로 맹상군은 곧 풀려났다.

맹상군은 곧 이름을 바꾸고 통행증을 위조하여 서둘러 달아났다. 소왕이 맹상군의 석방을 후회하여 추격병을 보낼 우려에서였다. 맹상군은 한밤중에 함곡관函谷關에 도착했다. 관문은 첫닭이 울어야 열리도록 되어 있다. 추격병은 곧 들이닥칠 것 같고, 관문이 열릴 시각은 아직 멀었다. 졸이는 마음은 일각一刻이 삼추三秋와 같았다.

이럴 즈음 식객의 무리 가운데에서 갑자기 닭 울음소리가 흘러나왔다鷄鳴. 이어서 닭이 무리를 지어 따라 울었다. 관문은 육중한 소리를 내며 드디어 열렸다. 맹상군은 비로소 호구虎口를 벗어나 제나라로 돌아갈 수 있었다. 첫닭의 울음소리는 닭 울음의 명수인 광대 출신 식객의 흉내였던 것이다.

좋은 아랫사람을 두어야
좋은 윗사람이 된다

一暴十寒 일폭십한

하루 따뜻하고 열흘 춥다는 뜻으로,
환경이 좋아야 도약할 수 있음을 일컫는다.

[맹자 고자 상 孟子 告子 上]

양심의 양良자는 '본래'라는 뜻이요, '어질다'의 뜻이 아니다. 양지良知, 양능良能이란 말도 태어나면서 알고 행동하는 본능을 뜻한다. 양심이란 곧 인간 본연의 마음이며. 선善이며, 인의지심仁義之心인 것이다. 양심을 가장 강조한 분은 맹자孟子이다.

"인仁은 사람의 마음이요, 의義는 사람이 걸어가야 할 길이다. 길을 버려두고 따르지 않고, 마음을 접어두고 찾지 않으니 안타까운 일이다. 사람들은 기르는 개가 나가면 찾으려 하면서 그 마음은 접어두고 찾지 않으려 한다. 학문의 길이란 바로 이 접어둔 마음을 되찾는 일이다."

맹자는 또 양심을 산에 비유하여 다음과 같이 말했다.

"우산牛山은 제齊나라 수도 동남쪽에 있는 아름다운 산이었다. 대도시 근교에 자리하고 있어 도끼와 톱이 날로 찾아들었다. 울창한 수목이 베어지면서 아름다움은 유지될 수 없었다. 그러나 산은 밤낮으로 끊임없이 초목을 자랄 수 있게 하고, 비와 이슬의 혜택도 변함없이 받을 수 있어 산에는 새싹이 나고 움이 돋아났다. 허지만 이 여린 싹을 소와 양이 뒤쫓아다니며 잘라먹었다. 그래서 변함없는 벌거숭이산이 되었다. 사람들은 저 벌거숭이산을 보고 본래부터 아름다운 수목이 없었다고 말한다. 이것이 어찌 저 산의 본성이겠는가.

이와 마찬가지로 사람에게 어찌 양심이 없으랴마는, 그 양심을 접어두면 도끼와 톱으로 수목을 베는 것과 같아 양심을 그대로 유지할 수 없는 것이다. 밤낮으로 양심은 솟아나고 맑은 기운은 감돌지만. 마음 씀이 남들과 같지 않음은 그가 낮 동안에 저지르는 행위가 양심을 속박하여 가능성을 소멸하게 하기 때문이다. 이런 일이 반복되면 밤낮으로 소생하려는 양심이 존재할 수 없어 마침내 짐승의 마음에 가까워진다.

사람들은 그 짐승의 마음을 보고 그 사람은 본래 그런 사람이라고 할 것이다. 이것이 어찌 사람의 본성이겠는가? 배양하면 자라지 않는 생물이 없고, 방치하면 소멸되지 않는 물건이 없다. 그러므로 공자孔子는 '잡으면 존재하고 놓으면 잃고 만다. 때 없이 드나들고 향하는 곳을 알 수 없는 것이 마음이다.'라고 했다."

요컨대 양심이 물욕에 가려짐으로써 인간 본연의 선을 잊어 악하게 되는 것이지, 악인에게 인간 본연의 선이 없었던 것은 아니라는 말이다. 맹자는 여러 나라를 두루 돌며 군왕들에게 양심에 의한 정치를 할 것을 강조했다. 그러나 군왕들은 이익의 추구만을 앞세우는 부국강병책富國强兵策과 병탄책倂呑策에만 관심을 기울였다. 맹자는 자신의 노력이 무위無爲, 도로徒勞에 그치자 고향에서 후진 양성에 진력했다. 맹자는 제자들에게 왕의 무지無知만을 탓하지 말라고 다음과 같이 말했다.

"비록 천하에 쉽게 자랄 수 있는 식물이라 하더라도, 하루 따뜻하고 열흘 추우면一日暴之 十日寒之 성장하지 못한다. 나의 만남은 군왕이 나를 만나는 시간은 드물고, 춥게 하는 자들만을 가까이하고 있으니 내 아무리 싹良心을 틔우려 한들 가능하겠는가!"

사랑을
골고루 베풀어라

泣辜 읍고

어여삐 여긴다는 뜻으로, 죄지은 자를 불쌍히 여김을 일컫는다.

[삼국사기三國史記 권 6]

신라 제30대 문무왕 법민法敏의 아버지는 태종무열왕 김춘추金春秋요, 어머니 문명왕후文明王后는 삼국 통일의 대업을 도운 명장 김유신金庾信의 막내 누이 문희文姬이다. 문희는 오라버니 김유신 못지 않게 지혜로웠다.

어느 날 문희의 언니 보희寶姬가 꿈을 꾸었다. 서형산西兄山에 올라 소피를 보는데 오줌이 흘러 온 장안을 흠뻑 적시는 것이었다. 보희는 동생 문희에게 꿈 이야기를 했다. 문희는 슬기로운 눈을 깜박이며 언니에게 그 꿈을 팔 것을 제의했다. 보희는 별생각 없이 문희에게 비단 바지 한 벌을 받고 꿈을 팔았다.

며칠 뒤 김유신이 김춘추와 축국蹴鞠이란 경기를 하다가 김춘추의 옷을 밟아 바지 말기가 뜯겨졌다. 김유신은 뜯겨진 바지를 꿰매자며 김춘추를 집으로 데려갔다. 김유신은 뜯겨진 김춘추의 바지를 꿰매게 하려고 보희를 찾았으나 보희는 외출하여 없고, 막내 누이 문희만 있었다. 그래서 문희가 불려나와 김춘추의 바지를 꿰맸다. 문희의 해맑은 아름다움에 사로잡힌 김춘추는 청혼했고, 둘은 결혼했다. 언니의 꿈을 사들인 지 며칠 만에 문희에게 국모가 될 수 있는 길이 열렸던 것이다.

신라 문무왕은 어려서부터 영특하고, 총명하고, 지혜로웠다. 650년(진덕여왕 4)에는 당唐나라에서 대부경大府卿의 벼슬을 받았고, 654년(무열왕 원년)에는 파진찬波珍湌으로 병부령兵部令이 되었으며 다음해에 태자로 책봉되었다. 660년(무열왕 7) 나당연합군羅唐聯合軍이 백제를 공략할 때 김춘추는 김유신과 함께 군사 5만을 이끌고 백제를 무너뜨렸으며, 무열왕이 갑자기 승하하자 661년 왕위에 올랐다.

문무왕은 삼국 통일의 유업을 받들어 즉위 이듬해 당나라와 연합하여 고구려 정복에 나섰다. 방효태龐孝泰가 거느린 당나라 군대가 고구려군에게 전멸됨으로써 제1차 고구려 정벌은 실패로 돌아갔다. 문무왕은 장군 복신福信, 도침道琛 등이 백제 왕자 부여풍扶餘豊을 왕으로 삼고 벌인 백제 부흥 운동을 진압했다.

668년(문무왕 8) 왕의 아우 김인문金仁問과 요동행군대총관遼東行軍大摠管 이적李勣이 거느린 나당연합군을 동원하여 다시 고구려를 공격하여 멸망시킴으로써 일단 삼국 통일을 이룩했다. 그러나 당나라는 백제 고구려를 정벌한 땅에 도호부都護府를 설치하고 자국의 영토로 통치하려 했다.

문무왕은 강력히 저항하여 마침내 당나라 군대를 북쪽으로 몰아내고 한반도 통일의 성업을 달성할 수 있었다. 삼국 통일의 위업을 이룬 문무왕은 9년 2월 21일, 신하들을 모아놓고 다음과 같이 말했다.

"지난날 우리 신라는 두 나라를 사이에 두고 북으로 고구려를 정벌하고, 서쪽으로 백제를 공략하느라 잠시도 편할 날이 없었다. 전사들은 황야에 백골을 드러냈고, 머리와 몸은 곳을 달리했다. 선왕先王(무열왕)께서 백성들의 피폐疲廢를 안타깝게 여기셔 군왕의 고귀한 몸으로 당나라 원병을 위해 거듭 바다를 건너셨다. 이어 양국을 평정하여 길이 이 땅에서 전쟁을 없애고, 여러 대에 걸친 깊은 원한을 씻고, 백성의 잔명殘命을 안전케 하려 하셨다. 그러나 백제는 평정하셨으나 고구려는 멸하지 못하셨다. 과인이 이 유업을 이어 마침내 이룩하게 되었다. 지금 두 적은 평정이 되고 사방이 안정되었다. 싸움터에서 공을 세운 자에게는 상이 내려졌고, 전사자에게는 진혼鎭魂의 조치가 취해졌다. 그러나 감옥 안의 죄인辜을 불쌍히泣 여기는 은택이 미치지 못하여 질곡桎梏의 고통에서 경신更新의 기회를 주지 못했다. 이를 생각하면 잠자리가 편치 않다. 오역五逆(임금·부모·조부모를 죽인 행위)을 범한 중죄인을 제외하고 수감자 전원에게 석방의 은전을 베풀도록 하라."

하고, 문무왕은 대사령을 내렸다. 21년 7월 1일, 문무왕이 서거하자, 유언에 따라 동해의 구대석口大石 위에 장사지냈다. 속전俗傳에는 왕이 용으로 변했다 하며, 그 바위를 대왕암大王岩이라 했다.

'읍고泣辜'는 문무왕 교지敎旨에 나오는 한 구절이기는 하나 본래
는 유향劉向의 『설원說苑』에 '우왕이 외출하다가 죄인을 만나 그 죄상
을 물어보고 울었다.禹出見辜人 問而泣之'라고 한 고사에서 나온 말이다.

사랑이
충성을 부른다

吮疽之仁 연저지인

사병의 몸에 난 종기를 빨아주어 깊은 감동을 준다는 뜻으로,
장군이 부하 병사에게 깊은 사랑을 기울임을 일컫는다.

[사기史記 65]

오기吳起가 위魏나라 문후文侯의 장군이 되어 진秦나라를 공격할 때의 일이다. 사령관 오기는 병사들과 입는 피복이나, 먹는 음식을 같이하며 침대에서 자지 않았고, 말도 타지 않았으며 사졸의 무거운 짐을 나누어 짊어지기도 하는 등 언제나 사졸들과 노고를 같이했다.

한 사졸이 종기를 앓자 오기는 그 치료를 위해 고름이 잔뜩 든 종기를 빨아주었다. 사졸의 어머니가 이 소식을 듣고 통곡을 하였다. 이웃 사람이

"당신 아들은 병사의 신분임에도 높은 장군이 종기를 빨아 치료해 주었다고 하는데 영광으로 여겨야 할 일인데 왜 통곡을 합니까?"

사졸의 어머니는 답답하다는 듯 목멘 소리로,

"그런 말 마오. 지난번 오 장군이 내 남편의 종기를 빨아 주더니 싸움터에서 돌아오지 못하고 죽음을 당했소. 그런데 그 오 장군이 지금 또 내 자식의 종기를 빨아주었으니 나는 그 놈이 언제 어디서 죽을지 모르겠소."

오기는 사졸의 마음을 사기 위해 모든 정성을 기울였고, 사졸은 오기의 따뜻한 사랑에 감동하여 목숨을 내던지고 싸웠던 것이다.

오기는 자신에게 신임이 두터웠던 문후가 죽자, 위나라를 버리고 초楚나라로 갔다. 초나라 도왕悼王은 오기를 상국相國으로 삼았다. 오기는 부국강병책을 도왕에게 건의했다.

"초나라는 지역이 수천 리요, 병력은 100만이나 됩니다. 마땅히 제후들을 누르고 맹주盟主가 되어야 하는데, 그렇지 않음은 양병책養兵策에 잘못이 있기 때문입니다. 양병을 하려면 무엇보다도 국고를 충실히 하여 그 힘이 바탕이 되어야 합니다. 현재 별로 필요치 않은 관리가 관서마다 넘치고, 많은 왕족이 하는 일 없이 화려한 생활을 하며 국고를 낭비하고 있습니다. 그러나 사졸들은 배를 곯고 추위에 떨고 있습니다. 이러고도 사졸들에게 나라를 위해 목숨을 버리기를 바랄 수 있겠습니까?"

도왕은 오기의 건의를 받아들여 쓸모없는 관리를 도태시키고, 대신의 자제가 부형을 배경으로 하여 관직에 나아가는 것을 금하며, 왕족 5대 이상은 자력으로 생활을 영위하도록 하여 서민에 편입시켰다. 이러한 일련의 특별조치로 피해를 본 사람들은 오기를 골수에 사무치는 원수처럼 여기게 되었다. 그러나 사졸들은 그 처우를 대폭 개선하고 아침저녁으로 훈련을 시키니 막강한 정병으로 양성되어 이웃 제후국들이 감히 초나라를 넘보지 못했다.

그러나 도왕이 죽자 오기에게 쌓인 원한이 일시에 폭발했다. 도왕의 주검에 염殮을 하기도 전에 초나라 귀족, 대신의 자제들은 집단 난동을 벌여 오기를 죽이려고 달려들었다. 오기는 위급을 피하여 왕궁의 침전으로 달아났으나 난동자들은 궁까지 쫓아들었다. 오기는 죽음에서 피할 수 없음을 깨닫고 도왕의 주검을 안고 엎드렸다. 난동자들 저마다 활을 쏘기는 물론 왕의 주검에까지 화살이 꽂혔다. 오기는 마지막 숨을 거두면서,

"나의 죽음은 애석할 것이 없으나 왕의 주검에 활을 쏜 반역행위는 국법이 용서치 않을 것이다."

난동자 들은 오기의 말을 듣고 두려워하며 뿔뿔이 흩어졌다.

태자가 왕위에 오르니 이 사람이 숙왕肅王이다. 숙왕은 부왕의 주검에 활을 쏜 자를 색출하여 모두 극형에 처하니 희생된 가구가 70여 개나 되었다. 오기는 공명功名을 탐하여 어머니에게 등을 돌렸고, 아내를 죽인 냉혈한이었으나, 전략가로서의 기지는 죽음 앞에서도 발휘하여 결국 복수를 했던 것이다.

한번 믿었으면
끝까지 믿어라

三人成虎 삼인성호

세 사람이면 없는 호랑이도 만든다는 뜻으로,
근거 없는 말이라도 여러 사람이 하면
곧이듣게 된다는 것을 일컫는다.

[전국 진·위책 戰國 秦·魏策]

전국시대 위魏나라 방총龐蔥은 태자를 모시고 조趙나라에 볼모로 가게 되었다. 한번 떠나면 언제 돌아올지 모르는 길이었다. 참소라도 받는 날에는 영원히 돌아올 수 없는 정황이었다. 방총은 왕에게 다짐을 두고 싶었다.

"지금 어떤 사람이 대량大梁(위나라 수도)의 시중에 호랑이가 나타났다고 아뢴다면 대왕께서는 믿으시겠습니까?"

"어찌 믿겠나."

"또 한 사람이 와서 같은 말을 되풀이하여 아뢰면 대왕께서는 믿으시겠습니까?"

"설마 그럴 리가, 그게 사실이란 말인가 하고 의심하겠지."

"다시 또 한 사람이 와서 시중에 호랑이가 있더라고 아뢰면 믿으시겠습니까?"

"믿지 않을 수 없지, 세 사람씩이나 시중에서 호랑이를 보았다는데 믿지 않을 사람이 있겠나?"

"사람이 많은 시중에 호랑이가 있을 리 없음은 분명한 사실입니다. 그럼에도 세 사람이 연거푸 아뢰면 대량의 시중에 있을 수 없는 호랑이가 있게 되는 것입니다. 시중은 궁중에서 가까운 거리에 있으나 세 사람이면 시중의 호랑이도 만들어집니다. 허나 한단邯鄲(조나라 수도)은 대량에서 멀리 떨어져 있습니다. 이 사이에는 호랑이보다 더 무서운 참소가 도사리고 있습니다. 이 점을 대왕께서는 살펴주시기 바랍니다."

"과인이 참소를 잘 가려서 판단하겠다."

방총은 어느 정도 안심하고 조나라로 떠났다. 그러나 방총이 현지에 도착하기도 전에 방총을 참소하는 말이 왕에게 날아들었고, 왕은 방총을 의심했다. 그 후 태자는 인질에서 풀려나 본국으로 돌아갈 수 있었으나 방총은 왕의 부름이 없어 돌아가지 못했다.

증자曾子의 이름은 삼參이요, 어질고 효성이 지극한 공자孔子의 제자이다. 비費란 곳에 살고 있을 때, 성명이 같은 증삼이란 자가 살인을 하였다. 증자를 아는 사람이 걱정되어 증자의 어머니에게 달려갔다. 어머니는 베틀에 앉아 베를 짜고 있었다.

"증삼이 사람을 죽였습니다."

어머니는 그 말을 귀담아 들으려 하지 않고 여전히 베를 짰다. 또

한 사람이 찾아와 고했다.

"증삼이 살인을 했습니다."

"우리 애는 그럴 사람이 아니오."

증자의 어머니는 평소와 다름없이 계속하여 베를 짰다. 얼마 뒤 또 한 사람이 달려와서 고했다.

"증삼이 사람을 죽였습니다."

어머니는 그제야 북을 내던지고 베틀에서 내려와 달아났다. 증자가 어질다는 것을 믿는 어머니도 처음 두 사람까지는 믿지 않다가 세 사람 째 전하는 말은 믿었던 것이다.

존경받는
정치인이 되어라

甘棠之愛 감당지애

팥배나무도 아낀다는 뜻으로, 선정을 펴
은택이 백성들에게 젖어들자 백성들이 그 덕을 기려
그가 앉았던 팥배나무도 아끼고 가꾼다는 일컬음이다.

[사기史記 권 4]

과거 군아郡衙(군청)가 있던 곳의 앞길에는 으레 10여개의 비석이
늘어서 있다. 수령守令으로서 선정을 폈다고 세워진 송덕비요, 선정비
요, 또 백성에게 사랑을 남겼다는 유애비遺愛碑이다. 이 비석을 들여다
보면 대부분 백성을 내 몸처럼 아끼고 부역賦役을 공평하게 하고 흉년
든 해에 녹봉祿俸을 내어놓아 구호를 했다는 기록들이다.

본래 수령이 부임할 때에는 거의가 임금을 뵙고 떠난다. 이 자리
에서 선서처럼 읊는 것이 수령칠사守令七事이다. 수령이 부임해서 수
행해야 할 일곱 가지 의무사항인 것이다. 농업과 잠업蠶業을 발전시키
고, 호구戶口를 증식시키고, 교육을 진흥시키고, 군사사무를 정비하고,
조세와 부역을 공평하게 하고, 소송을 간결하게 처리하고, 사기와 폭

력을 종식시킨다는 내용이다.

수령은 지금의 군수에 해당하는 지방관으로서 현감·현령·군수·부사·목사·부윤을 통틀어 일컫는다. 행정에 사법권까지 가진 수령은 쉽사리 재물의 유혹과 권력의 남용에 빠지기 십상이다. 이에 도의 관찰사가 감시하고 때론 어사가 암행하며 그 부정을 살피기도 하지만, 교묘히 이루어지는 불법은 결국 이에 반기를 든 민란을 야기하기도 하였다.

백성의 고락苦樂이 수령의 적임여부에 매여 있다고 인식한 당국자는 그 인선에 적임을 구해야 한다고 강조하지만, 8도 3백 60주州 수령 모두에 적임을 구하기란 어렵고, 혹 권력층의 요구로 제대로의 인선이 어려우며, 개중에는 한두 사람의 부정부패로 백성들이 괴로움을 당하는 경우도 없지 않았다.

이 가운데에는 높은 이상을 지니고 수령에 만족하지 아니하고 일선행정을 익히며 선정을 베풀다가 중앙으로 승진하여 돌아가는 경우, 주민들이 그 남겨놓은 사랑을 기리고 아쉬워하며 세운 것이 곧 송덕비요, 선정비요, 유애비인 것이다. 그러나 돌아가는 수령의 은근한 종용으로, 또는 몇몇 주민의 아첨성 영합迎合으로 비가 세워지고 생사당生祠堂이 조성되기도 하였다.

정조 때에는 수령의 생사당은 물론이요 송덕비를 세우지 못하도록 금하기까지 하였으나, 그 후 비는 다시 세워지게 되었고 현재 남아 있는 비석들은 거의가 그 이후 다시 세워진 것들이라고 한다. 그러나 선정을 편 사람을 진정으로 사랑하고 기린다는 것은 이러한 것이 아닐까 한다.

소공석召公奭은 주 문왕周文王의 아들이다. 무왕武王이 은殷나라 주왕紂王을 쓰러뜨리고 소공을 북연北燕에 봉하였고, 성왕成王때 삼공三公이 되어 주공周公과 더불어 섬陝을 중심으로 하여 그 동쪽은 주공이, 그 서쪽은 소공이 나누어 다스렸다. 그 식읍食邑인 소召와 도백의 백伯자를 따서 소백으로도 불린 소공이 서쪽을 다스림에 있어 백성들의 열렬한 지지를 받았다. 소백이 지방을 순회하며 민사와 형사를 처리하였는데, 혹은 팥배나무甘棠 아래에 머무르거나 쉬거나 하며 백성들을 다스렸다.

이에 사람들은 적재적소에 각각 쓰이었고, 생업을 잃는 일이 없었다. 소공이 죽자 백성들은 그 선정을 생각하여 소백이 앉았던 그 팥배나무를 아껴甘棠之愛 감히 베거나 꺾거나 휘어잡지를 못하였다. 그러므로 『시경詩經』의 소남편召南篇에 나오는 감당장甘棠章 세 장의 가사가 지어져 불려 지게 되었는데 그 한 장을 소개하면,

'무성한 팥배나무를 갈기거나 베지도 말라. 소백이 머물렀던 곳이라.'蔽芾甘棠勿剪勿敗召伯所憩

듣기 싫다고
귀를 닫지 마라

三年不蜚 삼년불비

3년 동안 날지 않았다는 뜻으로, 가능성 있는 사람이
오랜 세월을 헛되이 보냄을 일컫는다.

[사기 초세가 史記 楚世家]

초楚나라 장왕莊王은 중국 춘추시대 오패五霸의 한 사람이다. 즉
위하여 3년이 되도록 정치에는 관심이 없고, 매일 사냥을 했고 궁에
있는 날에는 밤낮으로 여자를 끼고 마시는 것으로 낙을 삼았다. 궁문
에는 '간언諫言을 하는 자, 중벌을 내린다.'고 써 붙이기까지 했다.

대부大夫 오거伍擧가 기다리다 못해 뵙겠다고 했다. 들어오라 명
한 장왕은 오른쪽에 정희鄭姬를, 왼쪽에 채녀蔡女를 끼고 게슴츠레한
눈으로 오거를 내려다보며 물었다.

"대부가 찾아온 것은 술을 마시고 싶어서인가, 풍류가 듣고 싶어
서인가, 아니면 할 말이 있어서인가?"

"신은 술이나 풍류를 위해서 온 것이 아닙니다. 마침 교외에 나갔

다가 은어隱語를 들려주는 사람이 있었는데 신이 이해하기 어려워서
대왕께 아뢰려고 왔습니다."

"허어, 무슨 은어이기에 대부가 이해를 못한단 말인가? 어디 들어
보기나 하세."

"오색이 영롱한 큰 새 한 마리가 초나라 높은 언덕에 앉아 있은
지 3년이 되었습니다만, 날지도 울지도 않으니 무슨 새인지 알 수 없
다는 것이었습니다."

장왕은 곧 자신을 빗대어서 하는 말임을 알고 빙그레 웃었다.

"과인은 알고 있다. 그 새는 보통 새가 아니다. 3년을 날지 않았으
나 날면 하늘을 찌를 것이오, 3년을 울지 않았으나 울면 반드시 사람
을 놀라게 하리라. 그대가 기다리노라면 알게 될 것이다."

그러나 장왕의 방탕은 여전했다. 소종蘇從이란 대부가 비분을 억
누르지 못하고 장왕을 찾아가 크게 통곡을 했다. 장왕이 소종에게 물
었다.

"무슨 일인가?"

"제 몸도 죽고 초나라도 망할 것이므로 통곡을 하는 것입니다."

"그대는 왜 죽고, 초나라는 왜 망하는 것인가?"

"신이 간하면 대왕은 들어줌 없이 신을 죽일 것이고, 신이 죽으면
초나라에는 간하는 자가 없어 대왕은 더욱 주색에 빠지실 것이며 정
치는 크게 문란해져서 마침내 초나라는 망하고 말 것입니다."

장왕은 소리를 버럭 질렀다.

"네 놈이 간하면 죽는다는 것을 알면서도 입을 마구 놀리는구나.
어리석은 놈 같으니."

"신의 어리석음은 대왕의 어리석음에 비하면 아무것도 아닙니다."

"이놈아, 왜 내가 어리석다는 것이냐?"

"대왕은 광활한 토지와 막강한 군사력을 보유하고, 제후들이 복종하고 있습니다, 무한한 영광을 누릴 수 있음에도 대왕께서는 주색과 풍류에 빠져 정치는 돌보지 않고, 현명한 인물을 가까이 하지 않고, 한때의 즐거움에 취하여 영원한 이익을 저버리려 하니 어리석은 것이 아니면 무엇입니까? 신이 대왕의 패검佩劍에 죽어 대왕의 영이 지엄하다는 것을 보이겠습니다."

크게 깨달은 장왕은 벌떡 일어나 소종을 일으켜 세웠다.

"대부는 고정하라. 그대의 말은 충언이다. 과인은 그대의 말에 따르리라."

그 후 장왕은 여색을 물리치고 풍류를 멀리하여 정치에 전념하니 불과 몇 년만에 초나라의 기강은 바로 서고 국력은 더욱 튼튼해져 마침내 패업覇業을 이루게 되었다.

아부하는 부하를
경계하라

指鹿爲馬 지록위마

사슴을 가리키면서 말이라 한다는 뜻으로, 윗사람을 농락하여
권세를 마음대로 휘두르는 사람을 일컫는다.

[사기 진시황기 史記 秦始皇紀]

진시황이 천하를 순행하던 중 병을 얻어 일어날 수 없이 되었을
때 장자 부소扶蘇에게 황제의 자리를 물려주도록 명하고 눈을 감았다.
그러나 승상 이사李斯와 환관 조고趙高는 유조遺詔를 변조하여 어린
둘째아들 호해胡亥를 황제로 세웠다.

호해는 즉위 다음해 봄에 지방을 순행하고 수도 함양咸陽으로 돌
아와서 조고에게 말했다.

"사람의 일생이란 달리는 말을 좁은 틈으로 보는 것처럼 순식간
에 지나가는구려. 나는 세상의 모든 낙을 마음껏 즐기고 싶소."

조고는 호해의 관심을 국정에서 멀어지게 할 수 있는 좋은 기회
라 생각했다.

"폐하, 당연한 생각이십니다. 그렇게 하기 위해서는 먼저 법을 엄하게 하고 형벌을 가혹하게 하여 백성이 법을 두려워하도록 해야 합니다. 다음으로 말이 많은 구신舊臣(진시황 때의 신하)들을 모조리 조정에서 몰아내 귀찮게 구는 일이 없도록 해야 합니다. 그래야만 폐하의 뜻대로 이룰 수 있고, 또 마음 놓고 온갖 즐거움을 누릴 수 있습니다."

"옳은 말이요."

그 후 조고는 승상 이사를 모함하여 반역으로 몰아 죽이고, 중신과 왕자들을 축출하고 스스로 승상이 되어 나라의 실권을 한 손에 쥐었다. 조고는 이에서 만족을 모르고 황제가 되려고까지 했다. 조고는 우선 조정 신하들의 의중을 살핀 뒤에 계획을 실행에 옮기려 했다. 어느 날 조고는 신하들이 모인 자리에서 사슴 한 마리를 호해에게 바치며

"폐하, 말이 하도 귀엽게 생겨서 폐하게 바치려고 가져왔습니다."

호해는 어이없다는 듯 좌우를 돌아보며

"무슨 소린가? 사슴을 말이라니."

신하 가운데에는 조고에게 아부하는 자가 많았다. 그때 조고의 심중을 짐작한 자가 앞으로 나서며

"폐하, 승상의 말씀이 맞습니다."

그러나 조고가 거머쥔 조정에도 곧은 신하는 있었다.

"무슨 소리요. 분명한 사슴을 가지고⋯."

"저것은 말임에 틀림이 없소."

조정 안은 직언하는 몇몇 신하와 조고에게 아부하는 무리들로 떠들썩했다. 조고는 사슴이라 직언한 신하들을 하나하나 마음에 새겼다가 모두 죽음으로 몰아넣었다. 조고는 호해가 나이가 들면서 자신의

뜻대로 움직여지지 않자 호해를 몰아내고 부소의 아들 자영子嬰을 황제에 올렸다. 그러나 자영은 황제가 되자 곧바로 조고를 처단했다.

아첨하는 부하를
조심하라

口蜜腹劍 구밀복검 / 立仗之馬 입장지마

구밀복검은 입은 꿀같이 달콤하나 뱃속에는 칼이 도사리고 있다는
뜻으로, 겉으로는 다정한 체하지만 해치려는 마음을 지녔음을
일컫는다. 같은 뜻으로 소중유도笑中有刀라고도 한다.
입장지마는 의장용儀仗用으로 세우는 말이란 뜻으로,
후환이 두려워서 할 말을 못하고 자리만 지키는 사람을 일컫는다.

[당서唐書 권 23]

이임보李林甫는 당唐나라 장평숙왕長平肅王 숙량叔良의 증손이다.
천우직장千牛直長을 시작으로 하여 현종玄宗 초에는 태자중윤太子中允
이었고, 이어서 병부상서兵部尚書에 이르렀다. 당시 황태자는 간신들
의 모략을 받아 궁지에 몰려 있었다. 현종이 태자를 폐하려 하자, 장구
령張九齡이 부당하다고 극력 간했다. 현종은 이를 받아들이지 않았고,
이임보는 황실의 일을 바깥사람이 관여하려 한다고 불평했다.

현종 24년, 현종이 동도에 있다가 장안으로 돌아가려 하니 배요
경裴耀卿이 만류했다.

"지금은 농사철이라 민폐가 있어 불가합니다. 겨울에 돌아가셔야
합니다."

그러자 이임보가 "동도와 장안은 본래 황실의 동궁과 서궁입니다. 왕가王駕가 왕래하는데 때를 가릴 필요가 있습니까. 가령 농사에 지장이 있다고 하면 통과 지점의 농가에 세를 감면해주면 될 일이 아닙니까."

현종은 크게 기뻐하며 곧 장안으로 떠났다. 장구령은 정당하고 신중한 몸가짐을 신조로 삼는 인물이었고, 이임보는 아첨과 질투로 고위직에 오른 자인데 언제나 장구령을 눈의 가시로 보아 모해하려 했다. 현종이 삭방절도사朔方節度使 우선객牛仙客을 후侯로 봉하려 하자 장구령이 이임보에게

"큰 공이 있어야 후로 봉하는 것이요. 명분 없이 봉한다는 것은 있을 수 없는 일이니 공도 나와 같이 간합시다."

이임보는 흔쾌히 그렇게 하자고 했다. 그러나 장구령이 현종에게 우선객을 후로 봉하는 일을 반대할 때에 이임보는 아무 말이 없었다. 어전을 물러나온 이임보는 장구령이 한 말을 슬쩍 흘리며

"천자가 사람의 벼슬을 올리려는데 안 될 일이 뭐 있단 말인가."

이 말을 들은 현종은 이임보를 달갑게 여기고, 장구령을 뜨악하게 생각했다. 그 후 현종은 장구령을 파직했고 이임보를 중서령中書令으로 승진시켰다. 그리고 이임보의 참소에 따라 마침내 태자를 죽이게 되니 원성이 자자했다.

현종은 새로운 태자로 이임보가 추천한 수왕壽王을 제쳐놓고 충왕忠王을 세웠다. 이임보는 계획이 틀어진 데 앙심을 품었으나 한편 두렵기도 했다. 이임보는 태자비의 오라비 위견韋堅과 거짓 우호를 맺어 요직에 앉혔다가 자그마한 부정을 빌미로 그 가정을 유린하여 태

자를 고통스럽게 했다.

이임보는 위림魏林이란 자를 시켜 현종에게 하서절도사河西節度使 왕충사王忠嗣가 태자를 도우려 한다고 보고하게 했지만 현종은 믿으려 하지 않았다. 그러나 왕충사는 해임되었다. 이임보는 다시 태자를 참소했다.

"태자는 그 계획을 알았을 것입니다."

"우리 아이가 안에 들어앉아 있는데 어찌 외부 사람과 상통할 수 있단 말인가."

현종은 일소에 붙였다. 이임보는 현종에게 보고할 일이 있으면 먼저 현종의 측근에게 뇌물을 주어 환심을 샀다. 심한 경우 현종의 선부膳夫(요리사) 시비侍婢에게도 후한 뇌물을 주었다. 그러므로 이임보는 현종의 동정을 훤히 알 수 있었다.

이임보는 겉으로 보기에는 부드럽고 친절해 보였으나 그 속셈은 헤아릴 수 없는 위인이었다. 그러므로 세상 사람들은 이임보를 '입은 꿀같이 달콤하나 뱃속에는 칼이 도사리고 있다.口蜜腹劍'고 하였다.

이임보를 통하지 않고 승진한 자는 반드시 쫓겨났고, 그에게 아부하는 자만이 중용되었다. 많은 사람들에게 원망의 표적이 되자 이임보 자신도 자객이 뛰어들까 걱정이었다. 외출할 때에는 많은 말들을 앞세워 달리게 했고 숱한 경호원이 수행했다. 거주하는 집에는 이중문에 이중벽을 만들었고, 하룻밤에 두 번씩이나 잠자리를 옮겼으므로 집안 식구들도 이임보가 어디서 자는지를 몰랐다.

이임보는 재상의 자리를 19년이나 유지했다. 현종의 신임을 굳히고 사람의 이목을 속여 이권을 독점했다. 간관諫官은 한갓 녹만 받아먹는 자리가 되어 감히 바른말을 하지 못했다. 두진杜進이란 사람이 글을 올려 시정時政을 논하자 이임보는 하규령下邽令으로 내치면서

"밝은 임금이 위에 계셔 잘 받드는 데에도 겨를이 없는데, 시정에 무슨 논박이란 말인가. 그대들은 입장마立仗馬(의장용 말)를 보지 못했던 가? 하루 종일 투레질 한 번 않고 서 있어야 3품에 해당하는 먹이를 배불리 먹을 수 있지, 단 한 번이라도 투레질을 하게 되면 곧 쫓겨나지 않던가. 쫓겨난 뒤에 그 말이 투레질 하지 않겠다고 마음에 다진다 한들 무슨 소용이 있겠는가?"

이임보는 절도사를 거쳐 내직으로 들어오는 문신들이 마땅찮았다. 그래서 문신들의 중용을 막고자 무신의 중용을 건의했다.

"폐하의 특출한 능력과 국가의 부강에도 오랑캐를 물리치지 못하는 것은 문관이 장수가 되어 싸움에 몸소 앞장서지 않기 때문입니다. 용맹한 무장을 기용해야 하겠습니다."

그리하여 현종은 안녹산安祿山, 고선지高仙芝 등을 대장으로 발탁했다. 안녹산은 병권을 14년이나 장악했고, 마침내는 난을 일으켜 당나라를 멸망의 길로 이끌었다.

지위가 높을수록 겸손하라

曲突徙薪 곡돌사신 / 焦頭爛額 초두난액

방고래를 굽게 하고 땔감을 옮기라는 뜻으로,
재난을 미연에 방지함을 일컫는다.
불에 머리를 데고 이마를 데었다는 뜻으로,
몹시 고달파 녹초가 되었음을 비유하여 일컫는다.

[한서漢書 권 68]

곽광霍光은 한漢나라 무제武帝 때의 대장군이다. 무제를 가까이에서 모시기 20여 년이었으나 삼가고 신중을 기하여 자그마한 실수도 범하는 일이 없었다. 무제는 죽음에 이르자 곽광에게 어린 태자를 보좌하도록 이르는 유조遺詔를 남겼다. 태자는 여덟 살이었다. 이 사람이 소제昭帝이다. 이로부터 한나라의 정치는 곽광의 손에서 요리되었다.

곽광은 딸을 좌장군 상관걸上官桀의 아들 안安에게 출가시켰고, 그 사이에서 낳은 딸이 황후가 되었다. 황후는 곧 곽광의 외손녀인 것이다. 상관걸은 사돈 곽광에게 사적인 부탁을 했다가 거절당한 바 있었고, 곽광이 국사를 맘대로 하는 데 불만을 품었다. 상관걸은 곽광을 몰아내려고 몇 차례 계획을 세웠으나 일이 뜻대로 되지 않았다. 상관걸은 장공주長公主와 밀의하여 곽광을 연회석으로 불러 무사를 시켜 죽이고, 황제를 바꾸려는 계획을 세웠으나 사전에 발각되었다. 이 일을 계기로 곽광은 상관걸을 비롯한 관련자 모두를 처형했다.

B.C.74년(원평 원년) 소제가 후사 없이 죽자 곽광은 창읍왕昌邑王 하賀를 맞아들였다. 하는 즉위하자 주색에 빠져 국정을 돌보지 않았다. 곽광은 크게 걱정하여 중신들과 논의하고 태후에게 아뢰어 창읍왕 하를 추방하고, 선제宣帝를 세웠다. 당시 곽광의 아들 우禹와 조카 운雲은 중랑장이었고, 조카 산山은 봉거도위奉車都尉로서 호월병胡越兵을 거느렸으며 두 사위는 동서궁東西宮의 위위衛尉였다. 형제·매부·외손들도 모두 대부의 지위에 있어 곽광의 근친들이 조정의 요직을 독차지하고 있었다.

곽광은 선제가 즉위한 뒤 직접 정사를 돌보도록 건의했다. 그러나 선제는 사양하여 모든 정무를 곽광에게 관백關白(아룀)한 뒤에 올리도록 했다. 곽광은 그럴수록 겸손하여 예의가 깍듯했다. 곽광이 죽고 아들 우가 아버지를 이어 박육후博陸侯가 되었다. 우와 사촌 산은 앞 다투어 저택을 거대하게 세우고 의복 거마衣服車馬를 황실에 비길 만큼 화려하게 꾸몄다. 그러나 감히 누구 한 사람 탓하는 이가 없었다. 이때 무릉茂陵의 서복徐福이 선제에게 글을 올렸다.

"사치하면 불손해지고 불손하면 반드시 윗사람을 얕보게 됩니다. 윗사람을 얕보는 행위는 반역입니다. 폐하께서 곽씨네 선대의 공로를 생각하여 적당히 억제하셔서 멸망에 이르지 않도록 하십시오."

서복은 같은 내용으로 세 번이나 올렸지만, 선제는 선뜻 받아들이지 않았다.

과거 선제가 황제위에 올랐을 때 황후는 허許씨였다. 곽광의 부인 현顯은 막내딸 성군成君을 위해 남편 몰래 전의典醫를 매수하여 허황후를 독살하고, 남편 곽광에게 요청하여 성군을 황후로 들여보냈다. 극비에 부쳐진 일이었으나 곽광이 죽자 황후 독살설이 시중에 떠돌기 시작했다.

이 소문을 들은 선제는 몹시 경악했으나 확증을 잡지 못했다. 그렇다고 곽씨네를 무한정 방치할 수도 없었다. 우선 곽씨네 사위부터 요직에서 옷을 벗게 했고, 다음은 우와 산을 차례로 요직에서 물러나게 했다.

허황후의 독살설은 끈질기게 나돌았다. 곽씨네는 몹시 불안했다. 곽씨 문중은 죽음으로 몰릴 바에는 차라리 먼저 손을 써서 선제를 추방하고 새 황제를 맞이하자는 음모를 꾸몄다. 그러나 실행에 옮겨지기 전에 일이 발각되어 운과 산은 자살하고, 곽광의 부인과 우는 처형되었으며 연좌되어 처벌된 자가 수백이나 되었다. 이에 곽씨네의 음모를 밀고한 자들은 모두 벼슬을 받았으나 서복은 이 가운데 끼이지 못했다.

어떤 사람이 서복을 위해 선제에게 글을 올렸다.

"과객이 지나다가 어느 집 주인을 찾아 말했습니다. '댁의 온돌방 고래는 곧고, 굴뚝에 땔감이 쌓여 있습니다. 곧은 고래는 굽어지게 고치고, 굴뚝의 땔감은 옮겨 놓아야 화재를 방지할 수 있습니다'라고 했습니다. 그러나 주인은 과객의 말을 귓등으로 들었습니다. 과연 그 집에 화재가 났습니다. 동네 사람들이 달려와 불을 끄느라 머리도 데고, 이마도 데었습니다. 주인은 그들을 더없이 고맙게 여겨 머리와 이마를 덴 사람들을 불러 상석에 앉히고 거하게 고기와 술을 내어 대접했습니다. 그러나 방구들을 고치고 섶新을 옮기라고 한 사람은 초대되지 않았습니다. 어떤 사람이 주인에게 '과객의 말을 들었더라면 화재가 나지 않았을 것이고, 고기와 술도 소비할 일이 없었을 텐데…'라고 했습니다. 주인은 그제야 과객의 고마움을 느끼고 서둘러 과객을 찾아 사례했다고 신은 듣고 있습니다. 폐하께서도 서복의 간하는 말을 받아들였더라면 나라에 공헌한 곽씨네를 멸망에서 구제했을 것이고 고발한 자들에게 주어진 국고의 지출도 없었을 것입니다."

선제는 비로소 곽씨네의 멸망을 예방하지 못한 책임을 느끼고. 즉각 서복을 불러 상금과 벼슬을 내렸다.

올곧은 말에
귀를 기울여라

掩耳盜鈴 엄이도령

귀를 가리고 방울을 훔친다는 뜻으로, 올바른 말에 귀를 기울이지 않고
제고집만 내세우는 어리석은 행동에 비유하여 일컫는다.
제 귀를 막고 듣지 않으면 남들도 듣지 못한다고 생각한
어리석은 자의 행동에서 생겨난 속담이다.

[여씨춘추 자지 呂氏春秋 自知]

여불위呂不韋는 진秦나라 양적陽翟의 큰 상인이었다. 제후국諸侯國
을 돌며 교역을 하였는데 이때 진나라 왕자 자초子楚가 조趙나라에 볼
모로 와 있었다. 진나라가 자주 조나라를 침공하였으므로 자초는 조
나라의 냉대를 받았고 또 본국의 무관심으로 몹시 곤경에 처해 있었
다. 여불위는 조나라에 왔다가 자초를 보고 '진기한 재화奇貨로서 투
자할 가치可居가 있다' 판단하고 자초와 접촉을 가지며 아낌없는 지원
을 하였고, 잦은 술자리도 가졌다.

여불위는 무희舞姬출신 조희趙姬를 현지처로 두고 있었다. 자초와
의 술자리에 참석하게 한 바 있었는데 자초가 보고 자기에게 달라고
요구하였다. 여불위는 내심 염치없는 사람이라고 불쾌히 여겼으나 기

회로 여겨 많은 투자를 하는 마당에 아깝지만 하는 수 없이 조희를 자
초에게 내주었다. 이때 조희는 임신 2개월이었고, 자초에게 간 지 10
개월 만에 아들 정政을 낳았다. 정이 누구의 자식이란 의심은 할 수 없
었고, 후일 천하를 통일한 진시황秦始皇이었으니 여불위의 장삿속 혜
안은 정확히 들어맞은 것이라 하겠다.

당시 진나라 소왕昭王의 태자는 안국군安國君이었다. 아들 여럿이
있었으나 정이 두터운 적실 화양부인華陽夫人에게는 아들이 없었다.
여불위는 고귀한 패물을 들고 화양부인의 언니를 찾아가 여동생에게
다음과 같이 전하게 했다.

'미모로 사랑을 받는 사람은 나이 들면 사랑이 시들고, 몸소 낳은
아들이 아니면 후일 뒷방신세를 면키 어렵다. 여러 아들 가운데 한 사
람을 가려서 후사로 삼아 돌본다면 장래 마음 편히 지낼 수 있다. 조
나라에 가 있는 자초가 지혜롭고 효성이 지극하니 후사로 삼게 하라'
화양부인은 이 말을 옳게 여기고 남편에게 승낙을 받고 자초를 돌보
았고, 자초는 조희를 부인으로 삼은 것이다.

소왕이 죽자 안국군이 왕이 되었고 자초가 태자가 되었다. 1년 만
에 왕이 죽고 자초가 왕이 되니 장양왕莊襄王이다. 조희는 왕후가 되고
여불위는 승상丞相에 오르고 문신후文信侯에 봉해졌다. 3년 만에 장양
왕이 죽고 13세의 태자 정이 왕위에 오르니 여불위는 상국相國이 되
고 중부仲父란 칭호로 높여졌다. 왕이 어려 여불위가 나라 일을 요리
하였는데, 지난날의 애인 태후와 다시 인연을 잇다가 죄가 드러나자

자살하였다.

여불위가 상국으로 있을 때 문객門客을 시켜서 『여씨춘추呂氏春
秋』를 짓게 하였다. 『여람呂覽』이라고도 일컫는데 총26권이다. 유가儒
家의 말이 주가 되고 도가道家·묵가墨家의 말을 끼워 넣었으며 육경六
經이 많이 인용되었다. 다음은 그 자지편自知篇에 나오는 내용이다.

진晉나라 지백智伯이 범씨范氏를 멸망시킬 때, 종을 도둑질한 백
성이 있었다. 등에 지고 달아나려 했으나 종이 커서 짊어질 수 없었다.
깨뜨려 가져가려고 망치로 내려치자 종은 커다란 소리를 냈다. 사람
들이 듣고 달려들어 빼앗을까 보아 겁이 난 이 백성은 엉겁결에 제 귀
를 막았다. 제가 듣지 못하면 남들도 듣지 못할 것이라 생각한 것이다.
군주가 제 허물의 지적을 달가워하지 않아 못들은 체하는 것과 같은
경우라 하지 않을 수 있겠는가?

선정善政을 베푼다고 자부한 위魏나라 문후文侯가 술자리에서 여
러 대부大夫에게 자신을 평해보도록 명했다. 어느 대부는 군주가 지혜
롭다 하였으나 임좌任座는

"내세울 만한 군주라 할 수 없습니다. 중산中山을 얻고도 군주의
아우에게 봉해 주지 않고 아들에게 봉해 주었으니 이 일로 그렇다는
것을 알게 되었습니다."

나라 다스림을 잘한다는 칭찬이 있을 것으로 여겼던 문후는 얼굴
에 불쾌한 빛이 드러났다. 임좌는 자리에서 일어나 나갔다. 적황翟黃
의 차례가 되었다.

"현명한 군주이십니다. 군주가 현명하면 그 신하의 말이 올곧다

고 합니다. 지금 임좌의 말은 곧습니다. 그러므로 군주가 현명하다는 것을 알았습니다."

"임좌가 돌아올까?"

문후는 좋아하며 물었다. 적황이

"왜 안 그러겠습니까? 충신은 충성을 다 하고, 죽음을 두려워하지 않는다고 합니다. 임좌는 틀림없이 문에 있을 것입니다."

적황이 불러들이게 하니 임좌는 문에 있다가 곧 들어왔다. 문후는 뜰로 내려가 정중히 맞이했고, 마침내는 임좌에게 최상의 예우를 하였다.

머뭇거리다
때 놓치기 십상이다

摧枯拉朽 최고납후

마르고 썩은 가지를 꺾는다는 뜻으로,
손쉽게 이룰 수 있는 일을 일컬음이다.

[진서晉書 권 70]

진晉나라 때 사람 감탁甘卓은 단양丹楊 출신이다. 수재秀才로 추천
되어 오왕吳王의 상시常侍가 되었고, 석빙石冰의 토벌에 공이 있어 도
정후都亭侯에 봉해졌다. 동해왕 월東海王越의 참군參軍이 되었다가 이
호령離狐令으로 나갔다. 천하가 장차 어지러워질 것을 내다본 감탁은
벼슬을 버리고 역양歷陽에 갔다가 역신逆臣 진민陳敏을 만났다. 진민은
크게 반겼고, 마음 내키는 대로 살아보자며 감탁의 딸을 아들 진경陳
景과 연을 맺어주기도 하였다.

이때 주기周玘가 의거義擧를 하고 전광錢廣을 보내 진민의 아우 진
창陳昶을 공격하였다. 이에 진민은 감탁을 보내 전광을 물리치라 하니
감탁은 병사를 이끌고 주작교朱雀橋 남쪽에 주둔했다. 진창이 전광에

게 살해되자 주기는 단양태수丹楊太守 고영顧榮과 더불어 감탁을 설득했다.

감탁은 평소 고영을 존경하였고, 또 진민의 아우 진창이 살해된 데 책임을 묻지나 않을까하는 우려에 고영의 권고에 따르기로 하였다. 감탁은 진민의 며느리가 된 딸을 은밀히 불러내 데려오고, 주작교를 끊고 전선戰船을 남쪽 강 언덕으로 집결시키고 고영 등과 더불어 진민을 공격하여 멸망시켰다.

317~322년(원제 때) 감탁은 양위장군揚威將軍 역양내사歷陽內史가 되어 주복周馥을 토벌하고, 두도杜弢를 정벌하면서 많은 전공을 세워 남향후南鄉侯에 봉해지고 예장태수豫章太守에 임명되었다. 이어 상주자사湘州刺史, 양주자사梁州刺史가 되어 면수沔水 이북의 모든 병사를 거느리고 양양襄陽을 지켰다.

감탁은 외유내강하고 간결하고 혜택이 있는 정사를 폈으며 편안하게 어루만지기를 잘하였다. 조세를 줄여주고 시장에 두 가지 값이 없도록 하였다. 수산물에 세금을 부과하되 재리財利를 취하지 않고 빈민에게 나누어 주므로 은혜로운 정사라 일컬었다.

왕돈王敦이 반기를 들게 되자 감탁에게 사람을 보내 고하였다. 감탁은 겉으로는 응하는 체 하였으나 속으로는 동의하지 않았다. 왕돈이 배를 타게 되자 감탁은 나아가지 아니하고 손쌍孫雙에게 무창武昌의 왕돈에게 가서 중지토록 권하라 하였다. 왕돈은 손쌍의 말을 듣고 놀라워하며 '일이 잘 이루어지면 장군을 공작公爵에 임명하겠다.'고 하였다. 손쌍이 돌아와 고하니 감탁은 거취의 선택을 선뜻 내리지 못하였다.

옆의 사람이 '왕돈에게 거짓 허락하였으니 왕돈이 도성으로 들어오면 그때 토벌하여도 늦지 않습니다.'하고 권하자 감탁이 '지난날 진민의 난에 진창이 죽은 것을 두려워해서 토벌했다는 뒷말이 있소. 내본뜻은 그렇지 않았는데 결과가 그리되어 부끄럽게 여기고 있소. 지금 다시 그와 같은 일을 한다면 누가 나를 위해 변명해 주겠소.'

상주자사 초왕 승譙王承이 감탁에게 등건鄧騫을 보내 '지금 왕돈이 난신亂臣을 토벌하겠다는 명분을 내세우고 있으나 실은 여망을 저버리고 있소. 충신의사가 일어설 시기이니 이 기회를 잃지 마시오.' 하자 감탁이 '국난國難에 마음과 힘을 다하려함은 나의 마음이요. 깊이 생각해 보겠소.'

등건이 이어 감탁에게 '지금 의거도 않고 또 왕돈의 격문檄文에도 따르지 않으면 화가 닥칠 것은 필연입니다. 장군이 왕돈보다 많은 병력을 거느렸고, 명성 또한 널리 알려졌습니다. 많은 정예병을 거느리고 명성을 바탕으로 삼아 충과 의를 앞세우면 저항할 자가 없습니다. 장군이 무창을 점령하기란 마르고 썩은 가지를 부러뜨리는摧枯拉朽 것과 같은데 무엇을 우려하십니까? 무창이 평정되면 이곳의 군수물자로 두 고을을 안정시키고 사졸을 어루만지면 왕돈은 싸우지 않고도 무너질 것입니다.'

이때 왕돈은 감탁이 오지 않자 악도융樂道融을 보내 같이 가자고 요구하였다. 악도융은 본래 왕돈을 좋아하지 않았다. 도리어 감탁에게 왕돈을 습격하자고 권하였다. 감탁이 악도융의 말을 듣고 뜻을 굳히고, 파동감군巴東監軍 유순柳純, 남평태수南平太守 하후승夏侯承, 의도태수宜都太守 담해譚該 등 10여 인과 사방에 격문을 보내고 더불어 왕돈의 토벌에 나섰다.

　그런데 감탁은 비록 의거에 나서긴 하였으나 성격이 굳세지 못했고, 또 늙고 의심이 많아 저구豬口에서 머뭇거리며 진격을 하지 않았다. 이때 정부군이 싸움에서 불리했고, 주의周顗 대약사戴若思가 피살되었다는 소식을 듣고 감탁은 눈물을 흘리며 '내가 무창을 지키고 있어 왕돈이 겁을 먹고 있으므로 사직社稷을 위태롭게 하진 못할 것이다. 양양에 돌아가 도모할 일을 다시 생각하는 것이 좋겠다.'하고 병사를 거두고 돌아갔다가 왕돈의 밀령을 받은 양양태수 주려周慮의 습격을 받아 감탁은 결국 죽음에서 벗어날 수 없었다.

정곡을 찌르는 말이 약이 된다

藥石之言 약석지언

약과 침 같은 말이란 뜻으로, 잘못을 지적하여 고치는데
약과 침처럼 병에 도움이 되게 하는 말이란 뜻이다.
옛날에는 날카로운 돌을 침으로 사용했으므로 석石이라 한 것이다.

[구당서舊唐書 권 78]

언론이 막힘없이 이루어져야 한다고 강조되어 내려옴은 비단 전제 군주 체제에서만 그런 것이 아니라, 근대 독재 권력에도 끊임없이 이어지고 있다. 옛날 언론을 담당한 대간臺諫이라 일컫는 사헌부司憲府와 사간원司諫院의 관원은 물론이요, 일반 관원도 그 직책을 들어 상소上疏할 수 있었다. 권력기관은 그 언론이 옳다고 여기면 즉각 받아들여 시정하거나 개선하는 조치를 취하고, 말이 사리에 맞지 않을 경우 불문에 붙이고 제재하는 일이 없어야만 언로가 크게 열린다는 주장이었다.

대체로 언론은 독재로 빚어지는 과오나, 생각이 미치지 못한 점을 지적하여 시정하고 계도하는 역할을 한다. 그러나 일반인도 허물의

지적에 유쾌히 여기지 않는 일이 있는데 더구나 막강한 권력의 소유자가 과오의 지적을 받았을 때 건방지다, 괘씸하다고 여길 뿐만 아니라 화를 내어 화단禍端을 빚는 일이 우리는 지난 역사에서 흔히 보아왔다. 그 잘못의 지적을 너그럽게 받아들이면 국익에 도움이 되고 발전의 밑거름이 된다는 것을 생각지 않고 우선 불쾌한 감정이 앞서 이성을 마비시키고 화풀이를 하다 보니 종국에는 패망의 길을 걷게 되는 것이다.

옛말에 임금이 총명하면 신하가 정직해진다고 했다. 배구裴矩는 수隋나라에는 아첨을 했으나 당唐나라에는 충성을 했으니 그 천성이 변해서 그런 것은 아니다. 임금이 과오의 지적을 싫어하면 충성이 변하여 아첨을 하게 되고, 임금이 바른 말을 즐겨 들으려 하면 아첨이 변하여 충성을 하게 된다. 그러므로 임금은 표면이요, 신하는 그림자에 비유한다. 표면이 움직이면 그림자가 따라서 움직이기 때문이다.

당 태종唐太宗 이세민李世民은 비록 고구려를 공략하려다가 양만춘楊萬春에게 패하여 한쪽 눈을 잃고 돌아간 치욕이 있긴 했지만 영명한 군주라 일컫는다. 많은 전투를 치르고 천하를 거머쥐었고, 난리를 평정하고 학문을 진흥시켰으며 정성을 쏟아 다스리므로 몸소 정관지치貞觀之治란 치세治世를 이루었다. 형법은 제정했으나 이를 범하는 사람이 없어 집행하지 않았으니 역시 세상에 드문 현명한 임금이라 한다.

그러나 임금의 덕을 논하면 흠이 없지 않았으니 형제의 난이 그것이다. 전 동궁의 세마洗馬였던 위징魏徵이 태자 이건성李建成에게 진왕秦王 이세민을 제거하도록 늘 권했었다. 그런데 이건성이 실패하자 이세민은 위징을 불러들여 다그쳤다.

"너는 우리 형제 사이를 이간질했다."

"전 태자가 저의 말을 들었더라면 오늘의 비극은 없었을 것입니다."

위징은 두려움 없이 답했다. 이세민은 본래 위징의 능력을 잘 알고 있었던 터라 자기를 죽이라 권했던 위징을 풀어주고, 곧 첨사주부詹事主簿에 임명하였고, 그의 많은 건의를 받아들여 태평성세를 이루는데 큰 도움을 받았다.

당시의 인물 고계보高季輔는 덕주德州 출신이다. 어려서부터 배우길 좋아했고 겸하여 무예를 익혔으며 어머니 상을 치르면서 효성으로 이름이 알려졌다. 친형 고원도高元道는 수나라에 벼슬하여 급현령汲縣令이 되었는데 고을 사람이 난을 일으켜 성을 빼앗고 적에게 붙음으로써 고원도는 해를 입었다.

고계보는 무리를 이끌고 달려가 형을 죽인 자를 사로잡아 목을 베어 형의 묘에 제를 올리니 식자가 장하게 여겼다. 이에 많은 도둑이 고계보에게 귀순하여 수천의 무리를 이루었는데 고계보는 이들을 데리고 당나라에 돌아가 의지하니 척주총관부陟州總管府의 호조참군戶曹參軍에 제수되었다.

고계보는 이어 감찰어사監察御史에 발탁되면서 탄핵한 바가 많았는데 권세와 요직을 가리지 않고 논박했다. 중서사인中書舍人에 승진되었다가 태자우서자太子右庶子에 임명되었을 때 시정時政의 잘잘못을 일일이 들어 상소했다.

태종은 이를 아름답게 여겨 특별히 석종유石鍾乳 한 제劑를 내리며 "약석과 같은 말藥石之言을 올렸으므로 약석으로 보답한다."

그 뒤 고계보는 이부시랑吏部侍郎을 거쳐 중서령中書令이 되면서 이부상서吏部尙書를 겸했고, 감수국사監修國史가 되어 행 시중行侍中으로 태자소보太子少保를 겸했는데 풍질風疾을 얻어 58세를 일기로 생을 마감했다.

함께 알면 좋은 고사

곧게 간하는 부하를 아껴라
海瑞市棺 해서시관

해서가 관을 구입해놓고 간했다는 뜻으로, 목숨을 걸고 시정의 폐단을 곧게 간함을 일컫는다.

아랫사람의 간계에 의존하지 마라
狗尾續貂 구미속초

개 꼬리로 모자라는 담비 가죽을 잇는다는 뜻으로, 관직을 마구 임명함을 일컫는다. 또 훌륭한 것에 보잘 것 없는 것이 잇닿음을 일컫는다.

2장

속 깊은 아랫사람이 되어라

신하가 왕으로부터 사랑을 받을 때에는

왕의 마음에 들었던 지혜가,

왕이 미워할 때는 벌을 받게 되는 단서가 된다.

그러므로 왕을 설득하려는 자는 자신에 대한

왕의 애증을 먼저 살펴야 한다.

한비자는 용은 길들여서 타고 다닐 수 있으나

그 목의 역린을 건드리는 경우 반드시 죽임을 당한다고 했다.

왕의 노여움을 용의 역린에 비유했던 것이다.

자신 있게
스스로를 천거하라

毛遂自薦 모수자천 / 囊中之錐 낭중지추

모수자천은 모수가 스스로를 천거했다는 뜻으로,
자기 자신을 추천함을 일컫는다.
낭중지추는 주머니 속의 송곳이란 뜻으로, 재능이 뛰어난 사람은
숨어 있어도 자연히 사람들에게 알려짐을 일컫는다.

[사기 평원군 전 史記 平原君 傳]

평원군平原君 조승趙勝은 중국 전국시대 조趙나라 공자公子이다.
제齊나라의 맹상군孟嘗君, 초楚나라의 춘신군春申君, 위魏나라의 신릉
군信陵君과 함께 사군四君이라 일컫는 인물이다. 평원군은 평소 손님
맞이 하기를 좋아하여 집에는 식객 수천이 들끓었다. 친형 혜문왕惠文
王과 효성왕孝成王을 도와 수상을 세 번씩이나 역임했다.

평원군 집의 누각은 높게 지어져 민가를 내려다볼 수 있었다. 이
웃 민가에서 다리를 저는 사람이 절뚝거리며 물을 긷고 있었다. 평원
군의 아름다운 소첩少妾이 누각에 올랐다가 절뚝거리며 물을 긷는 사
람을 보고 철없이 깔깔거리며 웃었다. 다음날 그 절뚝거리는 사람이
평원군을 찾아왔다.

"저는 평원군께서 빈객을 좋아하여 천리를 멀다 아니하고 빈객들이 찾아온다고 들었습니다. 이는 평원군께서 빈객을 존경하고 첩을 천하게 여기셨기 때문입니다. 그런데 평원군의 소실이 불행히도 제가 다리를 저는 모습을 누각에서 내려다보고 깔깔거리며 웃는 모욕을 주었습니다. 저를 비웃은 그 소실의 머리를 얻고자 합니다."

평원군은 어이없어하는 웃음 띤 얼굴로 생각해 보겠다고 했다. 그 사람이 돌아가자 평원군이

"그 친구, 한 번 웃은걸 가지고 나의 소실을 죽이겠다고? 지나치지 않은가."

그런 일이 있은 지 1년이 지나자, 평원군 집 빈객들이 차츰 흩어지며 반수 이상이 돌아갔다. 평원군은 영문을 알 수 없어 답답히 여기고, 대접에 혹 소홀한 점이 있는가를 식객들에게 물었다.

"내가 여러분들에게 감히 실례를 범한 일이 있는지, 돌아가는 사람이 많은 까닭은 무엇인가?"

그 중 한 사람이 대답했다.

"평원군께서 절뚝거리는 사람을 비웃은 그 소실을 그냥 둠으로써 평원군이 여색을 사랑하고 빈객을 천하게 여긴다며 돌아간 것입니다."

이에 평원군은 대아大我를 위하여 소아小我를 희생하는 심정으로, 절뚝거리는 사람을 보고 웃은 소실의 머리를 들고 그 사람의 집에 찾아가 사과했다. 이 소식이 멀리 퍼지자, 돌아갔던 빈객들이 다시 평원군에게 모였다.

조나라 혜문왕 9년, 진秦나라 소왕昭王은 조나라를 침공하여 수도

한단邯鄲을 포위했다. 당시 진나라는 막강한 국력으로 여러 제후국을 압박했고, 제齊·초楚·연燕·위魏·조나라 등은 진나라에 저항하기 위하여 연합전선을 펴고 대항할 수밖에 없는 상황이었다.

조나라 왕은 평원군에게 초나라와 연합전선을 펴 진나라를 물리칠 방법을 모색하도록 명했다. 평원군은 식객 가운데 문무를 겸하고 용기 있는 자 20인을 선발하여 초나라에 동행하기로 했다. 그러나 선정된 사람은 19인 뿐, 한 사람이 모자랐다. 이에 식객 가운데 모수毛遂란 사람이 평원군 앞에 나서 스스로를 추천하며 말했다.

"초나라에 가실 때 식객 20인을 데리고 가신다 들었습니다. 지금 한 사람이 모자란다 하니 제가 그 가운데 끼였으면 합니다."

평원군은 의외란 듯 눈을 크게 떴다.

"선생께서 우리 집에 오신 지 얼마나 되었습니까?"

"3년입니다."

"어진 선비는 아무리 은둔해 있다하더라도, 송곳錐이 주머니 속囊中에 있어도 그 끝이 드러나는 것처럼 그 재능은 곧 알려지기 마련입니다. 선생이 내 집에 3년씩이나 계셨으나 나는 선생에 대한 말씀을 듣지 못했습니다. 이는 선생에게 특별히 내세울 만한 능력이 없다는 것이 아니겠습니까? 그대로 계십시오."

"저는 오늘에야 비로소 주머니 속으로 들어가겠습니다. 제가 만약 일찍이 주머니 속에 들어갔더라면 도리어 삐져 나갔을 것이고, 그 끝만 드러내지는 않았을 것입니다."

평원군은 자신감 넘치는 모수의 호언을 듣고 마침내 일행에 참여케 했다. 일행 19인은 서로 눈으로 웃음을 보냈다. 그러나 일행이 초나라로 가는 도중 모수는 탁월한 식견과 재능으로 19인과 담론을 벌여 모두를 감복하게 했다.

평원군과 초왕의 협상은 길어졌다. 모수는 검을 끼고 회담장으로 들어가 연합전선이 해가 되느냐, 이가 되느냐 두 마디면 될 일이라며 설득, 출병하겠다는 약속을 얻어내 초나라가 지원에 나서자 진나라는 하는 수없이 포위를 풀고 돌아섰다.

윗사람의 신임은
언제나 지속되는 것이 아니다

餘桃啗君 여도담군

먹다 남은 복숭아를 임금에게 먹였다는 뜻으로,
신하에 대한 임금의 애증이 그 변화가 심함을 일컫는다.

[한비자 세난 韓非子 說難]

미자하彌子瑕는 중국 춘추시대의 위衛나라 사람이다. 영공靈公의
총애를 받는 대부大夫로서 아첨을 잘했고 미남이었다. 영공은 부인 남
자南子를 멀리하고 미자하를 가까이 했다.

위나라 법에 왕의 수레를 허가 없이 탄 자는 월형刖刑, 곧 발뒤꿈
치를 베도록 되어 있었다. 어느 날 마자하는 어머니가 병으로 위독하
다는 다급한 전갈을 받았다. 조급한 나머지 왕의 윤허가 있다 속이고
왕의 수레를 몰고 궁중을 빠져나가 어머니의 병을 간호했다.

다음날 왕은 미자하가 허가 없이 왕의 수레를 타고 나간 사실을
알았다. 왕은 미자하를 벌할 생각은 않고 도리어 잘했다며

"미자하는 효성이 지극하다. 어미를 위해서 발이 잘릴 형벌도 돌

아보지 않았으니 갸륵한 일이다."

하고 칭찬하며, 월형의 죄를 사면해 주었다.

미자하가 왕을 모시고 도원桃園의 놀이에 나갔다. 갓 익은 복숭아
가 어쩌나 탐스러웠던지 미자하는 하나 따서 한입 듬뿍 물었다. 맛이
기막히게 좋았다. 미자하는 그 복숭아를 먹다 말고餘桃 왕에게 바쳤다.

"맛이 어쩌나 좋은지 혼자 먹기가 아까워 감히 올립니다."

왕은 미자하가 먹다 만 복숭아를 선뜻 받아먹었다啗君. 과연 맛이
기가 막혔다. 왕은 몹시 기뻤다.

"미자하는 과인을 끔찍이 생각하는구나. 혼자 먹기가 아까워 먹
다말고 나에게 바치다니 고마운 일이다."

그러나 달도 차면 기울 듯, 미자하의 왕에 대한 '충성하는 마음'은
변함이 없었으나 왕의 총애는 시들해갔다. 이제 미자하는 극히 작은
일로도 왕의 미움을 사는 처지에 이르렀다.

"괘씸한 놈, 왕의 수레를 훔쳐 타질 않나, 먹다 만 복숭아를 먹으
라고 주질 않나. 이런 발칙한 놈은 용서할 수 없다."

왕은 마침내 미자하의 관직을 삭탈하고 궁중에서 내쫓았다.

이 사실을 두고 한비자는 미자하의 충성심에는 변함이 없음에도
왕으로부터 칭찬받은 행위가 나중에는 미움을 사는 불씨가 된 것은
왕의 애증愛憎의 정이 크게 변했기 때문이라고 했다. 신하가 왕으로부
터 사랑을 받을 때에는 왕의 마음에 들었던 지혜가, 왕이 미워할 때에
는 벌을 받게 되는 단서가 된다는 것이다. 그러므로 왕을 설득하려는
자, 자신에 대한 왕의 애증을 먼저 살펴야 한다고 했다. 이어 한비자는

용을 길들여서 타고 다닐 수 있으나, 그 목에 난 역린逆鱗을 건드리면 반드시 죽음을 당한다고 하여 왕의 노여움을 용의 역린에 비유했던 것이다.

윗사람의 뜻을
너무 아는 체하지 마라

鷄肋 계륵

닭갈비라는 뜻으로,
내게는 필요 없는 물건이나 남 주기는 싫음을 일컫는다.

[후한서 양수 전 後漢書 楊修 傳]

양수楊修는 중국 삼국시대 위나라 사람이다. 뛰어난 재능에 많은 배움이 있고, 풍부한 식견에, 담이 크고 달변이었다. 효렴孝廉이란 관리 등용 과목에 추천되어 조조曹操의 주부主簿가 되었다. 조조는 양수의 재능을 몹시 아꼈고 사랑하면서도 속으로는 시기하는 마음이 있었다.

어느 날 조조는 조성된 화원花園을 돌아보고 문 위에 '활活'자를 써놓고 돌아갔다. 관리인은 '활'자를 써놓은 조조의 의도가 무엇인지 알 수 없었다. 이 생각, 저 생각 끝에 양수를 청해 물었다. 양수는 좌우를 둘러보고 미소를 짓더니 말했다.

"문門에다 활活자를 썼으니 활闊자가 분명하오. 문이 넓다는 뜻이니 좀 좁히도록 하시오."

관리인은 양수의 말에 따라 문을 좁히고 조조에게 보고했다. 조조는 문을 살펴보고 기뻐하며 관리인에게 물었다.

"이제는 제법 어울린다. 누가 내 뜻을 짐작하고 문을 고쳤느냐?"

"주부 양수가 가르쳐주었습니다."

조조는 양수의 기지를 칭찬했으나 마음이 편치 않았다.

유비劉備가 익주益州를 영유領有하고 한중漢中을 병탄竝呑(남의 재물이나 다른 나라의 영토를 한데 아울러서 제것으로 함)하자, 조조는 대군을 이끌고 유비의 정벌에 나섰다. 그러나 전과는 조조에게 유리하지 못했고, 군의 보급로도 원활치 못했으며 병사들의 사기도 저하되었다. 조조는 회군回軍하고 싶었으나 적의 비웃음을 살까 보아 그러지도 못하고 진퇴양난에 빠졌다. 하후돈夏侯惇이 오늘밤의 군호軍號(암호)를 물었다. 조조는 무심코 '계륵鷄肋(닭갈비)'이라고 말했다. 조조는 본래 닭고기를 즐겼다. 거의 매일 닭고기를 먹었다. 하후돈이 군호를 물어 왔을 때도 저녁 식사에 닭을 뜯고 있었다. 하후돈은 돌아가 예하 각 부대에 군호를 전달했다. 양수의 부대에도 전달되었다. 군호를 받은 양수는 소속 부대 장병에게 짐을 꾸려 철수할 준비를 서두르라 명했다. 이 소식이 하후돈에게 알려졌다. 하후돈은 깜짝 놀라 양수를 불렀다. 양수는 빙그레 웃으며 말했다.

"계륵이란 먹으려니 맛이 없고 버리자니 아까운 것입니다. 지금 조조의 심정은 이곳을 지키자니 소득이 없고 버리자니 아까워서 마치 계륵과 같다고 생각하신 것입니다. 내일이면 철군령撤軍令이 내려질 것입니다. 영이 내려진 뒤에 서두르는 것보다 미리 해두는 것이 오히려 분주하지 않고 여유 있으며 질서를 지키는 것이라 생각하여 짐을 꾸리라 했습니다.”

하후돈은 양수의 말을 듣고 감탄해 마지않으며 부장들에게 철군에 대비하라고 일러놓았다. 이날 밤 조조는 영내를 순시하다 하후돈의 진영에서 짐을 꾸리는 것을 발견하고 깜짝 놀라 급히 불러 물었다. 하후돈은 양수의 이야기를 낱낱이 아뢰고 철군령이 내려지기 전에 미리 준비하려는 것이라 했다. 조조는 속으로 몹시 놀라고 감탄했다. 그러나 내심 불안했다.

‘이 자가 어찌 이다지도 내 마음을 꿰뚫는단 말인가? 이 자를 살려두었다가는 앞날 큰 걸림돌이 될 것이다. 이 기회에…’

조조는 양수를 불러 물었다.

“무슨 까닭으로 짐을 꾸리라 했느냐?”

양수는 주저 없이 말했다.

“계륵이란 군호가 대왕의 의중을 나타내신 것으로 판단하여 뜻을 받들어 짐을 꾸리라 한 것입니다.”

조조는 벌컥 화를 내며 말했다.

“네 감히 헛된 생각으로 군심軍心을 어지럽혔으니 어찌 살기를 바랄 수 있단 말이냐. 이자를 빨리 끌어내라!”

이때 천하기재天下奇才 양수의 나이는 아깝게도 38세였다. 그 후 조조는 얼마 안 되어 양수의 판단과 같이 소득 없이 철군하고 말았다.

윗사람의 체통을
세워줘라

簠簋不飾 보궤불식

제사에 쓰이는 그릇인 보와 궤를 갖추지 않았다는 뜻으로,
공직자의 비리를 완곡하게 표현하여 단죄함을 일컫는다.

[한서 가의 전 漢書 賈誼 傳]

가의賈誼는 한漢나라 낙양洛陽 사람이다. 18세에 시와 글을 잘한
다는 소문이 고을에 널리 퍼졌다. 오공吳公이 하남태수河南太守로 왔을
때 수재 가의의 이름을 듣고는 문하에 두고 매우 아꼈다.

문제文帝가 즉위하자, 하남태수 오공의 치적이 천하제일이라 하
여 검찰총장격인 정위廷尉에 임명했다. 오정위는 가의가 나이는 적으
나 제자백가의 글에 통한다고 추천했고, 문제는 가의를 박사博士로 임
명했다.

20여 세에 지나지 않은 가의는 황제의 명으로 일이 있을 때마다
노성老成한 사람들도 답변하기 어려운 문제들을 척척 응답하여 여러
사람의 경탄을 자아냈다. 가의는 황제와 대신들의 인정을 받아 지위

가 거듭 높아지면서 1년 만에 태중대부太中大夫에 이르렀다.

가의는 달력을 개정하고 복식服飾을 바꾸고 관직의 이름을 정하고 예악禮樂을 진흥시키는 개혁안을 제출했다. 이 개혁안은 빠뜨림 없이 모두 채택되었다. 문제는 가의에게 공경公卿의 지위를 내리려 했으나 시기하는 사람이 있어 중지되었고, 비방과 중상이 계속되자 문제도 결국 가의를 소원히 대했다.

가의는 장사왕長沙王의 태부太傅에 임명되어 지방으로 내려갔다. 장사長沙로 좌천되어 가는 침울한 심정에 상수湘水를 건너며 옛날 초楚나라 지사 굴원屈原을 생각하고 부賦를 지었다.

장사는 낮고 습한 곳이라 가의의 건강에 좋지 않은 영향을 주었다. 부임하여 3년이 되던 어느 날, 가의의 책상머리에 올빼미가 날아와 한가로이 앉은 일이 있었다. 가의는 오래 살지 못할 것을 깨닫고 언짢아하면서 역시 부를 지어 스스로를 위로했다.

가의는 1년 뒤에 문제의 부름을 받고 낙양으로 돌아가 양회왕梁懷王의 태부가 되었다. 문제의 작은 아들인 양회왕은 독서를 즐겼으므로 학문이 높은 가의를 스승으로 삼았던 것이다. 이때 가의는 다음과 같은 글을 올렸다.

"현 정세를 살펴보면 통곡할 일이 하나요, 눈물지을 일이 둘이요, 탄식할 일이 여섯입니다."하고 정치, 경제, 국방 등 각 분야에 걸친 개혁안을 건의했다.

'양태부가의상소梁太傅賈誼上疏'로 불리는 이 논술은 2천 년이 지난 오늘날까지도 많은 선비들에게 회자되고 있다. 이 개혁안의 요지는 다음과 같다.

"백성에게 예의염치禮義廉恥, 곧 예절과 의리, 청렴과 수치를 알게 함은 정치의 기본입니다. 윗사람이 이를 실천하면 백성들은 자연 동화됩니다. 백성을 동화시키기 위해서는 아랫사람의 체모를 높여야하고, 형벌에 있어서도 체모가 지켜지도록 해야 합니다. 일반 서민에게는 예절을 규정하지 않았고, 대부에게 형벌을 가하지 않음은 아끼는 신하의 체모를 세워주기 위한 것입니다. 옛날 대신이 비리로 축출을 당하게 되면 곧바로 부정이라 말하지 않고, 제사에 쓰이는 그릇인 '보궤를 갖추지 않았다簠簋不飾'하여 예를 갖추지 않았다고 은유적으로 표현했습니다. 음란행위를 저지른 경우에 직접 음행이라 말하지 않고 '휘장이 얇아 남에게 부끄러움을 드러냈다帷薄不修'고 했습니다. 무능하여 면직이 된 사람에게는 '소속직원이 직무를 다하지 못했다下官不職'고 했습니다. 이처럼 대신의 죄과를 직설적으로 표현하지 않고 은유적으로 표현했던 것은 윗사람이 예의염치를 가지고 아랫사람을 대하게 되면 아랫사람이 절도 있는 행동으로 윗사람에게 보답하려는 마음이 우러나게 하려는 것입니다. 그러하지 않은 자는 인류가 아닙니다. 그러므로 이러한 기풍이 이루어지게 되면 신하된 자는 모두 제 행동을 돌아보고 사욕을 잊고 절도를 지켜서 의를 앞세울 것입니다."

양회왕이 갑자기 말을 타다 떨어져 죽자, 가의는 스승의 책임을 느끼고 울다가 1년여 만에 역시 사망하니 가의의 이때 나이는 가깝게도 33세였다.

정이 깊을수록
예를 지켜라

加膝墜淵 가슬추연

무릎에 앉혔다가도 못에 밀쳐 넣는다는 뜻으로,
사랑과 미움의 변화가 더없이 심하다는 일컬음이다.

[명사明史 권 251]

　　명明나라 사람 문진맹文震孟은 오현吳縣 출신이다. 전시殿試에서 수석을 하고 수찬修撰에 임명되었다. 이때 위충현魏忠賢이 권세를 부리기 시작하자 빌붙는 자가 많았다. 대신을 배척하여 내쫓거나 옥에 가두는 일이 잦았다. 문진맹은 의분을 참지 못하고 글을 올렸다.

　　'…폐하께서 새벽에 나오셔서 정사에 근면하신데 예관禮官이 절하고 일어서는 것은 꼭두각시가 등장하는 것과 같습니다.…'

　　위충현은 이 글을 위에 올리지 않다가 임금이 연극을 관람할 때 '꼭두각시 등장'이란 문구만을 적시하여 문진맹이 임금을 꼭두각시에 견주었다며 '엄벌에 처하지 않으면 천하에 위엄을 보일 수 없습니다.'고 아뢰니 임금은 그저 머리만 끄덕였다.

대체로 문장의 아래위를 읽어야만 어디에 뜻이 있는지를 명확히 알 수 있는 일임에도 간사한 무리는 단장적구斷章摘句, 곧 거두절미하고 특정구절만을 들어서 모함하거나 한두 글자 바꾸어 필자를 궁지로 모는 경우가 많다. 지금도 그런 행위로 공박하고 비난하는 일이 없지 않다.

문진맹이 경연經筵에서 강의를 마치고 나오는데 위충현이 문진맹에게 장杖 80대를 치라는 명이 내려졌다고 하였다. 이때 수상은 휴가 중이었고, 부상 한광韓爌이 극력 반대하였다. 이어 서길사庶吉士 정만鄭鄤의 글이 또 올라왔다. 이에 두 사람 모두 강등시켜 지방 직책에 보하라는 명이 내렸다. 언관들이 구명에 나서 문진맹은 부임길에 올랐다가 돌아왔다.

문진맹이 좌중윤左中允으로서 경연에서 『논어』를 강講할 때 '임금은 신하를 부리되 예禮로 대한다'는 대목에 이르러 반복해 설명하니 임금은 옥에 갇힌 상서 교윤승喬允升과 시랑 호세상胡世賞을 풀어주라 하였다. 『서경』의 '오자지가五子之歌'를 강講할 때 임금은 책상다리를 하고 있었다. '윗사람이 된 자 어찌 공경치 않으랴자세를 바르게 함'라는 문항에 이르러 문진맹이 무릎 위의 발에 눈길을 보내자 임금은 소매로 가렸다가 슬그머니 내려놓았다.

예부시랑 주병모周炳謨가 『광종실록光宗實錄』을 편수하면서 여러 사건을 숨김없이 직필로 서술하였다. 위충현이 어사御史 석삼외石三畏를 사주하여 주병모를 탄핵하여 면직시키게 하고, 실록을 다시 편찬하여 시비가 뒤바뀌게 하였다. 문진맹이 몇 가지 그릇된 점을 들어서 개정하도록 요청하니 임금은 조정신하를 불러놓고 직접 논의했으나 결국 위충현의 무리에 의해 저지되었다.

　적이 봉양鳳陽의 황릉皇陵을 침범하였다. 문진맹이 난이 일어난 원인을 설명하고

　"일을 맡은 신하가 직무를 다하지 않아 국론이 분열되었고, '무릎에 앉혔다가도 연못에 처넣음加膝墜淵'은 사랑과 미움의 변화가 심한 데에서 말미암았습니다. 폐하께서 애달파하시는 글을 내리시고 법대로 집행이 되지 않은 일을 바로잡고, 나라를 그르친 자를 처단하고, 백성을 안정시키는 정사를 행하고, 민간에 쌓인 관가 및 사가의 빚을 늦춰주고, 벼슬자리나 지키려는 자를 내쫓고, 좋은 계책과 역량을 널리 모아 혼란한 국정을 진정시키소서."

　임금은 반기는 뜻으로 회보하였으나 모두 시행이 되지는 않았다. '가슬추연'은 『예기』 단궁檀弓에 나오는 자사子思의 말씀이다.

　'불러들일 때에는 무릎에라도 앉힐 듯이 사랑을 쏟다가도 미움이 생겨 물리칠 때에는 연못에 밀쳐 넣듯이 한다.進人若將加諸膝, 退人若將墜諸淵'

윗사람을
지켜라

丁公之誅 정공지주

정공을 처단하다의 뜻으로, 신하로서 두 마음을 갖는
불충한 행위에 철퇴를 가함을 일컫는다.
정공피륙丁公被戮이라고도 한다.

[사기 계포 전 史記 季布 傳]

계포季布는 초패왕楚覇王 항우項羽의 장군이다. 한 고조漢高祖 유
방劉邦을 여러 차례 궁지로 몰아넣어 괴로움을 주었다. 유방은 항우를
멸망시킨 뒤 계포에게 천금의 현상금을 걸고 긴급 체포령을 내렸다.
계포는 복양濮陽의 주씨周氏 집에 숨어 있었다. 주씨가 계포에게

"한나라에서 장군에 대한 체포령이 급박합니다. 추적하여 내 집
에 달려들 것입니다. 장군이 내 말을 들어주신다면 내 뜻을 말할 것이
고, 그렇지 않으면 내가 먼저 죽겠습니다."

계포는 쾌히 승낙했다. 주씨는 계포의 머리를 깎아 죄인으로 위장
하고, 수레에 태워 노魯나라 주가朱家에게 데려가 팔겠다고 했다. 주가
는 죄인이 계포임을 짐작하고 사들여 농장에 두었다. 그리고 아들에

게 농사일은 이 종奴에게 물어서 할 것이고, 식사는 반드시 함께 하라고 일렀다.

주가는 수레를 몰아 낙양洛陽으로 갔다. 여음후汝陰侯 등공藤公을 찾아간 것이다. 주가는 등공에게 물었다.

"계포에게 무슨 죄가 있기에 이 같은 소란입니까?"

"계포가 항우를 위해 몇 차례 주상主上을 괴롭혔기 때문에 주상의 원한이 깊어 기필코 체포하려는 것이오."

"그대는 계포를 어찌 보십니까?"

"그야 재능 있는 사람이지요."

"신하란 각각 그 주인을 위해 힘을 다하는 것입니다. 계포는 항우를 위해 직책을 다한 것입니다. 그렇다면 항우의 신하였던 사람은 모두 죽음을 당해야한다는 말입니까? 지금 주상이 천하를 영유하고도 겨우 사감을 내세워 천금이란 큰돈을 내걸고 사람을 체포하려고 소동을 벌이니, 이는 너그럽지 못하다는 것을 천하에 보이는 일이 아닙니까? 또 계포는 유능한 사람입니다. 한나라에서 배겨내기 어려우면 북쪽으로 호胡, 아니면 남쪽인 월越로 달아날 것 입니다. 장수가 적국으로 달아나 그 힘이 되게 함을 꺼리는 것은 초楚나라 오자서伍子胥가 오吳나라로 달아나 군대를 이끌고 들어와 평왕平王의 무덤을 파헤치고 시신을 꺼내 태질한 사실이 있기 때문입니다. 그대는 왜 주상께 말씀드리지 못하는 것입니까?"

등공은 계포가 주가의 집에 숨어 있음을 짐작하고 주가에게 기다려보라고 했다. 등공은 주가가 한 말을 그대로 고조에게 아뢰었다. 고조는 곧 계포에게 사면령을 내렸다. 계포는 비로소 자유의 몸이 되어 한고조 앞에 나타나게 되었고, 마침내는 낭중郎中에 임명되었다.

계포의 외삼촌인 정공丁公도 항우의 장군이었다. 정공은 항우를 위해 군사를 이끌고 고조를 추격했다. 팽성彭城 서쪽에서 고조를 포위하고 육박전을 벌이게 되었다. 고조는 사태가 위급하자 정공에게 사정을 했다. 이에 정공은 끝까지 고조를 공격하지 않고 돌아섰다.

항우가 패망하자 정공은 고조를 찾아갔다. 고조는 정공을 구속하고 군중에 조리를 돌리게 했다.

"이 자는 항우의 신하로서 불충한 짓을 하여 항우로 하여금 천하를 잃게 했다. 후세에 신하된 자가 정공을 본받는 일이 없도록 바라는 뜻에서 참형에 처한다."

정공이 항우의 장군으로서 궁지에 몰린 고조에게 달아날 길을 열어주고, 항우가 복망하자 은혜가 있다하여 고조를 찾아갔으니 신하로서 취할 바 태도가 아니다. 요즘 말로 회색분자, 기회주의자이므로 엄벌을 받아 마땅하다. 고조가 정공에게 취한 조치는 다소 냉혹하다는 평은 있겠으나, 정공처럼 기회를 엿보는 자를 응징하지 않았다면 한나라 4백여 년의 기반 조성은 어려웠을 것이다.

같아지려 노력하면 같아진다

難兄難弟 난형난제

형이다 아우다 구분하기 어렵다는 뜻으로,
사람의 됨됨이나 사물의 바탕이 엇비슷하여
낫고 못함을 결정짓기 어렵다는 일컬음이다.

[아계유고 鵝溪遺稿]

　　조선조 선조 때의 인물 이산해李山海는 한산韓山이 관향이요, 호를 아계鵝溪라 하였다. 아버지는 내자시정內資寺正 이지번李之蕃이요, 숙부는 토정土亭 이지함李之菡이다. 1538년(중종 14), 한양의 황화방皇華坊에서 태어나 5세부터 숙부에게 글을 배우기 시작하여 6세에 이미 글을 읽을 줄 알았고, 글을 쓸 수 있을 만큼 조숙했다. 어린 나이에 밥 먹기를 잊은 채 글을 읽는 것을 본 숙부는 건강을 우려하여 제때에 식사를 해야 한다고 챙기기도 하였다.

　　이산해는 20세 되던 해에 1558년(명종 13), 사마시司馬試에 입격하였고, 이듬해 알성시謁聖試에 급제하여 홍문관 정자正字에 임명되었는데 명을 받들고 탑전榻前에서 경복궁景福宮의 세 현액懸額을 썼다.

이어 저작著作으로서 사가독서賜暇讀書하였고, 이조 좌랑佐郎에 이어 부제학副提學 대사간大司諫 도승지都承旨가 되었다가 대사헌大司憲 이조판서吏曹判書 등 청요직淸要職을 두루 거쳤으며 우의정右議政이 되었고 52세에 영의정領議政에 오르며 광국공신光國功臣에 책록되고 아계부원군鵝溪府院君에 봉해졌다.

이산해는 벼슬길을 걸어오면서 공사의 처리에 청렴하였고 인사의 등용에 공정을 기하였으며 동인東人의 영수領袖로서 서인西人의 송강松江 정철鄭澈을 탄핵하여 유배시키게도 하였다. 선조가 일찍이 이산해를 두고 '입은 말을 하지 못하는 듯 하고, 몸은 옷을 이기지 못하는 듯 했으나 한 덩이 진기眞氣는 가슴속에 충만해 있어 바라보면 공경심이 일어난다.'하였다.

임진왜란이 일어나자 이산해는 서애西厓 유성룡柳成龍과 더불어 서쪽으로 피난해야 한다고 주장하여 선조가 의주義州로 파천播遷하는 결정적인 역할을 하였는데 이 일로 인하여 탄핵을 받아 파직이 되었고, 다시 사헌부 사간원의 탄핵을 받아 거주제한형인 평해平海에 부처付處되기도 하였다.

3년 만에 사면된 이산해는 영돈녕부사領敦寧府事로서 홍문관 예문관의 대제학大提學을 겸하였고, 이어 영의정이 되었으나 역시 탄핵을 받고 모든 공직에서 물러났다. 신창新昌의 시전촌柿田村으로 내려간 이산해는 시문詩文으로 세월을 보내다가 선조가 승하하자 산릉山陵의 지문誌文을 저술해 올렸고, 이듬해 8월에 서거하니 예산禮山의 동대지동東大枝洞에 장사지냈다. 이어 밤栗을 시제로 한 이산해의 절구絕句 한 수를 소개해 보려한다.

한 배에 세 아이가 태어나니　　　　　一腹生三子

가운데 아이는 양옆이 평평하구려.　　中者兩面平

가을이 오자 앞뒤로 떨어지는데　　　秋來先後落

아우라 할지 형이라 할지가 어렵다네.　難弟又難兄

이 시에서 난제난형이라 함은 본래 난형난제라야 했으나 운韻을 맞추기 위해서 아우제弟 자를 먼저 놓은 것이다. 중국 사서에, 사관史官이 두 인물의 전傳을 쓰면서 경력으로 보나 공적으로 보아 누가 낫다고 하기 어려움을 들어 난형난제라 한 곳이 자주 눈에 뜨인다.

『수서隋書』의 열전列傳에 보면 한금호韓擒虎와 하약필賀若弼의 실력과 공적을 평하면서 난형난제라 일컬었다. 한금호는 불의를 싫어하고 지략이 있었으며 경사經史와 제자서諸子書를 두루 섭렵하였다. 수문제隋文帝가 여주총관廬州總管에 임명하고 진陳의 공략에 내세웠다. 한금호는 5백 정예 기병의 선봉에 서서 금릉金陵(南京)을 점령하고 진주陳主를 사로잡았다. 상주국上柱國에 승진되고 수광현공壽光縣公에 봉해졌다.

하약필은 문무文武에 깊은 재능이 있었다. 행군총관行軍總管이 되어 병사를 이끌고 장강長江을 건너 남서南徐를 점령하고, 금릉을 취하여 진을 평정하였다. 대장군大將軍에 임명되고 송공宋公에 봉해졌으나 양제煬帝가 즉위하며 하약필을 꺼리고 소원히 대하다가 사건에 연좌시켜 처단하였다.

선조에 욕이 돌아가지
않게 하라

世濟其美 세제기미

대대로 그 아름다움을 이어간다는 뜻으로,
조상의 명예를 떨어뜨림이 없이 잘 이어간다는 일컬음이다.

[주서周書 권 35]

북주北周는 중국 남북조시대 북조北朝의 하나로서 서위西魏의 뒤를 이어 우문각宇文覺이 세운 나라이다. 북제北齊를 정벌하고 진陳을 병탄하려 하였으나 임금의 장인인 양견楊堅(뒤의 隋文帝)이 정권을 이어받게 되면서 5세世, 25년 만에 망하였다.

이러한 격동기의 인물 배협裴俠은 해解땅 출신이다. 어려서부터 총명하고 슬기로웠으며 13세에 아버지 상을 당하자 슬퍼함은 성인과 같았다. 수재秀才로 발탁되어 벼슬에 올라 승진하며 의양군수義陽郡守가 되었다. 위魏의 효무제孝武帝가 서쪽으로 옮기게 되자 배협은 따라가기로 하였는데 처자가 형양滎陽에 있었다. 정위鄭偉가 정세를 들어 배협에게 권하였다.

"천하가 한창 혼란해서 까마귀 모이는 곳을 알 수 없소. 처자가 있는 동쪽으로 갔다가 천천히 깃들일 나무를 선택하는 것이 좋겠소."

"의리를 어찌 소홀히 할 수 있겠습니까? 남의 녹祿을 먹고 있으니 차마 그럴 순 없소."

537년(대통 3), 배협은 향군鄕軍을 거느리고 사원沙苑싸움에 참여하여 적을 무찔렀다. 태조太祖(宇文泰)가 그 용기와 결단력을 높이 샀다. 왕사정王思政이 옥벽玉壁을 지키게 되자 배협을 불러 장사長史로 삼았다. 북제가 공격해오며 왕사정에게 귀순하라는 글을 보냈다. 왕사정은 배협에게 답을 요약하게 하였는데 내용이 매우 강렬하였다. 태조가 만족히 여겨 배협을 하북군수河北郡守에 임명하였다.

배협은 검소를 몸소 실천하고, 백성을 자식같이 사랑하였다. 먹는 것은 콩, 보리, 소금, 채소뿐이었으므로 백성들의 존경을 한 몸에 받았다. 고을에는 예로부터 군수를 위해 사역을 시키는 인부 및 어부와 엽사 등 60여 명이 전속되어 있었다. 배협은 이들 모두를 돌려보냈고, 증식된 말이 무리를 이루었으나 직책이 바뀌어 떠나는 날 하나도 가져가는 일이 없었다. 그러므로 백성들은 '곧고 은혜로운 배공裴公은 세상의 규범이다.'라고 노래하였다.

일찍이 배협이 여러 수령과 같이 태조를 뵈었다. 태조가 배협에게 따로 서라 명하고 수령들에게 말하였다.

"배협은 청렴 근면한 몸가짐으로 봉공奉公하는 일이 천하의 으뜸이다. 여러 사람 가운데 배협과 같은 사람이 있으면 나와서 같이 서라."

아무도 이에 응하는 자가 없자 태조는 배협에게 후한 상을 내렸

다. 이에 조야는 부러워하며 따로 서라는 독립獨立에 군을 붙여 독립
군獨立君이라 일컬었다.

배협이 그 9세조世祖 정후貞侯 배잠裴潛의 전기傳記를 짓고 '배씨
가 청렴하고 공정함은 이로부터 비롯된 것이며 후손으로 하여금 받들
어 본받게 하려는 것이다.'하고 종중宗中에 한 부씩 돌리며 '청렴이란
직책을 수행하는 근본이요, 검소란 행동의 기초가 된다. 더구나 우리
집안은 선대의 아름다움을 대대로 이어가므로 조정에서 칭찬하고, 서
책에 기록되어 전한다. 지금 나는 보잘 것 없는 사람이지만, 요행히 위
의 특별한 대우를 받고 있으니 곤궁하게 지내는 것이 옳다. 명예를 구
하려는 것이 아니요, 뜻은 몸가짐을 조심하여 항상 선조께 욕이 돌아
갈까 보아 두려운 것이다. 도리어 비웃음을 받는다면 무슨 말을 더 할
수 있겠는가.' 하였다.

배협이 공부중대부工部中大夫로 있을 때, 대사공大司空 청사에서
재정財政을 담당한 이귀李貴가 통곡을 하였다. 그 까닭을 물으니 '맡은
관물을 소비한 바가 많다. 배공은 청렴하고 엄격하기로 이름이 나 있
는데 죄책을 받을까보아 두려워 운다.'하였다. 배협이 듣고 그 자수自
首를 받아들이자 이귀가 '숨겨 놓은 돈 5백만이 있습니다.'라고 실토
하였으니 배협의 관기숙정官紀肅正(문란해진 관청의 규율을 바로 잡음)은 대체
로 이러하였다.

배협이 병이 깊어 위독하자 대사공大司空 우문귀宇文貴와 소사공
小司空 신휘申徽가 문병하고 돌아갔다. 사는 집이 바람과 서리를 막
기 어렵다고 고하자 임금이 그 가난을 고맙게 여기고 주택을 지어주
고 아울러 좋은 농토 10경頃(1경 백畝, 1묘 백步, 1보 6尺이라 함)과 노비·농

우·양식을 내려주어 풍족하게 해주니 관료들이 영광으로 여겼다.

　정치란 백성을 안정시켜 편한 마음으로 생업에 종사하며 즐거운 생을 누리게 하는 것이 예나 지금이나 다름없는 일일 것이다. 사회가 밝고 관계가 맑으려면 배협과 같은 청렴하고 신중한 관리가 자리에 있어야한다. 따라서 명예를 소중히 여겨 조상의 그 아름다움을 대대로 이어나가려는 의지가 필요하다 하겠다. 『서경書經』에 무첨이조無忝爾祖(네 할아버지에게 욕이 되는 일이 없도록 하라)란 구절이 생각된다.

마마자국도
보조개로 보인다

屋烏之愛 옥오지애

지붕의 까마귀도 사랑스럽다는 뜻으로,
존경하는 인물이나 친구, 애인 등 사모하는 사람의
집 지붕에 앉은 흉조인 까마귀도
사랑스럽게 보인다는 일컬음이다.

[익재난고益齋亂稿 권 10]

동선가洞仙歌

백화담 못가에는	百花潭上
깔린 안개와 가을 풀 뿐인데	但荒煙秋草
그대 '지붕의 까마귀도 사랑스럽게' 여겨진다오.	猶想君家屋烏好
그때 먼 길을 흰머리로 돌아왔는데	記當年遠道華髮歸來
아내와 자식은 가난에 찌들어	妻子冷
짧은 누더기, 물귀신인가 했다오.	短褐天吳顚倒
거처 정하니 세속의 일 적고	卜居少塵事
주머니에 남은 돈 있어	留得囊錢

술사고 꽃 찾으니 봄 피곤이 몰려온다.　　　　買酒尋花被春惱

조물주 또한 무슨 마음이던가?　　　　　　造物亦何心

현명한 재능은 그르치고　　　　　　　　　枉了賢才

객지서 길이 떠돌며 헛되이 늙게 하였으나　長羈旅浪生虛老

그래도 시詩의 이름만은 지우지 못해　　　却不解消磨盡詩名

오랜 뒤에도 사람에게　　　　　　　　　百代下令人

절로 감상感傷에 젖게 할 것이리.　　　　暗傷懷抱

　장단구長短句의 이 가사歌詞는 고려 말기의 명신이요, 문인인 이제현李齊賢이 지은 것이다. 이 가사를 익재사益齋詞라는 이름으로 청淸의 주효장朱孝臧(이름 祖謀)이 편찬한 중국 역대사 총집인 『강촌총서彊村叢書』에 원대사元代詞의 하나로 수록되어 있다.

　이제현은 본이 경주慶州요, 호는 익재益齋이며 검교 정승檢校政丞 이진李瑱의 아들이다. 어려서부터 지각이 어른 못지 않았고 인품이 중후하였으며 학문을 바탕으로 하여 일을 논하고 조치하였다. 평생 급한 말투와 서두르는 얼굴빛을 드러내지 않았으며 속된 말을 하지 않았다.

　1301년(충렬왕 27) 15세에 성균시成均試에 수석을 하였고, 또 문과文科에 급제하였으며 예문춘추관藝文春秋館에 선정되어 들어갔다. 충선왕의 부름을 받고 연도燕都에 가서 당시의 명사 요수姚燧·염복閻復·조맹부趙孟頫 등과 교류하면서 조맹부의 서체書體를 우리나라에 도입하여 유행시켰고, 고려의 민간 가요 17수를 한시漢詩로 옮기기도 하였다. 성균 좨주成均祭酒에 승진하여 사명使命을 받들고 서촉西蜀에 가

면서 이르는 곳에서 읊조린 시詩와 사詞는 많은 사람들의 입에 회자膾
炙되었다.

유청신柳淸臣 오잠吳潛 등이 본국에 성省을 설치하여 중국의 여러
성과 같게 하라고 요청하니 이제현은 도당都堂에 글을 올려 고려 4백
년의 왕업王業이 이로 해서 단절된다고 결연하고 간절히 호소하여 그
논의는 중단이 될 수 있었다. 충선왕이 원元에 의해 서번西蕃으로 유
배되자 이제현은 찾아가 뵈었는데 길에서 읊은 시에는 충심과 의분이
전편에 배어 있다.

충숙왕이 죽자 정승 조적曹頔이 난을 일으켰으나 곧 실패하였는
데 그 일당이 연도에 많이 있어 자못 인심이 흉흉하였다. 이제현이 분
개해서 충혜왕을 따라 원에 나아가 규명하고 탄핵하였으나 그들 무리
는 선동을 그치지 않았다. 이에 이제현은 집에 들어앉아 나오지 않으
며 『역옹패설櫟翁稗說』을 저술하였다.

충목왕이 즉위하자 이제현은 계림부원군鷄林府院君에 봉해졌고,
공민왕이 원에서 위에 오르자 우정승右政丞에 임명되어 정동성征東省
의 일을 임시 맡아보게 하였는데 원종공신 조일신趙日新이 지위가 자
기보다 위에 있음을 시기하였다. 이제현은 이를 알고 글을 올려 사임
하였는데 조일신이 난을 일으키자 사임으로 해서 난에서 화를 면할
수 있었다. 이어 문하시중門下侍中이 되었다가 나이 70에 벼슬을 그만
두고 명을 받들고 집에서 『실록實錄』을 편찬하였는데 사관史官 및 삼
관三館이 이에 참여하였다. 1367년(小靑 16)에 졸하니 81세였고 문충
文忠이란 시호가 내렸으며 공민왕의 묘정廟庭에 배향되었다.

대체로 사람들은 귀에 거슬리는 까마귀 울음소리를 불길한 전조

前兆로 인식하고 있다. 사모하는 사람을 아끼다 보니 흉조인 까마귀도 사랑스럽게 보인다. 『상서대전尙書大傳』의 대전편大戰篇에 보면 '사람을 사랑하는 자는 그 집 지붕의 까마귀도 사랑한다愛人者兼其屋上之烏'라는 내용이 나온다. 이 말을 이제현이 가사에 인용한 것이다.

일을 이루려면
신명을 바쳐라

刀折矢盡 도절시진

칼은 부러지고 화살은 바닥이 났다는 뜻으로,
목숨 걸고 힘 다해 싸우다가 기진맥진해서
더는 싸울 수 없음을 일컫는다.

[후한서後漢書 권 65]

후한後漢 환제桓帝 때 인물 단경段熲은 고장현姑臧縣 출신이다. 활 쏘고 말 달리기를 즐겼고, 사나이다움을 숭상하고 재물을 가벼이 여겼다. 성년이 되며 무릎을 꿇고 들어앉아 학문을 익혔다. 효렴孝廉에 추천되어 능陵의 승丞과 영令이 되었다가 속국도위屬國都尉에 임명되었다.

이때 선비족鮮卑族이 침입해왔다. 단경은 수하 장병을 거느리고 나아가 막았는데 적이 노략질을 하고 달아날 것을 우려해서 역참驛站(역말을 갈아타는 곳)에 황제의 글인 새서璽書가 도착한 양 위장하여 맞이하고 짐짓 물러나면서 복병伏兵을 배치했다. 적은 싸우지 않고 후퇴하는 것으로 알고 추격하다가 단경의 반격을 받아 패해 달아났다. 그런데 단경은 새서를 사칭한 죄로 중벌을 받게 되었는데 공로가 인정되어 가벼운 벌을 받고 의랑議郎이 되었다.

태산太山의 낭야적琅邪賊 동곽두東郭竇 등이 3만 군사를 거느리고 고을을 침범했다. 지역 군사가 토벌에 나섰으나 진압이 되지 않자 단경을 중랑장中郎將에 임명하고 나아가 소탕하게 하여 크게 격파하였다. 단경은 열후列侯에 봉해지고 돈 50만이 내려졌으며 아들 하나가 낭중郎中이 되고, 호강교위護羌校尉에 임명되었다.

소하燒何 등 강족羌族이 장액張掖에 침입하여 백성을 약탈하고 살해했다. 단경은 적을 맞아 새벽부터 정오까지 싸웠는데 얼마나 치열했던지 칼은 부러지고 화살은 바닥이 났으며 적도 지쳐서 등을 돌려 달아났다. 단경은 이때를 놓치지 않고 뒤쫓았다. 밤낮없이 40여 일을 싸우며 하수河水의 상류 적석산積石山에 도착하니 국경에서 2천여 리나 되었다. 소하의 괴수를 베고 석성강石城羌과 싸워 많은 전과를 올렸다. 잡종강雜種羌이 백석산白石山에 집결하자 역시 진격하여 대승을 거두었다.

침저沈氐와 뇌저牟姐 등 강족이 병주幷州와 양주涼州를 침범했다. 단경은 황중湟中의 의종義從(의분에 따라 나선 자)을 데리고 토벌에 나섰는데 양주자사涼州刺史 곽굉郭閎이 단경의 전공을 시샘하여 병사의 출동을 미루고 지연시켰다. 시간이 헛되이 흐르며 의종이 흩어지자 곽굉은 그 책임을 단경에게 돌려 구속이 되었다. 강족은 병영을 습격하고 고을을 점령하였다. 백성들은 곽굉의 농간이지, 단경의 죄가 아니라고 호소했다. 단경을 불러서 묻자 실패한 일을 사죄할 뿐 곽굉의 장난임은 말하지 않아 장자長者라 일컬었다. 단경은 다시 의랑이 되고 병주자사并州刺史에 임명되었다.

전나滇那 등 강족이 무위武威 등 세 고을에 불을 지르고 약탈하여 일대가 피폐해졌다. 단경은 황중에서 당전當煎과 싸우다가 포위되었는데 번지장樊志張의 도움으로 위기에서 벗어났다. 단경은 병사를 후퇴시키다가 돌아서 반격하여 승리를 거두고 뒤쫓아 산과 골짜기를 누볐다. 봄부터 여름까지 싸우지 않은 날이 없었고, 적은 굶주림으로 전의를 잃고 흩어졌다.

단경은 파강장군破羌將軍이 되어 다시 강족을 추격했다. 주마수走馬水 상류에 도착하니 적은 사연택奢延澤에 있었다. 단경은 병사에게 가벼운 복장을 하게 하고 낮밤 2백 여리를 달려 새벽녘에 적을 만나 격파하였고, 남은 적이 낙천落川에 집결하자 사마司馬 전안田晏과 하육夏育을 동서로 나눠 우회 공격하게 해서 승리를 거두고 뒤쫓아 영무곡靈武谷에 이르렀다. 단경이 갑옷을 입고 앞장서자 뒤처지는 병사가 없었다. 3일 낮밤을 뒤쫓느라 병사들은 발이 부르텄고 경양涇陽에 당도하자 적은 흩어져 한양산漢陽山으로 들어가므로 구석구석 찾아 소탕해서 마침내 적을 평정하였다.

단경은 병사를 사랑으로 대했다. 병이 났을 때 몸소 살펴보고 상처를 싸매주었다. 10여 년을 변경에 있었으나 하루도 편한 잠자리를 하지 않고 병사와 고통을 같이 했다. 그러므로 병사가 즐거운 마음으로 명에 따르며 싸운 것이다. 단경은 부름을 받고 돌아가 시중侍中이 되고 집금오執金吾가 되었다가 하남윤河南尹이 되었다.

그런데 단경은 환관宦官(내시)을 가까이 했다. 부富와 지위를 유지할 수 있었으나 중상시中常侍 왕보王甫의 당黨으로 지목되었다. 태위太

尉가 되고 영천태수潁川太守가 되었다가 다시 태위가 되었는데 환관 정
삽鄭颯 등이 억울하게 죽은 일로 왕보가 처형되며 단경이 이에 연루되
어 구속돼 조사를 받다가 독을 마시고 죽었다. 가족은 변경으로 강제
이주되었다가 단경의 전공이 고려되어 고향으로 돌아갈 수 있었다.

함께 알면 좋은 고사

배반도 버릇이다
丁公之誅 정공지주

정공을 처단하다의 뜻으로, 신하로서 두 마음을 갖는 불충한 행위에 철
퇴를 가함을 일컫는다. 정공피륙丁公被戮이라고도 한다.

작은 일 위해 큰일 망쳐선 안 된다
投鼠忌器 투서기기

쥐 잡자고 그릇 깰 수 없다는 뜻으로, 일을 함에 있어 이보다 더 큰 일이
벌어지지 않을까하고 한번 생각해 본다는 일컬음이다.

사람을 가려 사귀어라

"명성만 가지고 사람을 선택해서는 안 된다.
명성이란 마치 땅에 그린 떡과 같아 먹을 수 없다."고 말하니,
노육은 "명성이 있다하여 기재라 볼 수 없습니다.
평범한 사람이라도 성현의 가르침을 받들어 바르게 행하면
명성은 자연 드러나게 마련입니다."라 했다.
노육은 사람을 추천할 때 인품을 우선시했고,
다음에 능력을 논했다.

큰 그릇은 쉬 이루어지지 않는다

大器晩成 대기만성

큰 솥이나 종을 만드는데 오랜 시간이 소요된다는 뜻으로,
사람도 크게 될 사람은 갑작스레 이루어질 수 없음을 일컫는다.

[삼국 위지 최염 전 三國 魏志 崔琰 傳]

최염崔琰은 중국 삼국시대 청하淸河의 동무성東武城 사람이다. 외모가 화사하고 미목眉目이 수려했으며 수염이 넉 자나 되었다. 위엄이 있고, 허식이 없고, 소탈하며 과묵했다. 최염은 일찍이 격검술擊劍術을 익히고 무사武事를 숭상했다. 23세에 비로소 『논어論語』 · 『한시韓詩』를 읽었으며 29세에 정현鄭玄에게 나아가 공부를 했다.

이즈음 서주徐州의 황건적黃巾賊이 북해北海를 공격하여 점령했다. 정현은 문인들과 불기산不其山으로 피난했으나 식량이 떨어지자 문인들을 해산시켜 집으로 돌아가게 했다. 최염은 서부의 교통이 막혀 청靑 · 서徐 · 연兗 · 예주豫州로 해서 동쪽으로 수춘壽春을 거쳐 4년여 만에 집에 돌아왔다. 최염은 집에서 거문고와 독서를 즐기며 세월을

보내고 있었다.

대장군 원소袁紹가 최염의 명성을 듣고 맞아들여 기도위騎都尉로 삼았다. 원소가 여양黎陽에서 군대를 동원하여 연진延津으로 진군할 때 최염이 간했다.

"천자는 허도許都에 계시고, 백성은 순리에 따르기를 원합니다. 영내를 안정시키고 직분에 충실하여 평화를 유지시키도록 노력해야 합니다."

원소는 이 말을 받아들이지 않아 결국 관도官渡에서 조조에게 대패하고 말았다. 원소가 죽자 두 아들이 정권을 다투어 최염을 서로 자기편으로 끌어들이려 했다. 최염은 병을 평계로 양쪽 모두에게 나아가지 않았다. 이것이 문제가 되어 최염은 갇히는 몸이 되었다가 음기陰夔·진림陳琳의 도움으로 위험에서 벗어날 수 있었다.

조조曹操가 원씨 형제를 무찌르고 스스로 기주목冀州牧이 되었으며 최염을 불러들여 별가종사別駕從事로 삼았다. 조조가 최염에게

"어제 이곳의 호구를 조사해보니 30만이었다. 큰 고을이라 할만하다."

하고 만족해했다. 최염은 조조의 말을 받았다.

"지금 천하는 와해되고, 구주九州는 갈기갈기 찢겨졌습니다. 원씨 형제는 피비린내 나는 싸움을 벌여 익주 곳곳은 백성의 백골로 덮여 있습니다. 백성을 도탄에서 구하고 고통을 제거하고 질서를 유지하는 의로운 군대라는 말은 들으려 아니하고, 가구가 많아 인적자원이 풍부하다는 사실만을 기뻐하니 이것이 어찌 익주의 남녀가 명공明公(조조를 지칭)께 소망하는 일이겠습니까."

이 말을 들은 조조는 자세를 바로 하여 최염에게 정중히 사례했으나 속으로는 꺼렸다. 그 자리에 있던 인사들은 최염의 거침없는 말에 혹 무슨 일이 일어나지나 않을까 하고 불안해했다. 조조는 승상이 되자 최염을 인사 담당 부서인 동조東曹의 연속掾屬에 임명했다.

"그대는 백이伯夷와 같은 기품, 사어史魚(사관)와 같은 강직이 있어 탐하는 자는 그 명성을 듣고 자숙할 것이고, 장사壯士는 소문을 듣고 용맹스러워질 것이다. 그대야말로 사회의 기풍을 바로 세울 사람이다."

최염은 일찍이 거록鉅鹿의 양훈楊訓을 조조에게 추천하여 예를 갖추어 맞아들이게 한 일이 있었다. 조조가 위魏나라 왕이 되자 양훈은 조조의 공덕을 찬양하는 글을 올렸다. 당시 사람들은 양훈을 비웃었고, 또 최염이 사람을 잘못 추천했다고 비난했다. 최염은 문제의 양훈의 글을 보고 양훈에게 보낸 편지가 말썽이 되어 조조의 비위를 거슬려 마침내 죽음에 처해졌다.

최염은 본래 통찰력이 대단한 사람이었다. 사촌 동생 최림崔林은 젊어서 별로 명망이 없었던 사람이었고, 친척들까지도 그를 얕잡아 보았다. 그럴 때마다 최염은 "동생 최림은 대기만성大器晚成이라 일컬을만한 사람이다. 반드시 큰 인물이 될 것이다." 하였다.

'대기만성'은 노자老子의 『도덕경道德經』에 '대방무우 대기만성大方無隅 大器晚成'이라 한 데서 나온 말이다. 최염은 노자의 말을 인용하여 최림을 변호했던 것이다. 그 후 최림은 과연 최염의 말과 같이 대신의 지위에 올랐다.

옥석을
가려라

國士無雙 국사무쌍

나라에 둘이 있을 수 없는 인재란 뜻으로,
한 나라의 특출한 인물을 일컫는다.

[사기 회음후열 전 史記 淮陰侯列 傳]

한漢나라 고조高祖 창업 3걸의 한사람인 한신韓信은 가난한 집안
에서 태어났다. 언제나 남을 따라다니며 얻어먹어 사람들에게 기피
인물이 되었다. 한신이 회수淮水 가에서 낚시질을 하고 있었다. 빨래
하던 아낙이 시장해 하는 한신을 딱하게 보아 요기를 시켜주었다. 한
신이 "이 고마움을 잊지 않고 반드시 보답하겠소."

아낙은 화를 내며

"대장부로서 먹지 못하고 굶주림에 찌든 공자公子를 어여삐 여긴
것이지, 보답을 바라고 한 것은 아니오."

하고 나무랐다.

하루는 시장의 뒷골목에서 왈패들이 한신을 붙들고

"너는 몸집이 크고 좋은 칼을 지녔으나 겁이 많을 것이다. 그 칼로 나를 찔러 보아라. 그러지 못하겠으면 나의 가랑이 밑을 기어나가라."

한신은 아무 말 없이 그 왈패의 가랑이 밑을 엉금엉금 기었다. 사람들은 손뼉을 치며 겁쟁이라 비웃었다.

항우項羽의 숙부 항량項梁이 회수를 건너오자 한신은 찾아가 그 휘하에 들어갔고, 이어 항우에게 소속되어 낭중郎中이 되었다. 여러 번 항우를 위하여 전술을 건의했으나 한신은 번번이 무시되었다.

한왕漢王 유방劉邦이 촉蜀 땅에 들어오자 한신은 달아나 한왕에게로 갔다. 한신은 법에 저촉되어 참형에 처하게 되어 있었다. 한신은 집행관 등공滕公에게

"한왕은 천하를 경영할 생각이 없는가. 왜 장사壯士를 죽이려 하는가?" 하고 소리쳤다.

등공은 한신이 심상한 인물이 아님을 알고 풀어주었다. 등공은 한신과 대화를 나누어보고 크게 반기며 한왕에게 추천하여 치속도위治粟都尉로 삼았다. 한신은 이때부터 승상丞相 소하蕭何와 자주 접촉할 기회를 가졌다. 소하는 한신의 재능을 알고 한왕 유방에게 요직을 맡기도록 건의했으나 유방은 듣지 않았다.

유방은 항우의 세력에 밀려 남정南鄭으로 이동했다. 패전에 군량마저 떨어져 한나라 군대의 사기는 말이 아니었다. 사졸들은 물론 장수 수십 명도 행군 중에 달아났다. 한신도 유방이 자기를 알아주지 않는 것에 실망하고 달아났다. 승상 소하가 한신이 달아났다는 말을 듣고 왕에게 보고할 겨를도 없이 한신을 뒤쫓았다. 이틀 만에 겨우 한신

을 찾은 소하는 설득하여 유방에게로 데리고 왔다. 유방은 도망간 줄 알았던 소하를 보자 한편으로 화를 내고, 한편으론 반가워하며 꾸짖었다.

"도망친 자가 무슨 낯으로 다시 찾아왔는가?"

"신이 어찌 감히 어디로 도망을 가겠습니까? 신은 도망한 사람을 데려 오려고 뒤쫓았던 것입니다."

"누구이기에 그랬단 말인가?"

"한신입니다."

"장수 수십 명이 달아나도 눈 깜짝 않던 그대가 일개 한신이 달아났다 하여 쫓아간단 말인가. 핑계 아닌가?"

"그간 달아난 장수들은 별 볼일 없는 사람들입니다. 그런 인물들은 수없이 많습니다. 그러나 한신 같은 사람은 또 있을 수 없는 특출한 인재입니다.國士無雙 대왕께서 한중漢中만으로 만족하신다면 한신과 같은 인물은 필요치 않습니다. 그러나 천하를 지배하시려 한다면 한신이 아니고는 어렵습니다."

유방은 승상 소하의 말을 듣고 곧 한신을 대장으로 임명하려 했다. 소하는 이를 만류하며

"대왕께서 진정으로 한신에게 중임을 맡기시려면 날을 선택하여 목욕재계하고 단壇을 모아 한신에게 오르게 한 다음 예절을 갖추어 대장으로 임명하심이 옳습니다." 했다.

유방은 그제야 비로소 소하의 말을 선뜻 받아들여 예절을 갖추어 한신을 대장으로 임명했다. 드디어 한신은 연燕, 제齊, 조趙를 차례로 무찌르고 마침내 천하통일의 한나라 제국건설에 큰 공을 세웠다.

명성으로 인재를 가리지 말고,
능력으로 가려라

畫餠 화병

그림의 떡이란 뜻으로, 아무리 마음에 드는 물건이라 하더라도
이용할 수 없거나 차지할 수 없는 경우를 일컫는다.
화중지병畫中之餠 또는 화병충기畫餠充飢라고도 한다.

[삼국 위지 노육 전 三國 魏志 盧毓 傳]

중국 삼국시대 위魏나라 사람 노육盧毓은 중랑장中郎將 노식盧植
의 아들이다. 열 살에 아버지를 여의었고, 전란에 두 형을 잃었다. 원
소袁紹와 공손찬公孫瓚이 싸울 때에는 유주幽州와 기주冀州에 흉년마
저 들어 홀로 된 형수와 조카들을 보호하는 데 힘을 다했고, 높은 학
문과 바른 몸가짐으로 세상에 알려졌다.

문제文帝 조비曹丕가 오관장五官將으로 있을 때, 노육은 도둑을 단
속하는 문하적조門下賊曹에 임명되었다가 기주주부冀州主簿로 발탁되
었다. 당시는 새로운 국가가 형성되는 시기였으므로 하루도 편한 날
이 없었던 혼란한 때였기에 법을 위반하고 도피하는 자가 많았다.

특히 부대에서 이탈하는 도망병을 중벌로 다스리도록 법을 강화

하여 당사자뿐 아니라 그 처자까지도 연좌緣坐시켰다. 연좌란 남편이나 아비의 죄에 연결시켜 아내와 자식까지 처벌하는 것을 말한다.

도망병의 아내 백씨白氏는 시집온 지 며칠이 되었으나 남편의 얼굴조차 보지 못한 처지였다. 지금의 검찰 격인 대리大理에서 법에 따라 백씨에게 극형인 기시棄市(처형해서 시장에 버림)에 처할 것을 알렸다. 노육은 이를 부당한 처분이라고 주장했다.

"여자의 마음은 접촉을 가져야 은정恩情이 생기고, 성부成婦가 되어야 의義가 무거워집니다. 그러므로 『시경詩經』에 '낭군을 뵙지 못하니 이 마음 슬픔에 젖는데, 역시 만나 뵈니 마음 평온해지네.'라고 했고, 『예기禮記』에는 '가묘家廟(祠堂)에 뵙지 않은 부녀가 죽은 경우, 그 친정집에서 장사를 치르도록 되어 있음은 성부가 되지 않았기 때문이다.'라고 했습니다. 지금 백씨가 살아서 남편을 보지 못한 비애가 있고, 죽어 성부가 되지 못한 쓰라림이 있음에도 사형을 집행한다고 하면 남편과 자리를 함께하고 합환주合歡酒를 마신 경우에는 무슨 벌을 가할 것입니까? 또 『서경書經』에 '죄 아닌 자를 죽이느니 보다 법을 집행하지 못한다는 비난을 듣는 것이 낫다.'고 하였습니다. 이는 벌이 과중함을 우려한 것입니다. 백씨가 이미 예를 갖추어 시집을 갔으니 죄를 연좌시킬 수는 있겠으나 사형을 시킨다는 것은 지나친 벌입니다."

조조曹操가 "노육의 주장이 옳다. 경전經傳을 인용하면서까지 근거를 제시하는 데는 할 말이 없다." 하고 백씨에게 가벼운 벌을 내렸다.

그 후 노육은 황문시랑黃門侍郎, 태수太守를 거쳐 시중侍中이 되었다. 조비는 노육을 이부상서吏部尙書로 임명하면서

"경과 같은 사람이면 좋으니 후임 시중을 추천하라. 그러나 명성만 가지고 사람을 선택해서는 안 된다. 명성이란 마치 땅에 '그린 떡'과 같아 먹을 수 없다."

"그렇습니다. 명성이 있다하여 모두 기재奇才로 볼 수 없습니다. 평범한 사람이라도 옛사람의 가르침을 받들어 바르게 행하면 명성은 자연 알려지게 마련입니다. 순차에 따라 그 실적을 고과考課하여 공이 있는 자를 끌어올려서 쓰면 되는 것입니다."

하고 폐지된 고과법을 부활하여 시행하도록 했다. 노육은 사람을 추천할 때 인품을 우선으로 하였고, 다음에 능력을 논하였다.

외모만 보고
사람을 소외시키지 마라

依劉計 의류계

안전한 곳에 의탁한다는 뜻으로,
피난을 계획하거나 피난 가는 것을 일컫는다.

[삼국 위지三國 魏志 권 21]

왕찬王粲은 위魏나라 고평高平 사람이다. 증조부 공龔과 조부 창暢은 한漢나라의 삼공三公을 역임했고, 아버지 겸謙은 대장군 하진何進의 장사長史였다.

중랑장中郎將 채옹蔡邕은 왕찬을 매우 출중하게 생각했다. 채옹은 당대에 널리 알려진 문사文士이다. 조정에서도 그를 존경했고, 많은 인사들이 그를 추종하여 문 앞은 언제나 거마車馬로 꽉 메워져 있었다. 채옹이 어느 날 왕찬이 문에 도착했다는 말을 듣고, 신을 거꾸로 신다시피 하고 급히 나아가 맞이했다. 문객門客들은 주인을 따라서 들어오는 인물이 대단한 존재인가 하고 내다보다가, 나이도 어릴 뿐 만 아니라 키도 작은 데 실망했다. 그러자 채옹이

"이 사람은 왕공王公의 손자이다. 그 특출한 재주는 내가 따르지 못한다. 우리 집의 1만여 서책을 모두 그에게 주겠다."

왕찬은 수리數理에 밝았고, 글을 잘 지었다. 붓을 들면 곧 문장을 이루었고 수정하는 일이 없었다. 당시 사람들은 글을 쉽게 읽는다 해서 그를 숙구宿構(시문 따위를 오래 전부터 구상함)라 일컫기까지 했다. 왕찬은 특히 기억력이 탁월했다. 어느 날 친구와 길을 가다가 길가의 비문을 읽었는데 문장이 아름다웠다. 동행한 친구가

"자네 저 비문을 욀 수 있겠나?"

왕찬이 그 비석을 등지고 외웠다. 한 자의 빠뜨림이나 잘못 읽은 글자가 없었다. 하루는 왕찬이 바둑 두는 것을 옆에서 구경하는데 한 사람의 실수로 바둑판이 우르르 무너졌다. 왕찬이 이를 일일이 회복시켜주었다. 이른바 복기復碁이다. 그런데 바둑 두던 사람이 이 복기를 불신하자 왕찬이 보자기로 바둑판을 덮게 하고 딴 바둑판에 하나하나 두어 보자기 덮은 바둑판과 비교하게 했다. 한 점의 어긋남이 없는 것을 본 좌중은 왕찬의 암기력에 탄복했다.

왕찬은 17세 때 사도司徒 벼슬로 부름을 받았고, 황문시랑黃門侍郎에 임명되었다. 그러나 십상시十常侍의 난을 비롯하여 동탁董卓, 이각李催, 곽범郭氾의 난으로 도성이 계속 소란하자 취임하지 않고, 할아버지에게 수학한 형주자사荊州刺史 유표劉表에게로 난을 피하여 몸을 의탁依劉했다. 유표는 왕찬이 키가 작고 짜임새가 없다하여 중용하지 않았다. 별로 할 일이 없던 왕찬은 시와 술로 답답한 심정을 달랬다.

유표가 죽고 아들 유종劉琮이 대를 이었다. 왕찬은 유종에게 권하

여 조조曹操에게 귀부歸附하도록 했다. 조조는 형주를 얻게 한 왕찬을 승상연丞相掾으로 삼고, 관내후關內侯에 봉했다. 조조가 자축연을 한수漢水 가에서 벌였다. 왕찬이 술을 가득 따라 조조에게 올리며

"방금 원소袁紹는 하북河北에서 대중을 이끌고 천하를 겸병兼倂하려하고 있습니다. 그러나 그는 슬기로운 사람을 좋아하면서도 제대로 임용하지 못하여 인재들이 그를 버리고 떠났습니다. 유표 역시 형주를 끼고 앉아 대세의 흐름을 민감하게 관망하면서 스스로 서백西伯(서쪽의 패자)에 비기고 있었습니다. 유표의 형주로 피난한 인사들은 당대의 호걸들이었지만 유표가 그 적임을 몰라 활용하지 못했습니다. 이 때문에 나라가 위기에 처했어도 보좌가 없었던 것입니다. 명공明公(조조를 지칭)께서 기주冀州를 평정하고 그 백성을 맞아들여 강병으로 기르고, 호걸들을 수용하여 적소에 배치하면 천하는 자연 하나로 평정될 것입니다."

과오를 살펴보면
선악을 알 수 있다

觀過知仁 관과지인

과오란 사람의 심성에 따라서 사랑에 지나치거나
잔인에 지나쳐 죄를 범하게 된다.
그 과오에 따라 인자인지 악인인지를 구분해 안다는 일컬음이다.

[송사宋史 권 334]

송宋나라 때 사람 심기沈起는 진사시進士試에 우수한 성적으로 올라 저주판관滁州判官이 되었고, 진주眞州의 수령이 되었다가 반창般倉으로 옮겨갔다. 아버지가 병을 앓는다는 전갈을 받은 심기는 당황하여 미처 상부에 보고할 겨를도 없이 벼슬을 버리고 돌아가 병구완을 하였다. 상을 당하자 면직이 되었으나 인사담당자가 마음대로 직책을 버렸다고 해서 탄핵하였다.

상을 마치고 심기는 복직을 신청하였다. 그런데 멋대로 자리를 비웠다 해서 인사에 말썽이 생겼다.

"'과오를 살펴보면 인자仁者인지를 알 수 있다觀過知仁' 하였다. 지금 아비의 병으로 자리를 비웠다 하여 죄를 받게 된다면 풍속을 순화하고 교화를 펴서 천하의 아들들에게 효孝를 하라고 권장할 수 있겠는가?" 인종仁宗은 풍습과 교화에 저해되는 일이라 하여 심기를 특별히 해문현海門縣의 수령에 임명하였다.

해문현은 바다를 안고 있는 지대가 낮은 지역이다. 한해 걸러 조수가 크게 몰아쳐 농토와 민가를 휩쓸었다. 백성들은 밀려드는 물을 피하여 생업을 폐기하다시피 하였다. 심기는 이러한 조수를 막기 위해 1백 리의 제방을 쌓고 그 가운데로 강물을 끌어들여 농토에 물을 대니, 농지는 비옥해지고 토지는 더욱 개척이 되어 떠났던 백성들이 서로 이끌고 돌아왔다.

어사중승御史中丞 포증包拯이 추천하여 감찰어사監察御史에 임명되자 심기는 건의하여 수령의 고과법考課法을 제정하였고, 하거사河渠司를 설치하여 수리水利 행정을 담당 하였다. 나아가 월주통판越州通判이 되었고, 이어 초주楚州 등의 수령이 되었다.

경동京東에 기근이 들어 도둑이 일자, 심기는 형사사건을 담당하는 제점형옥提點刑獄에 임명되었다. 심기는 부임하면서 벌금형인 속법贖法을 우선 시행하였다. 굶주림에 한때의 그릇된 생각을 하고 도둑이 되었던 자가 무리를 이끌고 돌아왔고, 두려워하며 남보다 뒤질세라 달려오기도 했다.

심기는 개봉부판관開封府判官으로 옮기면서 호남전운사湖南轉運使가 되었다. 모피毛皮, 주즙舟楫, 전죽箭竹 등 많은 자재가 생산되는 곳이었다. 그런데 민간으로부터 거두어들이는 일이 절제가 없고, 이속吏屬이 이를 기화로 부정을 일삼았다. 심기는 그 쓰일 양만을 따져 상인에게 돈을 주고 사들이게 하니 그간 공납貢納하던 물량의 6~7할이나 감축이 되었다. 심기는 부름을 받아 삼사염철부사三司鹽鐵副使가 되면서 사인원舍人院에서 일을 하였다.

1070년(희령 3) 한강韓絳이 섬서陝西에 파견되어 나가면서 심기가 집현전수찬集賢殿修撰에 섬서도운사陝西都運使가 되었다. 경주慶州에 군사 변란이 일어나 수도 장안長安을 위협하자 심기는 병사를 이끌고 나아가 이를 평정하였다. 이때 한강이 수주綏州에서 성을 쌓았는데 일이 잘 이루어지지 않아 죄를 받게 되면서 발탁한 심기 역시 파직이 되어 강녕부江寧府로 갔다가 이부吏部로 들어왔다.

그 후 심기는 글안契丹에 사신으로 갔다. 지정된 좌석이 서하西夏의 사자와 같은 위치였다. 심기는 모임에 나가지 않고 '저들은 제왕의 사신인 우리와 자리를 같이 할 수 없다.'고 항의하자 동조사자東朝使者로 승격이 되면서 이어 제도로 정하여 졌다.

이때 여론은 교지交阯를 쳐서 취할 만하다고 하였다. 심기에게 광서성을 지키게 하고, 공략할 방도를 강구하게 하였다. 심기는 토병土兵을 소집하여 훈련시키고 수군을 정비하여 조련시키며 교지 사람과의 교역交易도 단절하였다. 이에 교지 사람들이 두려워하여 병사를 이끌고 침범하여 염廉·백白·흠欽·옹邕 등 네 고을을 연이어 점령하니 죽은 자가 수십만이었다.

일이 알려지자 심기는 단련사團練使에 강등이 되었고, 영주郢州에 유배되었다가 생을 마쳤다. 『논어』 이인편里仁篇에 '관과지인'이란 말이 나온다. 송인종이 심기의 일에 이를 인용하여 관용하라 한 것이다.

주위의 말에
주견 없이 흔들리지 마라

作舍道傍 三年不成 작사도방 삼년불성

길가에 집을 짓다가 3년에도 이루지 못한다는 뜻으로,
오가는 사람이 저마다 의견을 내어 건축주의 중심이 흔들려
좀처럼 이루지 못한다는 말로, 무슨 일에 의견이 많아
쉽사리 결정짓지 못함을 일컫는다.

[후한서後漢書 권 35]

후한後漢 때의 인물 조포曹襃는 '경씨학慶氏學'을 가지고 박사가 된 조충曹充의 아들이다. 어려서부터 의지가 굳고 도량이 넓었다. 성년이 되어 아버지의 학문을 이어 발전시키려고 널리 소통하였고, 예禮에 관계된 일에 더욱 관심을 기울였다.

나라의 제도가 미비한 점을 아쉽게 여기고 숙손통叔孫通이 한漢나라 의례儀禮를 위해 거듭 연구한 점을 사모하여 깊은 생각에 잠기곤 하였는데 좋은 발상이 떠오르면 곧 적으려고 자리에 누워서는 가슴에 붓을 품었고, 외출할 때에는 글을 외우고 익히는데 골똘하여 가야할 곳을 잊기도 하였다.

숙손통은 진秦나라에 벼슬을 하다가 한나라에 항복하여 박사가

되었는데 고조高祖에게 노魯 땅의 선비들을 불러들여 나라의 의례를 논의하게 하고, 고례古禮와 진나라 의례를 절충하여 한나라 전례典禮를 수정한 인물이다.

조포는 효렴孝廉 과목으로 벼슬길에 올라 어圉땅의 수령守令이 되었는데 백성을 예절로 다스려 덕화德化가 풍속을 아름답게 변화시켰다. 이때 다른 고을의 도둑 다섯이 어 땅으로 숨어들었다가 체포되었다. 상급기관인 진류태수陳留太守가 악한 자라해서 죽이라 종용하였으나 조포는 법리法吏에게

"태수의 뜻에 따라 처단한다면 이는 천심天心을 거역하는 일이다. 목숨은 살려주되 체형體刑을 가하는 것이 나의 소망이다."

도둑을 죽이지 않자 태수는 나약하다 하여 조포를 면직시켰다. 조포는 고을로 돌아가 보좌역이라 할 공조功曹가 되었다.

그 후 조포는 부름을 받고 박사가 되었다. 이때 장제章帝는 예악禮樂을 제정하려 하였다. 조포가 글을 올려

'공功이 이루어지면 악樂을 제작하고, 덕화가 정해지면 예를 제정하는 것은 세상의 풍속을 바로잡는 일입니다. 제도를 정비하고 한례漢禮를 제정해서 조종祖宗의 성대한 덕을 드러내야 합니다.'

이 글이 전례를 맡은 태상太常에 내려졌으나 한 시대의 전례를 조포가 제정할 일이 아니라 하여 허용되지 않았다. 조포는 다시 글을 올려서 '예악의 근본은 제도를 개선하는데 있다.'고 하자 장제는 조포를 시중侍中에 임명하고 남쪽 순찰에 데리고 떠났다. 돌아와서 예제禮制를 삼공三公에게 내렸으나 답이 있기 전에 반고班固를 불러 개정을 물

었다.

"도성의 여러 선비가 예를 잘 알고 있으니 불러 널리 의견을 듣는 것이 좋겠습니다." 반고가 아뢰니 장제가

"속담에 '길가에 집을 지으려면 3년에도 이루지 못한다作舍道傍三年不成.'는 말이 있다. 이견이 많으면 결정하기 어렵다. 요堯임금이 『대장大章(음악명)』을 지음에 있어 기夔 한 사람으로 족하다 하였다."

이어 장제는 가덕문嘉德門으로 조포를 불러 반고가 올린 숙손통의 한의漢儀 12편을 내리며 "이 의례는 내용이 산만하고 경經에도 맞지 않으니 수정해서 시행해야 한다."

조포는 명을 받들고 차례에 따라 옛 전례를 기준으로 삼되 오경五經을 참조하여 위로는 천자로부터 아래로 서민에 이르기까지 관혼冠婚 및 길흉사吉凶事의 제도를 저술하니 1백 50편이었다. 올리자 장제는 중론이 통일되기 어렵다며 받아들이기만 하고 유사有司에게 의견을 묻지 않았다. 화제和帝가 즉위하자 태위太尉 장포張酺 등이 조포가 한례를 함부로 제정하여 혼란을 빚었으니 처벌해야 한다고 아뢰었으나 화제는 받아들이지 않았고, 한례도 시행하지 않았다.

조포가 사성교위射聲校尉로 있으며 광무제光武帝 이후 대가 끊겨 매장하지 못한 관棺이 영사營舍 안에 있음을 알고 가엾게 여겨 한적한 땅을 사들여 매장하고 제사를 지내주었다. 이어 하내태수河內太守가 되었는데 봄부터 여름까지 가뭄이 들어 곡물 값이 폭등하였다. 조포는 부임 이후 관청의 인원을 감축하고 부정을 철저히 막았다. 이어 비가 자주 내려 크게 풍년이 드니 백성이 풍족해 지고 흩어졌던 사람이 돌아왔다.

조포는 여러 사물에 두루 밝았고, 옛일에도 널리 알았다. 선비들의 종주宗主가 되었고, 그에게 수업한 사람이 천 여명이나 되었으며 '경씨학'을 발전시켜 세상에 전하게 하였다.

닭 잡는 칼로
소 잡으려 해서야

覆餗之釁 복속지흔

복覆은 엎다, 속餗은 곰국, 흔釁은 망친다는 뜻으로,
솥의 다리가 허약하면 솥 안 음식물의 무게를 감당하지 못해
솥을 뒤엎게 된다. 재상이 무능하면 임무 수행을 못해
나라 일을 그르친다는 비유로 일컫는다.

[진서晉書 권 77]

　　서진西晉에서 동진東晉으로 넘어가는 시기의 인물 채모蔡謨는 19
세에 인재 선발의 한 과목인 효렴孝廉과 수재秀才에 추천되어 고을의
종사從事와 동해왕 월東海王越의 속관屬官인 연掾에 임명되었으나 나
아가지 않았다.

　　채모가 난리를 피해 장강長江을 건넜는데 이때 명제明帝가 동중랑
장東中郞將으로 있으면서 채모를 불러들여 참군參軍으로 삼았다. 원제
元帝도 승상丞相에 임명되자 역시 채모를 연으로 삼았다. 채모는 참군
을 거쳐 중서시랑中書侍郞이 되었다가 의흥태수義興太守로 나아갔다.

　　소준蘇峻이 역모를 꾀하자 채모는 오국내사吳國內史가 되어 장개
張闓·고중顧衆·고양顧颺 등과 의병을 일으켜 소준을 평정하였다. 그

공으로 제양남濟陽男에 봉해졌고, 뒤에 정북장군征北將軍이 되어 서주徐州·연주兗州·청주靑州 등 여러 고을의 군사軍事를 총괄하면서 서주자사徐州刺史가 되었다.

강제康帝가 즉위하며 채모를 광록대부光祿大夫 개부의동삼사開府儀同三司 영사도領司徒와 양주자사揚州刺史에 임명하였다.

'지난날의 직책도 수행하지 못하여 비난이 일고 있는데 지위가 더욱 높아졌으니 위로는 조정에서 기둥을 높이는棟隆 일에 어긋나고, 아래로는 신이 솥을 뒤엎는覆餗 잘못을 저지르게 된다는 황공한 생각이 들어 얼굴을 들 수 없습니다. 명을 거두시어 여망에 부응하도록 하소서.' 채모는 글을 올려 무거운 소임을 감당하기 어렵다고 사양했으나 윤허되지 않았다.

기둥을 높이다와 솥을 뒤엎는다는 『주역』의 대과괘大過卦와 정괘鼎卦에 나오는 말이다. 전자는 능력이 기둥처럼 드높아야 길吉해서 허약한 사람을 구제하고, 아랫사람에게 휘둘리는 일이 없다는 뜻이요, 후자는 허약한 솥의 다리가 부러져 많은 사람이 먹을 음식을 뒤엎는다는 뜻이다. 세 발 달린 솥은 삼공 三公(삼정승)에 비유되는데 솥을 엎는다 함은 대신이 능력이 없어 소임을 감당하지 못하여 나라 일을 그르친다는 뜻이다.

채모는 '내가 사도司徒(삼정승의 하나)가 되면 후세의 웃음거리가 된다.'하고 굳이 사양하였다. 조정에서는 이를 받아들이지 않고 1년을 두고 여러 차례 임명하였고, 채모도 사도의 인수印綬를 바치면서 10여 차례 글을 올려 사양하였다.

목제穆帝(345~361)가 누대樓臺에 나아가 사람을 보내 불렀으나 채모는 병이 깊어 명을 받들 수 없다며 침상에 엎드려 죄를 기다린다고 하였다. 아침부터 저녁까지 여러 차례 사자가 오갔으나 채모는 나오지 않았다. 이때 여덟 살이었던 목제는 몹시 지루해 하며 '부르는 사람이 누구이기에 오지 않는 것인가. 언제까지 가다려야 하는가?'하였다.

임금과 신하가 기다리느라 모두 피로했다. 황태후가 '오지 않을 사람인데 더 기다려 무엇 하겠나? 그만 두자.'하였다. 은호殷浩가 '채모가 오만스레 상명上命을 어겼으니 신하의 예가 아닙니다. 임금이 굽히게 되면 대의大義가 행해지지 않아 정사가 이루어지기 어렵습니다.' 하니 대신이 '사도 채모는 가벼운 병에도 왕명을 어겼습니다. 황제가 누대에 올라 기다리고 백관이 모시고 섰으니 곧 궐정闕庭에 나와 뜻을 아뢰어야 합니다. 임금이 종일 기다리는데 신하로서 한 번의 예도 없다는 것은 오만한 짓입니다. 불신不臣(등 돌림)과 같은 행위이니 채모를 잡아다 국법을 밝혀야 합니다.'하였다.

채모는 겁을 먹고 아들 동생과 함께 소복을 하고 법사法司에 나아가 죄를 기다렸다. 황태후가 '채모는 선제先帝의 사부師傅요, 여러 대를 섬겼다. 죄를 다스린다는 것은 차마 못할 일이니 서인庶人으로 강등시키라.'하였다.

채모는 신분이 강등되자, 문을 닫고 종일 독서하며 자제를 가르쳤다. 수년 뒤에 태후는 '전 사도 채모는 높은 학문과 올바른 행동으로 이름이 나있다. 여러 대를 섬겼을 뿐만 아니라 대신의 지위에 올랐다. 지난날의 실책으로 내쫓겼으나 문을 닫고 허물을 생각하였으니 대신이 자신에게 죄를 돌리는 뜻에 맞는다.'하고 이전의 지위를 모두 회복시켰다.

닭 잡는 칼로 소를 잡으려 하면 일만 그르칠 뿐이다. 지도자는 사람의 능력을 잘 알아 적재적소에 임용해야 하고, 일을 맡을 자는 자기 능력에 맞는 소임을 맡아 차질 없이 수행하는 것이 중요하다 하겠다.

의심되면 쓰지 말고,
썼으면 믿어라

白眉 백미

흰 눈썹이란 뜻으로, 여러 사람 가운데 걸출한 인재를 가리켜 말하는데
뜻이 확대되어 사물에 따라 가장 빼어난 것을 일컫기도 한다.

[삼국 촉지三國 蜀志 권 39]

중국 삼국시대 촉한蜀漢의 인물 마량馬良은 양양襄陽 의성宜城 출
신이다. 5명의 형제 모두 재주가 범상치 않다고 알려졌으나 고을에서
'마씨 5형제 가운데 백미白眉가 가장 빼어나다.' 하였다. 마량은 검은
눈썹 가운데 흰 눈썹이 있어 백미라 일컬은 것이다.

유비劉備가 형주荊州를 차지하고 마량을 불러서 종사從事 자리에
앉혔다. 유비가 촉蜀 땅에 들어가게 되자 제갈량諸葛亮 역시 따라서 들
어갔으나 마량은 형주에 그대로 머물러 있었다. 유비는 다시 마량을
불러들여 좌장군左將軍의 비서라 할 연掾에 임명하였다.

유비가 오나라 손권孫權의 누이와 혼인을 할 때였다. 마량이 사자
로 오에 가게 되자 제갈량에게

"마량이 사명을 띠고 두 국가의 화친을 위해 손장군孫權에게 다리를 놓게 된 것을 다행으로 생각합니다."

"그대가 말을 어찌 할지 글로 써보라."

"저의 군주께서 마량을 보내 혼사를 의논하게 하여 좋은 일이 이루어지도록 하라 하셨습니다. 군주께서는 길사吉士로서 한 순간의 화사함은 없고 끝까지 아름다움이 있을 것입니다. 마음 놓고 받아들이셔 명을 받든 자의 마음을 편안케 하소서."

제갈량의 글을 보고 칭찬을 하였는지는 알 수 없으나 손권이 마량을 맞아 정중한 예우를 하였다.

유비가 제위에 오르자 마량을 시중侍中에 임명하였다. 그 후 손권이 형주를 습격하여 관우關羽를 살해하였고, 장비張飛가 부하에게 해를 입자 유비는 오의 정벌에 나섰다. 유비가 이릉夷陵에서 패할 때 마량은 애석하게도 해를 입었다.

마량의 아우 마속馬謖은 제갈량이 '천하의 법도는 사사로운 정으로 굽힐 수 없다.'는 뜻의 '읍참마속泣斬馬謖'이란 고사로 널리 알려진 인물이다. 형주의 종사란 직책으로 유비를 따라 촉 땅에 들어가 면죽성도령縣竹成都令과 월수태수越嶲太守에 임명되었다. 재주가 보다 뛰어났고, 즐겨 전술을 논하였는데 승상 제갈량이 남달리 보고 매우 아긴 사람이다. 그런데 유비가 운명을 하게 되자 제갈량에게 당부하였다.

'마속은 말이 앞서는 사람이요. 크게 쓸 인물이 못되니 유의하도록 하오.' 제갈량은 그렇지 않다 생각하고 마속을 요직인 참군參軍에 임명하고 자주 불러들여 밤늦게까지 더불어 군국軍國의 일을 논하였다.

225년(건흥 3), 제갈량이 남만南蠻을 정벌하러 나가는데 마속이 수십리를 따라 나오며 전송하였다. 제갈량이 마속에게

"1년 이상을 논의하고 계획을 세웠지만 지금 더 도움이 될 만한 일이 없겠는가?"

"남만이 지형은 험하고 거리가 먼 것을 믿고 복종하지 않은 지 오래입니다. 비록 오늘 격파한다 하더라도 내일이면 다시 배반할 것입니다. 그렇다고 인종을 싹쓸이하여 후환을 없앤다고 하면 이는 인자仁者가 할 일이 아니요, 또 갑작스레 그리 될 수도 없습니다. 군사를 운용하는 방법은 마음을 공격하는 것이 상책이요, 성을 공격하는 것은 하책이며, 마음의 싸움이 상책이요, 병기의 싸움이 하책입니다. 마음으로 복종하도록 해야 합니다."

제갈량은 마속의 의견을 받아들여 맹획孟獲을 일곱 번 사로잡았다가 풀어주어 남만을 복종시켰다. 그러므로 제갈량 생전에는 남만이 배반하지 않았다.

능력에 알맞은
직책을 맡겨라

大器小用 대기소용

큰 그릇을 작은 일에 쓴다는 뜻으로,
나라도 능히 다스릴만한 인재를
적소 아닌 관직에 임명한다는 일컬음이다.

[후한서後漢書 권 110]

후한後漢 말기의 인물 변양邊讓은 말이 분명하고 학문이 깊고 넓
었으며 글을 잘 지어 그가 지은 『장화부章華賦』는 유명하다. 대장군 하
진何進이 명성을 듣고 부르려 하였으나 명령을 내리면 오지 않을 것이
라 생각하고 짐짓 군사軍事를 내세워 불렀다. 하진은 영제靈帝의 처남
이요, 하황후何皇后의 오라비이다. 간당奸黨을 적발하여 처벌함으로써
후侯에 봉해졌는데 중관中官:내시을 제거하려다가 도리어 그 해를 당
한 사람이다.

변양이 찾아오자 하진은 영사令史에 임명하고 예를 갖추어 만나
보니, 정곡을 찌르는 지적과 폭넓고 명확한 응답을 하는 인물이었다.
이때 자리에 모인 많은 인사들이 그 풍모를 선망하였다. 의랑議郎 채

옹蔡邕이 깊이 존경하여 변양은 높은 자리에 있어야 할 사람이다 하고 하진에게 다음과 같이 말하였다.

　"가만히 보면 영사 변양은 세상에 드문 인재입니다. 총명하고 지혜롭습니다. 교육을 받으면서 근본과 의리를 알았고, 가르치는 이가 그 심오한 물음에 답변을 못하였습니다. 예가 아니면 움직이지 않았고, 법이 아니면 말하지 않습니다. 요순堯舜 시대에 태어났다면 재덕才德을 겸비한 팔원팔개八元八愷의 버금쯤은 되었을 것이고, 공자孔子 때였다면 덕행德行이 안연顏淵과 염백우冉伯牛의 다음쯤은 되었을 것이므로 세속의 하찮은 그릇에 견줄 수 있는 인물이 아닙니다. 명분과 지위를 높이 올려주어야지 일반 무리와 같이 진출시키려 해서는 귀중한 구슬의 값을 높이고, 명철한 인물을 알아주는 일이 아닙니다.
　옛말에 '소를 끓일 솥에 닭을 삶을 경우 물이 많으면 심심하여 먹을 수 없고, 국물이 적으면 밑이 타면서 익지 않는다' 하였습니다. 이 말은 '큰 그릇을 작은 일에 사용하려면大器小用' 옳지 않다는 말입니다. 큰 솥에 소를 삶아야지 닭을 끓이려하다간 일이 틀어질까 하는 걱정입니다. 장군께서 생각을 바꾸어 중요한 일을 맡겨 그 능력을 마음껏 발휘하게 하십시오. 그리고 나이 젊어 마음이 놓이지 않는다면 안연顏淵의 덕행이 72현賢의 제자 가운데 맨 앞에 설 수 없었을 것이요, 자기子奇가 아阿 땅의 수령으로서 좋은 치적을 이루지 못하였을 것입니다. 젊은 나이에 덕행과 치적을 이룰 수 있음은 옛날이라서 가능하고 지금은 불가능한 일이 아닙니다.…"

안연은 춘추시대 노魯나라 사람으로 공자의 제자이다. 밝고 슬기로웠고 가난하면서도 배움을 좋아하였다. 제자 가운데 가장 덕행이 있었고 29세에 머리가 모두 세었으며 32세에 사망하였다. 가장 아끼던 제자라 공자가 몹시 애통해하였다고 한다.

자기는 역시 춘추시대 제齊나라 사람이다. 나이 18세에 제나라 왕이 아 땅을 다스리게 하였다. 제나라 왕은 자기를 보내놓고 후회하여 사자使者를 보내 뒤쫓아서 데려오게 하였다. 사자가 돌아와서 '자기는 잘할 것입니다. 같이 가는 사람 모두가 백발白髮이었습니다. 늙은이는 지혜롭고 젊은이는 과단성이 있습니다. 틀림없이 잘할 것입니다.'하였다.

자기는 아 땅에 부임하자 창고의 병기兵器를 모두 녹여 농기구를 만들었고, 쌓아 둔 곡식을 풀어 궁핍한 백성을 구호하니 아 땅의 백성들이 크게 기뻐하며 인심이 한곳으로 모아졌다. 위魏나라에서 소식을 듣고 '어린애가 성주城主(수령)가 되더니 병기를 녹이고 창고를 비웠다.'며 병사를 몰아 제나라를 침범하였다. 이에 아 땅 사람들이 아비는 아들을 거느리고, 형은 아우를 데리고 사제私製 병기를 들고 몸을 던져 대항해 싸우니 위나라 군대는 결국 이를 뚫지 못하고 물러났다.

변양은 그 후 뛰어난 재능으로 거듭 승진하여 구강태수九江太守에 올랐으나 그 능력에 맞는 직책이라고 하지 않았다. 헌제獻帝 때 왕실이 크게 혼란해지자 변양은 벼슬을 그만두고 집으로 돌아갔다. 변양은 재능만 믿고 조조曹操에게 굽히지 않고 간혹 경멸하는 말을 하였다. 196년(건안建安) 때 그 고향 사람이 변양의 언동을 조조에게 고하였다. 조조는 그 고을에 지시하여 변양을 살해하도록 하였다.

『삼국지연의三國志演義』를 보면 방통龐統이 고을 수령으로 나아가 술만 마시다가 취한 가운데에도 일처리가 능숙한 것을 보고 장비張飛가 감복했다는 내용이 나온다. 국정을 요리할 인물이 작은 고을을 맡았으니 술이나 마실 수밖에, 이를 일러 큰 그릇을 작은 일에 쓴 경우라 하겠다.

시비를 분명히
가려서 행동하라

尤而效之 우이효지

비웃다가 본뜬다는 뜻으로,
남의 좋지 않은 점을 내심 나무라다가
따라서 행동하는 행위를 일컫는다.

[사기史記 권 39]

중국 춘추시대 진晉나라 헌공獻公은 여융驪戎을 정벌하고 여희驪姬를 맞아들여 해제奚齊를 낳았다. 헌공은 태자 신생申生을 폐할 생각으로 신생은 곡옥曲沃에, 공자公子 중이重耳는 포蒲에, 공자 이오夷吾는 굴屈에 나가 있게 하고, 본인 헌공은 해제와 수도 강絳에 있었다. 신생의 어머니는 제齊 환공桓公의 딸 제강齊姜인데 일찍 죽었고, 동복의 누이는 진秦 목공穆公의 부인이다. 중이의 어머니는 적翟나라 호씨狐氏의 딸이요, 이오의 어머니는 중이의 이모이다. 헌공의 이 세 아들이 가장 슬기로웠다.

여희는 헌공 앞에서는 태자를 칭찬했으나 돌아서서는 헐뜯었다. 어느 날 여희가 태자 신생에게

"위에서 꿈에 제강을 보셨다고 하니 제사를 지내야 옳겠다."

신생은 곡옥의 어머니 사당에 서둘러 제를 올리고 조육胙肉(제에 올린 고기)을 바쳤다. 이때 헌공은 사냥을 나가고 없었으므로 여희가 조육에 독을 넣었다. 헌공이 돌아오자 여희는 조육을 올리고, 한쪽을 떼어 개에게 주니 개가 즉사했다. 여희가 울며 "태자가 어찌 이럴 수 있습니까? 임금에 오르는 일이 그리 급해 아버지를 시해하려 했단 말입니까?"

소식을 들은 신생은 몸을 피해 신성新城으로 달아났다. 해명하도록 권하는 사람이 있자 신생은 깊은 한숨을 내쉬며

"아버지는 늙으셨소. 여희가 아니면 잠자리가 편치 않으시고 음식도 달지 않으시오. 변명하려다가 화만 돋을 것이요. 이 몹쓸 죄를 뒤집어썼으니 나를 받아줄 나라가 어디 있겠소."

신생은 스스로 목숨을 끊었다. 이때 중이와 이오가 뵈러 왔다. 여희가 두 공자에게 신생이 어찌 이럴 수 있느냐며 물었다.

"태자가 독을 넣은 것을 두 공자도 알고 있소."

두려워한 중이는 포로, 이오는 굴로 서둘러 달아나 성을 지켰다. 헌공은 공자들이 인사 없이 돌아갔다 해서 병사를 보내 치게 하였다. 이에 중이는 외가인 적 나라로, 이오는 우선 진秦나라에 가까운 양梁나라로 달아났다.

그 후 헌공이 죽자 이극里克 등이 해제를 살해하고 중이를 맞아들이려 했으나 '자식 된 도리를 다하지 못했으니 들어갈 수 없다.'며 거절하였다. 다시 이오를 맞아들이려 하자 이오는 진나라의 힘을 빌어야 한다는 말에 따라 영토 일부를 떼어주기로 하고 진의 도움을 받

아 왕위에 오르니 혜공惠公이다. 혜공은 중이의 존재가 불안했다. 사람을 보내 죽이려하자 중이는 제齊나라로 피했다가 진나라로 갔다. 혜공은 왕이 된 지 14년 만에 죽고, 아들 자어子圉가 위에 오르니 회공懷公이다. 자어는 본래 진나라에 볼모로 가있었는데 도망쳐 돌아가므로 괘씸하게 여긴 진秦나라에서 자어를 몰아내고 공자 중이를 도와 왕으로 세우니 곧 오패五霸의 한사람 진晉 문공文公이다.

문공은 사람 사귀기를 좋아해서 17세에 이미 조최趙衰·호언狐偃 등 5인과 친했다. 중이가 포에서 적 나라로 달아날 때 다섯 사람을 위시해 수십 명이 따랐다. 이어 제나라로 가자 환공桓公은 정중한 대우를 하며 왕실의 딸을 아내로 주었다. 환공이 죽자 제나라는 혼란에 빠졌다. 중이는 제나라 여자를 사랑하여 떠날 생각을 하지 않았다. 조최 등은 중이가 술에 담뿍 취하게 하여 수레에 태우고 길을 떠났고, 조曹·송宋·정鄭을 거쳐 초楚에 들렀다가 진나라에 간 것이다. 진 목공은 중이를 환대하며 왕가의 딸 다섯을 내주어 모시게 했다. 진晉나라가 혼란에 빠지자 진 목공은 병사를 달려 보내 중이를 왕위에 오르게 하니 세상을 떠돈 지 19년 만이었고 나이 62세였다.

앞서 진秦나라 도움으로 중이가 하수河水에 다다르자 호언이

"그간 모시고 다니면서 잘못한 일이 많습니다. 소임은 끝이 났으니 물러가려 합니다."

"무슨 소리를 하고 있소. 돌아가 같이하지 않는 일이 있으면 이 하수의 신이 지켜볼 것이오."

중이는 다지는 뜻으로 구슬을 하수에 던졌다. 이때 개자추介子推가 '하늘이 공자의 길을 열어주었는데 제 공이라니 부끄러운 일이다.

이들과 자리를 함께할 수 없다.'

속으로 웃으며 숨을 뜻을 굳혔다.

문공은 망명亡命길을 함께한 인사에게 고을을 봉하고 벼슬을 높였으나 개자추에게는 상이 미치지 않았고, 본인 역시 말하지도 않았다. 그 어머니가 "나서지 않다가 죽으면 누굴 원망하겠느냐?"

"제가 저들을 비웃었는데 '나무라다가 본을 뜨게 되면尤而效之' 그 잘못은 더 큽니다. 또 원망을 하고 그 녹을 먹을 순 없습니다."

개자추는 어머니와 함께 세상에 다시 나타나지 않았다. 뒤미처 깨달은 문공이 찾았다. 면상緜上의 산중에 있다는 말을 듣고 산을 뒤졌으나 찾을 수 없었다. 문공은 이 산을 개추전介推田으로 봉하고 개산介山이라 부르게 하고 '내 허물을 기록하고 착한 사람을 드날린다.' 하였다.

남의 권위를 등에 업고
위세 부리는 자를 경계하라

狐假虎威 호가호위

여우가 호랑이의 위엄을 빌린다는 뜻으로,
남의 권세를 업고 방자한 행동을 하는 사람을 일컫는다.

[전국 초책 戰國 楚策]

중국 전국시대 초楚나라 선왕宣王이 어느 날 신하들을 돌아보며 물었다. "북방 국가들이 우리 소해휼昭奚恤을 매우 두려워한다. 그 이유를 알겠는가?"

강직하기로 유명한 강을江乙이 기회다 싶어 앞으로 나서며

"소신이 그러한 이유를 비유를 들어 말씀드리겠습니다."

하고 다음과 같은 내용의 이야기를 했다.

산중왕山中王이라 일컫는 호랑이는 온갖 짐승을 먹이로 하고 있다. 하루는 낮잠을 늘어지게 즐기고 저녁 무렵에 몸을 일으켜 어슬렁어슬렁 먹이를 찾아 나섰다. 호랑이는 기름진 먹이를 생각하며 이 산 저 산을 헤맸다. 마침 눈앞에 나타난 것은 생각지도 않은 자그마한 여

우 한 마리였다. 호랑이는 배고픈 참에 여우면 어떠냐 하고 몸을 날쌔게 날려 여우를 덮쳤다. 교활한 여우는 호랑이에게 잡혔으면서도 짐짓 두려워하는 기색 없이 여유로이 말했다.

"그대가 감히 나를 먹지는 못할 것이다."

호랑이는 어이가 없었다. 짐짓 위엄을 세우며

"괘씸한 놈, 무슨 정신 나간 소리냐? 어찌 잡아먹지 못한다는 말이냐?"

여우는 능청스럽게 말을 받았다.

"그대가 나의 내력을 듣지 못한 모양이군. 자, 나의 설명을 들어보게. 얼마 전 하느님께서 나에게 뭇짐승을 거느리라고 하명하셨네. 그대가 이 사실을 알지 못하고 무엄하게 나를 먹이로 하려하니 이는 하느님의 명을 거역하는 행위일세. 그대가 나의 말이 믿어지지 않는다면 내가 그대를 위하여 사실임을 증명해 보이리라. 내가 앞서 갈 터이니 그대가 나를 따라오며 뭇짐승들이 나를 보고 얼마나 두려워하는지를 눈여겨 확인하도록 하라."

여우가 호랑이 앞에 서서 가자 과연 뭇짐승들이 두려워하며 달아났다. 백수의 왕을 자처하며 산에서 자신이 강자인 줄 알았던 호랑이는 짐승들이 여우를 보고 달아나는 것에 새삼 놀랐다. 하느님의 명으로 자기가 뭇짐승을 거느리게 되었다는 여우의 말이 사실로 증명된 것이다.

호랑이는 하느님의 명을 받은 여우를 잠시라도 괴롭힌 사실을 송구스럽게 여기면서 여우에게 백배사죄하고 돌려보냈다. 어리석은 호랑이는 뭇짐승들이 자기가 두려워 달아난 사실을 생각지 못하고, 하느님 명을 받은 여우가 두려워 달아난 것으로만 생각했던 것이다.

강을은 이상과 같이 간사한 여우가 호랑이의 권위를 빌어서 위기를 모면한 이야기를 한 후, 다음과 같이 말을 맺었다.

"지금 북방 국가들이 소해휼을 두려워하는 것은 실제 소해휼이 두려워서가 아니라 대왕의 막강한 국력을 두려워하기 때문입니다."

소해휼은 선왕을 가까이 모시는 간사한 신하이다. 사람들은 왕의 총애를 등에 업고 방자한 행동을 서슴지 않는 소해휼을 경원하고 기피했다. 간사한 소해휼의 무고로 해를 입지나 않을까하는 의구심에서였다. 북방의 여러 국가들도 부강한 초나라를 두려워했고, 특히 간신 소해휼의 비위를 건드려 초나라 왕의 분노를 살까 하여 소해휼에게 아첨을 하지 않을 수 없었다. 이에 강을이 교활한 여우가 산중왕 호랑이를 기만한 일화를 들어 소해휼의 방자한 행동을 신랄히 비판했던 것이다.

허세 부리는 자를
경계하라

東郭墦間 동곽번간

동문 밖 묘지란 뜻으로, 목적을 위해서는 온갖 비굴한 짓을 하면서도
약자에게 거드름을 피우며 뽐내는 행위를 일컫는다.

[맹자 이루 하 孟子 離婁 下]

제齊나라에 본처와 소실을 한집에 데리고 사는 사람이 있었다. 그
사람은 외출을 했다하면 술과 음식을 배불리 먹고 돌아왔다. 아내가
누구와 술을 마셨느냐고 물으면 언제나 당대의 명사와 부자의 이름을
들먹이면서 그들과 어울려 술을 마셨노라고 뽐냈다. 그러나 세월이
흘렀어도 명사와 부자는 한사람 찾아오는 일이 없었다. 아내는 남편
이 그와 같은 말을 할 때마다 머리를 갸우뚱했다. 어느 날 본처가 소
실에게

"바깥양반이 나갔다 하면 술과 고기를 배불리 먹고 돌아오는데,
누구와 마셨냐고 물으면 그 상대는 모두 당대의 명사인 아무아무와
어울렸다고 한단 말일세. 그러나 바깥양반이 말하는 그러한 명사는

한 번도 우리 집에 온 일이 없으니 의심스런 일이 아닌가? 바깥양반이 외출하는 날 그 뒤를 따라 가 보아야 하겠네."

어느 날 아내는 의관을 단정히 갖추고 집을 나서는 남편의 뒤를 은밀히 좇았다. 남편은 시내를 두루 돌아다녔으나 누구와 만나 말하는 일도, 누구를 찾아가 만나는 일도 없었다. 이곳저곳을 기웃거리다가 점심때가 훨씬 지나서야 동문 밖으로 발길을 돌렸다. 뒤를 밟던 아내는 지금에야 입버릇처럼 뇌던 그 명사의 집을 찾나보다 하고 기대에 부풀어 종적을 놓치기라도 할세라 남편의 뒤를 바짝 좇았다. 그런데 남편은 동문을 나서자 곧장 공동묘지 쪽으로 갔다.

공동묘지에는 새로 장사를 치르는 사람, 장사를 치르고 제사 지내는 사람들이 띄엄띄엄 눈에 띄었다. 남편은 제사 지내는 무덤 곁으로 다가갔다. 제사가 끝나고 음식들이 나누어지자, 제사 음식을 얻어먹었다. 한 곳에서 고기가 양에 차지 않자 다음 무덤의 제사 지내는 곳으로 가서 역시 제사 음식과 술을 얻어먹었다. 제사 지내는 두서너 곳의 무덤을 찾다보니 술과 고기를 배불리 먹었고 취기가 거나하게 돌았다. 그러고는 비틀거리는 걸음으로 용트림을 하며 집으로 향했다.

점심을 굶어가며 종일 뒤를 좇던 아내는 남편의 그러한 행동이 기가 막혀 그 자리에 주저앉고 말았다. 당대의 명사와 술을 마셨노라고 뽐내던 것은 허세였고 새빨간 거짓이었다. 가슴이 메어지는 것 같았고, 당장 남편에게 달려들어 분풀이라도 하고 싶은 심정이었다. 그러나 착한 아내는 그러지 못하고 정신을 수습하여 허둥지둥 지름길로 남편보다 한 발 앞서 집으로 돌아왔다. 아내는 소실을 붙들고 눈물을 흘리며 오늘 지켜본 남편의 행동을 모두 털어놓았다.

"이런 사람을 믿고 의지하며 일생을 마치려 했으니 이 일을 어쩌면 좋단 말인가?"

본처와 소실은 서로 부둥켜안고 목을 놓아 울었다. 그 사람은 집에서 어떤 일이 벌어지는지도 모르고 얻어 마신 술에 주흥이 도도해 돌아와서는 아내와 소실에게 오늘도 역시 명사의 대접을 받아 기분 좋다고 뽐냈다.

맹자孟子는 그 사람의 이러한 행동을 부귀공명을 추구하여 권력에 빌붙거나 아첨하며 비굴한 행동을 하는 자에 비유했다.

3장 | 사람을 가려 사귀어라

겉과 속이 다른 사람을
가까이 하지 마라

羊頭狗肉 양두구육

양의 머리를 걸어놓고 개고기를 판다는 뜻으로,
좋은 물건을 간판으로 내세우고 저질품을 파는 상행위로
외모나 언변은 번지르르 하면서 비열한 행동을 하는 사람을 일컫는다.

[안자춘추 晏子春秋] / [항언록 恒言錄]

중국 춘추시대 제齊나라 대부大夫 안자晏子는 이름을 영嬰이라 하고, 자를 평중平仲이라 하였다. 영공靈公·장공莊公·경공景公 등 세 임금을 섬겼고, 경공 때에 재상이 되었다. 여우갖옷 한 벌을 30년이나 입을 정도로 검소했고, 몸가짐에 절도가 있었으며, 대인관계가 원만했다.

공자孔子가 '안평중은 예의 바르게 교유를 잘한다. 오래일수록 상대방을 존경하는구려!'하고 칭찬할 만큼 현명한 재상으로 후세에 전하는 인물이다.

안자가 영공을 섬길 때의 일이다. 영공은 평소 남장미인을 좋아했다. 가까이하는 궁녀 몇 사람에게 남장을 시켰다. 이를 시샘한 궁녀들이 앞 다투어 남장을 했다. 비빈妃嬪을 제외하고 궁중의 여인들은 모두 남장미인이 되었다. 이러한 유행은 궁 밖으로 흘러나갔고, 급기야 지방으로까지 번졌다. 놀란 영공은 남장을 금하는 명령을 내렸다. 그러나 영공이 좋아하는 궁중의 남장미인에게는 해당되지 않았다.

거듭 금령을 내렸으나 거리에 나타나는 남장미인은 줄지 않았다. 그렇다고 명에 따르지 않는 남장미인을 모두 잡아들여 벌을 줄 수도 없는 일이었다. 고심 끝에 안자에게 대책을 물었다. 안자가

"주상께서 궁 안에는 묵인하시면서 궁 밖의 백성들에게 금하라 하십니다. 금령이 시행되지 않는 것은 그 이유가 바로 궁 안에 있습니다. 마치 쇠머리를 문에 걸어놓고 속으로는 말고기를 팔고 있는 것懸牛頭於門而賣馬肉於內과 다름이 없습니다."

하고 아뢰었다. 군주가 금령을 내렸으면 우선 주위부터 정리해야 한다는 이야기이다.

후한後漢의 광무제光武帝가 정한丁䏌에게 내린 글 가운데 안자의 말과 같은 내용이 들어 있다.

'쇠머리를 걸어놓고 말고기를 파는 것은 도척盜跖이 공자의 말씀을 제 말처럼 지껄이는 것과 같다.'

도척은 춘추시대 도둑의 괴수로서 공자와 같은 시대를 살았다. 현인賢人 유하혜柳下惠의 아우였으나 도둑의 무리 9천명을 거느리고 약탈과 잔혹행위를 일삼던 극악무도한 자였다. 이러한 자가 공자의 말씀을 지껄이고 다닌다는 것은 우스운 일이다. 마치 허울 좋은 간판을 내걸고 이면으로는 사취, 기만을 일삼는 사기꾼과 다름이 없는 것이다.

청淸나라 전대흔錢大昕이 지은 『항언록恒言錄』에 '양의 머리를 걸

어놓고 개고기를 판다懸羊頭賣狗肉'는 구절이 나온다. 이것으로 보아 안자의 우두마육이 시대의 흐름에 따라 말이 변하면서 양두구육으로 쓰이게 된 것이 아닌가 한다.

신의가 세상 살아가는 기본이다

反吠其主 반폐기주

주인보고 짖는다는 뜻으로,
혜택 입은 은인의 덕을 망각하고
도리어 해를 끼친다는 뜻이다.

[고려사 권 122 환자열전宦者列傳]

중국 역대 정권의 말기에는 언제나 내시의 폐해가 심각했다. 특히 후한後漢 말기의 십상시十常寺라 불리는 환관 10명의 농간은 결국 후한의 몰락을 초래했는데 이 이야기는 『삼국지연의』의 초반부를 이끌어나간다. 대체로 욕심이 많고 잔인한 내시는 임금을 가까이에서 모시면서 입 안의 혀처럼 비위를 맞추었고, 신임을 얻게 되면 무리를 끌어들여 울타리를 만들고, 권세를 부리고 탐욕을 부리며 다른 사람이 감히 넘볼 수 없게 한다.

거의 이들은 임금의 신임이 두텁다싶으면 이권에 개입하여 재물을 거두었고 뇌물을 받아들여 부를 축적했다. 영화를 누리고 뱃속에 기름이 끼면 교만해지고 거드름을 피우며 대신도 안중에 두지 않았다. 권력유지에 도움이 되지 아니한다 생각하면 참소하여 사람을 내어 쫓고, 앞날 걸림돌이 될 것이라 여기면 세자도 바꿔칠 음모를 꾀했다. 이런 내시의 폐해는 나라를 혼란에 빠뜨려 멸망의 길로 나아가게 하고, 마침내는 제 몸도 보호하지 못하고 형장으로 끌려가는 신세가 된다.

내시의 폐해는 중국에서만 그런 것이 아니라 고려에서도 적지 않은 해독을 끼쳤다. 조선 세종 때 『고려사』를 편찬하면서 내시의 전傳을 붙여놓은 뜻은 이들의 행위가 후세의 교훈이 되게 하려는 의도에서였다. 그 내용을 간략히 소개하면 이러하다.

고려의 내시는 본래 천민 출신이었다. 고려에는 본래 성기능을 제거하는 궁형宮刑제도가 없었다. 항간(일반 사람들 사이)에서 갓 태어나 포대기에 싸여 있는 어린 아이가 배설을 하게 되면 그 처리를 개에게 맡겼다. 개가 핥다가 간혹 성기를 물어뜯어 불구가 되는 일이 있었다. 이런 아이들이 자라 내시가 되어 궁궐에 들어가 궁과 궁중 감옥을 경비하는 임무를 맡았을 뿐, 관직에 임명될 수 없었다. 이러한 제도를 마련한 데에는 매우 깊은 뜻이 있다. 천민 출신으로 잔인하고 탐욕스런 내시가 정사에 관여하게 되면 나라의 기틀이 흔들릴 우려가 있어 벼슬에 나아갈 기회를 차단하려는 생각이었던 것이다.

18대 의종대에 내시 정함鄭諴이 처음으로 7품 관직에 임명되었다. 대신과 간관諫官이 강력히 간하여 왕의 뜻은 관철이 되지 못하였다. 이때만 해도 선왕先王의 훌륭한 유풍이 있었기 때문이었다. 25대 충렬왕 때 왕비 제국대장공주齊國大長公主가 내시 2인을 아버지 원 세조에게 바친 일이 있었다. 이들 내시가 원 세조의 신임을 얻어 가까이에서 모시게 되면서 궁중의 재정을 맡기도 하고, 명을 받들고 본국 고려에 사신으로 나오기까지 하였다. 고려조정에서는 원과의 관계를 고려하여 그들 본가의 조세를 감면해주고, 그 친족을 관직에 임명하는 등 많은 혜택을 베풀었다.

요행과 영달이라는 허망한 야망을 품게 된 자가 원나라 고려출신 내시의 출세와 공명을 선망하여 아비는 자식의, 형은 아우의 성기를 제거하여 내시로 들여보내려 하였고, 어떤 음흉한 자는 아내의 질투가 심하다 하여 스스로 거세하는 등 수십 년 동안에 나라 안에는 성결손자가 많았다. 이들이 연줄을 대어 원나라 궁중으로 찾아들어 내시가 되면서 원나라 국정은 문란을 거듭하였다.

원나라 궁중에서 신임을 얻은 고려의 내시들은 권세를 부리게 되었고, 그 가운데에는 장관 지위에 오른 자도 있어 본국의 아우 조카 인척에게 관직이 임명되도록 종용하기도 하였으니 그 기세는 하늘을 찌를 듯이 등등했다. 고려조정에서도 원나라 왕에게 청할 일이 있으면 우선 이들 내시에게 부탁하여 힘입게 되므로 내시들은 자연 고려와 원나라의 외교관계에 개입하는 위치에까지 이르게 되었다.

26대 충선왕은 원나라에 오래 머무르면서 이들 내시와 친히 지냈고, 이들에게 청하는 일이 많아 가까이 지내는 자를 군君에 봉하고 벼슬을 내리기까지 하였다. 그러므로 원나라 내시가 된지 얼마 안 된 자도 본국을 얕보아 나라에 해독을 끼쳤다. 백안독고사伯顔禿古思, 방신우方臣祐, 이대순李大順 등은 모두 도리어 그 주인을 보고 짖어대며反吠其主 허무맹랑한 말을 꾸며대 본국을 헐뜯었다. 31대 공민왕은 왕위에 오른 지 여러 해에 대신을 소외하고 내시를 신임하여 국정을 논하는 자리에 참여시키기까지 하여 고려는 마침내 이로 인해 국운이 단축되는 지경에 이르렀다.

척구폐요跖狗吠堯라는 성어가 있다. 도둑의 괴수 도척盜跖의 개가 성인 요堯임금을 보고 짖는다는 뜻이다. 개는 사람의 선악에 관계없이 오직 주인이 아닌 낯선 사람이라는 사실만으로 짖는다. 기르는 개가 주인을 향해 짖으며 달려들어 물어뜯는다면 이런 개는 박살을 내는 길밖에 없다. 그런데 일신의 영달과 탐욕에 눈이 어두워 고국을 얕보거나 나라에 해독을 끼치는 행위는 민족의 이름으로 처단되어야 마땅하다 할 것이다.

웃으면서
뺨을 친다

笑中有刀 소중유도

웃음 속에 칼이 있다는 뜻으로,
사람이 음흉해서 겉 다르고 속 다르다는 일컬음이다.

[구당서舊唐書 권 82]

당나라 초기 인물 이의부李義府는 글을 잘해서 인재선발의 한 과목인 대책對策에 합격하였다. 문하성전의門下省典儀에 임명되어 감찰어사監察御史에 제수되었다가 숭현관직학사崇賢館直學士와 태자사의랑太子司議郎이 되었다.

일찍이 '승화잠承華箴'을 지었는데 태자가 이를 태종에게 올리니 크게 칭찬하며 비단 40필을 내리고, 중국의 정사正史인 『진서晉書』를 편찬하는데 참여하게 하였다. 고종이 뒤를 잇자 중서사인中書舍人이 되었고 홍문관직학사弘文館直學士가 되었으며, 고종이 무소의武昭儀(측천무후)를 황후로 삼으려 하자 이를 은밀히 협찬하였다. 그러므로 벼슬이 더 높아져 중서시랑中書侍郎이 되었다.

이의부는 외모가 부드럽고 공손해 보였으며 늘 미소로 사람을 대하였으나 속은 음흉하고 욕심이 많고 시기심이 심하였다. 권세 있고 중요한 직책에 오르자 사람들을 자기편으로 끌어들였고 조금이라도 뜻을 거스르는 자가 있으면 가차 없이 모함하여 함정에 빠뜨렸으므로 당시 사람들은 '웃음 속에 칼이 있다笑中有刀'하였고, 앙칼지게 사람을 할퀸다하여 '이고양이李猫'라 하였다. 태자우서자太子右庶子가 되면서 후侯에 봉해졌다.

낙주洛州의 순우씨淳于氏가 음란한 행동으로 풍속을 어지럽혔다 하여 옥에 갇혔었는데 미모의 여인이었다. 이의부가 듣고 검찰 책임자 필정의畢正義에게 부탁하여 '별장의 여인'으로 삼겠다고 하였다. 필정의는 앙칼진 이의부가 두려워 특별히 그 죄를 얼버무려 석방하였다. 이 사실이 드러나며 조사해 아뢰라는 임금의 명이 떨어졌다. 필정의는 목을 매 자살하였으나 이의부에게는 죄를 묻지 않았다. 이어 중서령中書令이 되었고 자식들이 선망하는 직책에 임명되었으며 큰 저택이 지어져 내려지니 영광과 총애는 비길 데 없었다.

그러나 이의부의 탐욕은 끝이 없어 어미·처·자식·사위할 것 없이 벼슬을 미끼로, 또는 옥사獄事를 무마해 주고 재물을 거둬들이니 집 앞은 시장같이 북새통이었고, 조야朝野(조정과 민간)가 한곳으로 휩쓸렸다. 선임 동급자와의 불화로 자사刺史에 좌천되기는 하였으나 곧 돌아와 이부상서吏部尚書에 제수되었다가 태상백太常伯이 되었고 또 우상右相으로 승진하였다.

이의부는 감식안鑑識眼이 없었다. 사람을 알아보는 눈이란 뜻이다. 무후武后의 세력만을 믿고 벼슬을 팔았는데 인사人事의 체계가 무너지고 앞뒤가 뒤바뀌자 관계에 원망이 일었다. 이의부는 안에 들어가서는 아첨으로 위의 환심을 샀고, 나와서는 못된 짓을 가려서 하다시피 하였으나 벼슬아치들은 후환이 두려워 감히 그 잘못을 말하지 못하였다. 임금이 알고 이의부를 불러 말하였다.

"경의 아들·사위가 근신을 하지 않고 많은 과오를 저지르고 있다는데 내가 경을 위해 쓸어 덮고 있으니 경은 단속하여 그러지 못하게 하라."

"누가 폐하께 그런 말을 합니까?"

"다만 나의 말이 그렇다는 것이지, 굳이 어디서 들었느냐고 물을 것은 없다."

이의부는 송구해하는 빛이 없이 얼굴을 붉히고 불쾌하다는 듯이 답하였고, 임금 역시 화를 내지도 않았다.

이의부는 임금의 타이름에도 욕심을 버리지 못하고 아들 이진李津을 시켜서 태종의 개국공신 장손무기長孫無忌의 손자 장손연長孫延을 도와 벼슬을 내리게 하겠다더니 과연 며칠 만에 사진감司津監으로 임명하였다. 이의부는 장손연으로부터 7백관貫의 거금을 받았다는 소문이었다. 엄명으로 조사가 진행되어 사실임이 밝혀지자

"은혜를 저버리고 벼슬을 판 행위는 중벌을 받아 마땅하나 오래 부린 점을 생각하여 차마 중벌을 내릴 순 없다. 멀리 내쫓아 조정의 질서를 세워야 한다."

임금은 이의부를 준주雟州로 내쳤고, 그 아들 역시 유배형에 처해졌다. 그 후 대사령大赦令이 있었으나 이의부는 불간사전不揀赦前이라 하여 사령에서 제외되었다. 사령이 내려지면 모든 범죄는 사면되는

것이 원칙이나 특수 범죄는 사령전의 범죄라 하더라도 사면에서 제외되는 제도이다. 이의부는 울화가 병이 되어 마침내 죽음에서 벗어나지 못하니 이때 나이 50여 세였고, 조정신하들은 이의부가 유배에서 풀려 돌아오지나 않을까하는 조바심은 있었으나 그나마 비로소 마음이 놓이게 되었다고 한다.

심성이 바르고
변화가 없어야한다

狼子野心 낭자야심

이리는 들에 마음이 있다는 뜻으로,
당찮은 욕심을 버리지 못한다는 일컬음이다.

[삼국 위지三國 魏志 권 7]

여포呂布는 동한東漢 때 사람이다. 힘이 세고 활과 말을 잘 다루었으므로 세상에서 '나는 장수飛將'라 일컬었다. 용맹은 하였으나 지모가 없었고, 행동이 신중치 못하였다. 처음에 집금오執金吾 정원丁原을 섬기다가 그를 죽이고, 태사太師 동탁董卓에게로 가서 부자의 의를 맺고 아비로 모셨는데 동탁의 의사에 반하는 일이 있어 사이가 뜨악해졌고, 또 동탁을 모시는 여종과 사통한 바 드러날까 불안해하였다. 사도司徒 왕윤王允이 이를 알고 여포를 설득해서 동탁을 죽이고, 그 남은 무리를 몰아내려다가 이각李傕 등의 공격을 받아 왕윤은 죽고 여포는 원소袁紹에게로 달아났다.

그 후 여포가 복양濮陽을 거점으로 하비下邳에서 조조曹操와 싸울 때였다. 거야鉅野에서 크게 패하자 여포는 서주徐州의 유비劉備에게로 달아나 의지했다. 유비가 원술袁術을 치러 나가자 여포는 밤에 서주를 습격하여 차지하였다. 유비가 돌아오니 여포는 유비를 소패小沛로 보내 있게 하고 스스로 서주자사徐州刺史라 하였다.

원술이 기령紀靈을 보내 유비를 공격하였다. 유비는 하는 수 없이 여포에게 지원을 요청하였다. 여포의 부하가 '장군이 늘 유비를 죽이려 하였는데 이 기회에 원술의 손을 빌리는 것이 좋지 않겠습니까?' 하니 여포가 '아니다. 원술이 유비를 격파하면 나는 원술에게 포위되는 격이다. 구원하지 않을 수 없다.'하고 병사를 이끌고 달려갔다.

여포가 기령 등에게 '유비는 여포의 아우요. 아우가 고통을 겪고 있어 구하러 왔소. 여포는 싸움을 좋아하지 않고 화해하는 것을 좋아하오.'하고 영문營門에 가지 달린 창을 세우고 '내가 저 창의 작은 가지를 쏘아 맞히면 여러 분은 병사를 거두어 돌아가고, 맞히지 못하면 싸워도 좋소.'하고 활을 당겨 쏘니 바로 작은 가지가 떨어져 나갔다. 이에 싸움을 거두고 각자 헤어져 돌아갔다.

한편 원술의 아들과 여포의 딸이 혼인하기로 논의가 이루어져 딸은 이미 길을 떠났다. 진규陳珪가 이들이 손을 잡으면 나라의 큰 골칫거리가 된다 하여 여포를 설득해서 혼인을 중단시켜 급히 딸을 데려오게 하고, 이어 그 아들 진등陳登을 조조에게 보내려 하였으나 여포가 선뜻 응하지 않았다. 마침 이때 허도許都에서 여포를 좌장군左將軍에 임명하는 사자使者가 왔다. 여포가 크게 기뻐하며 진등의 허도 행을 승인하고 글을 올려 임명한 은혜에 사례하였다. 진등이 조조를 만나 '여포를 속히 도모해야 합니다.'하니 조조도 '여포는 이리의 야심狼

子野心을 갖고 있어 오래 둘 수 없소.'하고 진등을 광릉태수廣陵太守에 임명하고 여포를 치러가는 경우 세력을 규합하여 안에서 호응하라 하였다.

198년(건안 3), 여포는 다시 원술을 위하여 장군 고순高順을 소패로 보내 유비를 공격하였다. 조조는 하후돈夏侯惇을 보내 유비를 지원하였으나 역시 고순에게 패하였다. 이에 조조는 직접 나서며 여포에게 글을 보내 이해를 설명하였다. 여포는 처음에 항복하려다가 나아가 싸웠는데 전과가 좋지 않았고, 원술의 지원을 받아 싸웠으나 역시 불리하였다. 의심이 많은 여포와 장수들은 서로 의견이 엇갈려 자주 패하였다.

조조가 에워싼 지 3월에 인심은 여포로부터 떠났다. 여포가 휘하 장수를 이끌고 백문루白門樓에 오르니 포위는 더욱 조여왔다. 여포는 비록 용맹했으나 적군에 사로잡혀 묶이는 몸이 되었다. 여포가 희망을 갖고 조조에게 말하였다.

"명공明公(상대를 존칭하여)께서 저로 하여 근심이셨습니다. 지금 항복했으니 천하에 걱정할 것이 없습니다. 명공이 가시는 곳에 제가 따라 나서면 천하는 절로 정해질 것입니다."

조조는 망설였다. 용맹한 여포의 힘을 빌 수도 있는 일이었다. 그런데 유비가 나섰다.

"명공은 여포가 정원과 동탁을 섬긴 일을 보지 못하셨습니까?"

조조는 머리를 끄덕이고 여포를 형장으로 보내 효수梟首했다가 시신을 거두어 장사를 치러주었다.

분수에 맞지 않는 욕심을 '야심'이라 하는데 이 말은 '낭자야심'에서 나왔다. 이리 새끼는 태어나면서 들에 마음이 있다. 길들여지지도 않고 기르면 사람을 해친다.

『좌전左傳』 선공宣公 4년 초에, 초楚나라 사마司馬 자량子良이 아들 월초越椒를 낳았다. 형 영윤令尹 자문子文이 보고 "이 아이를 길러서는 안 된다. 이 아이는 곰과 호랑이의 상이요, 이리의 음성이다. 기르면 우리 약오씨若敖氏는 멸망할 것이다. 속담에 낭자야심이라 하였는데, 이는 바로 이리다," 하였으나 자량이 "그럴 수야 있습니까." 하였다. 뒤에 월초가 사마가 되어 왕을 공격하다가 패하여 약오씨 모두가 죽음을 당하였다. 왕은 자문의 공을 생각하여 제사 지낼 손자 하나만을 남겨 두었다는 내용이 보인다. 조조가 이 '이리의 야심'을 여포의 심성에 견주어 말한 것이다.

함께 알면 좋은 고사

직업으로 그 사람의 능력을 판단하지 마라
抱關擊柝 포관격탁
문지기와 야경꾼이란 뜻으로, 박봉의 미관말직을 일컫는다.

인물의 기준은 외모에 있지 않다
橘化爲枳 귤화위지
회수淮水를 건너면 귤이 탱자가 된다는 뜻으로, 풍토와 상황에 따라 물건이나 사람의 기질이 변함을 일컫는다.

인재는 장점을 보고 임용해야 한다
二卵棄干城 이란기간성

계란 두 개로 중요한 인재를 버린다는 뜻으로, 사소한 허물로 국가안위를 담당할 만한 훌륭한 인재를 폐기하여 임용하지 않는다는 말로 일컫는다.

나보다 나은 사람과 사귀라
良禽擇木 양금택목

영리한 새는 깃들일 나무를 가린다는 뜻으로, 슬기로운 사람은 될성부른 사람을 가려서 사귄다는 일컬음이다.

왕만큼 신하를 아는 이 없다
疾風知勁草 板蕩識誠臣 질풍지경초 판탕식성신

거센 바람에 억센 풀을 알아보고, 혼란할 때 성실한 신하를 알아본다는 뜻으로, 겪어봐야 사람의 속을 알 수 있다는 일컬음이다.

환심을 사려는 자를 경계하라
鳶食枯草 연식고초

솔개가 마른 풀을 먹는다는 뜻으로, 상대방의 환심을 사서 신임을 얻은 후 해를 입히는 사기꾼을 일컫는다.

이중가면을 쓴 사람을 경계하라
蝙蝠之役 편복지역

박쥐의 역할이란 뜻으로, 이리저리 핑계대면서 할 일을 하지 않는 얄미운 태도를 일컫는다.

Ⅱ. 사회생활, 일事이 중요하다

4장

일 잘하는 인재가 되어라

가르치지 아니하고 주벌을 가함은 잔학이요,

주의를 환기시키지 아니하고

일이 성사되기를 바라는 것은 횡포요,

명령을 태만히 하고 기일을 다그침은 적이요,

균등하게 나누어 주되 출납을 인색하게 함은

유사나 할 일이다.

기강을 세우기 위해서는
희생도 필요하다

泣斬馬謖 읍참마속

눈물을 흘리며 마속을 참했다는 뜻으로.
천하의 법도는 사사로운 정으로
굽힐 수 없음을 일컫는다.

촉한의 227년(건흥 5), 승상 제갈량諸葛亮(자 공명)은 유비劉備의 아들로서 임금에 오른 유선劉禪에게 출사표出師表를 올려 위나라를 정벌해야 하는 당위성을 역설하고, 삼군三軍을 이끌고 기산祁山으로 나아가 위나라를 공격했다.

위나라 대장군 조진曹眞은 20만 대군을 거느리고 촉나라 군대와 싸웠으나 연전연패하여 남안南安, 천수天水, 안정安定 등 3군을 촉나라 군대에게 내주어야 했다. 이렇게 되자 관중關中이 동요하기 시작했다. 위나라 임금 조예曹叡는 크게 두려워하여 관직을 떠나 향리로 내려간 사마의司馬懿를 다시 기용, 촉나라 군대와 싸우게 했다.

228년 봄의 일이다. 한중漢中의 동쪽에 자리한 가정街亭은 촉한에 있어 인후咽喉와 같은 전략상 중요한 곳이다. 제갈량은 이곳의 수비장으로 누구를 파견할까 고심하고 있는데 참군參軍 마속馬謖이 자청해 나섰다.

"저는 다년간 병법을 익혔고, 또 경험을 쌓았습니다. 제가 비록 능력은 없지만 가정 하나쯤이야 지키지 못하겠습니까? 저에게 맡겨주십시오. 만약 실패한다면 가족을 연대 보증하여 군법을 받겠습니다."

제갈량은 마속의 능력은 인정하지만 경솔한 성격을 염려하여 주저하다가 왕평王平을 부장副將으로 붙여 마속을 가정으로 보냈다. 가정은 양면이 절벽으로 이루어진 곳이다. 제갈량은 마속에게 이곳의 통로를 사수하도록 지시했다. 그러나 나름대로 가정의 지형을 분석한 마속은 제갈량의 지시를 무시한 채 위나라 군대를 이 통로로 끌어들여 일격에 무찌를 계획을 세웠다. 부장 왕평이 간곡하게 충고했지만 마속은 기어이 산 위에 진을 쳤다.

위나라 군대가 물밀 듯 통로로 몰고 들어와 촉나라 군대가 진을 친 산을 겹겹이 에워싸고 촉나라 군대의 수도水道를 차단했다. 궁지에 몰린 산 위의 촉나라 군대는 총력을 기울여 위나라 군대를 공격했다. 그러나 마속은 사마의의 적수가 될 수 없어 끝내 참패하고 말았다.

가정을 위나라 군대에게 빼앗겨 중원 공략의 웅대한 계획이 수포로 돌아가자 제갈량은 마속을 가정에 보낸 일을 후회했으나 때는 이미 늦었다. 제갈량은 하는 수 없이 전군을 한중으로 후퇴시켰다. 제갈량은 패전의 책임을 물어 마속을 군법에 따라 참형에 처하도록 명했다. 장완蔣琬 등이 마속의 장수로서의 자질을 아껴 죽음만은 면하도록 요청했으나 제갈량은 단호하게 말했다.

"마속은 유능한 장수이다. 이 사람의 죽음이 국가에도 큰 손실이란 것을 알고 있다. 또 나 개인으로는 비록 피를 나눈 사이는 아니라 하더라도 친조카나 다름이 없다. 그러나 이 사람을 처벌하지 않는다면 기강을 바로 세울 수 없어 국가에 더 큰 손실을 가져온다. 애석하게 여기는 사람이기 때문에 더욱 결단을 내려서 법을 밝히지 않을 수 없다."

제갈량은 형리刑吏에게 호령하여 마속을 빨리 끌어내라고 명령했다. 제갈량은 마속이 형장으로 끌려가는 모습을 내려다보다가 소매로 얼굴은 가리고 흐느꼈다.

"속아, 용서해라. 너를 베는 것은 국가를 위하여 어쩔 수 없는 조치이다. 네 아들은 네가 없더라도 잘 돌봐줄 것이다. 언뜻 선제先帝(유비)의 말씀이 떠 오른다. 임종을 앞두고 하신 말씀이 '마속은 말이 앞서는 사람이오. 크게 쓸 인물이 못되니 유의하기 바라오.'하셨다. 나는 그 말씀을 귓등으로 흘려 넘겼다. 선제께서 마속을 어쩌면 이다지도 꿰뚫어 보셨단 말인가. 모두 내 잘못이다."

군중軍中에 눈물을 흘리지 않는 자가 없었다. 이때 마속의 나이는 39세였다.

명령이 시행되어야
기강이 바로 선다

三令五申 삼령오신

세 번 명령하고 다섯 번 이른다는 뜻으로,
명령을 되풀이하여 설명하고 거듭 경계하여
정확히 알게 한 뒤에 법을 집행함을 일컫는다.

[사기 손자 오기 전 史記 孫子 吳起 傳]

손무孫武는 중국 전국시대 제齊나라 출신으로, 『손자병법孫子兵法』
을 지은 전략가이다. 손무는 이 병법서를 들고 오吳나라 왕 합려闔廬
를 찾아갔다.

"과인은 그대의 병법서를 모두 보았소. 병사의 훈련 방법을 실제
로 보여 줄 수 있겠소?"

"그러겠습니다."

"그런데 여자에게도 시킬 수 있겠소?"

"여자라고 안 될 리 있습니까? 관계 없습니다."

손무가 흔쾌히 승낙하자, 오나라 왕은 궁중에서 미녀 1백 80명
을 선발하여 손무에게 주었다. 손무는 이들 미녀를 90명씩 두 부대로

나누고, 오나라 왕이 사랑하는 두 여자로 각각 대장을 삼아 모두 창을 들게 했다. 그리고 명령했다.

"너희들, 가슴과 좌우의 손과 등을 알겠지? 앞줄은 가슴을 보고, 왼쪽은 왼손을 보고, 오른쪽은 오른손을 보고, 뒤는 등을 보도록 한다."

손무는 미녀군에게 이와 같이 약속하고, 형벌기구인 부월鈇鉞(도끼)을 설치하고, 세 번 명령三令하고 다섯 번 단단히 일러서五申 약속 내용을 거듭거듭 다졌다. 그리고 손무는 오른쪽 줄에 북을 쳤다. 약속한 대로 동작을 취하라는 북이었으나 미녀들은 움직일 생각은 않고 깔깔거리며 웃기만 했다.

"약속이 지켜지지 않고 명령이 시행되지 않음은 장수의 책임이다."

손무는 다시 약속 내용을 거듭거듭 일러 다짐하고, 왼쪽 줄에 북을 쳤다. 그러나 역시 미녀들은 깔깔대기만 했다. 그러자 손무는 목소리를 높이며

"약속이 지켜지지 않고 명령이 시행되지 않음은 장수의 책임이다. 그러나 거듭 거듭 분명히 일렀음에도 명령에 따르지 않음은 대장의 책임이다."라고 하고 형리刑吏에게 명하여 좌우의 대장을 참하라 했다. 오나라 왕 합려가 단 위에서 손무의 훈련 상황을 살피다가 대장을 참하라는 손무의 명을 듣고 깜짝 놀라 급히 사자를 보냈다.

"과인은 이미 장군의 용병 능력을 알았다. 과인은 그 두 여인이 없으면 밥맛이 나지 않으니 이들을 참하지 말기 바란다."

"신은 왕명을 받아 장수가 되었습니다. 장군은 군중軍中에 있으면 왕명도 받지 않을 수 있습니다."

손무는 형리를 꾸짖어 대장 2인을 참하여 군중에 돌려 널리 알렸다. 손무는 다음 미녀를 대장으로 임명하고 이어서 북을 쳤다. 미녀군 좌우 전후의 좌작 진퇴坐作進退(앉고 서고, 나아가고 물러서는 군사훈련)가 모두 규칙에 맞았고, 감히 떠들지 못했다. 손무는 비로소 병사를 왕에게 보내 보고했다.

"군사훈련은 끝이 났습니다. 대왕께서 살펴보시기 바랍니다. 현재 병사들은 대왕의 뜻에 따라 움직일 것이고, 물과 불이라도 뛰어들 것입니다."

오나라 왕은 왕명을 어기고 두 애희愛姬를 참한 손무가 괘씸했으나 어쩔 수 없었다.

"장군은 병사를 해산하여 휴식시키라. 과인은 사열하고 싶지 않다."

그 후 오나라 왕 합려는 좌우의 권고로 손무를 대장으로 임명하여 서쪽으로 강대한 초楚나라를 격파하고, 북쪽으로 제나라와 진나라를 위압하여 이름을 천하에 드날리니 이는 모두 손무의 힘이었다.

대의와 원칙을
지켜라

皮裡春秋 피리춘추

가죽 속의 춘추란 뜻으로, 겉으로는 선악을 말하지 않으나
속으로는 시비를 분명히 판단하고 있음을 일컫는다.
피리양추皮裡陽秋라고도 하는데, 이는 진간문후晉簡文后의 휘
춘春을 피하여 양陽으로 바꾼 것이다.

[진서晉書 권 93]

저부褚裒는 진晉나라 강제康帝의 장인이다. 할아버지 저약은 안동
장군이었고, 아버지 저흡은 무창태수였다. 저부는 학문과 품행으로 당
시 경조윤京兆尹 두예杜乂와 함께 명망을 누리고 있었다. 환이桓彝는
저부를 가리켜서

"이 사람은 피리춘추皮裡春秋다."

저부가 겉으론 선악을 말하지 않으나 속으로는 춘추대의春秋大義
에 입각하여 시비를 분명히 구분하는 사람임을 말한 것이다. 사안謝安
도 저부를 평하여

"저부는 말은 하지 않고 있으나 사시四時의 원리를 갖춘 사람이
다."

저부는 서양왕西陽王의 연연(비서)을 시작으로 오왕吳王의 문학文學이 되었다. 소준蘇峻이 반기를 들었을 때는 거기장군 치감都鑒의 참군參軍이 되어 난을 평정하고, 도향정후都鄉亭侯가 되었다. 저부가 급사황문시랑給事黃門侍郞으로 있을 때, 당시 낭야왕琅邪王으로 있던 강제가 저부의 딸을 비로 맞이했다.

강제는 즉위하자 예장태수로 있는 장인 저부를 불러 시중侍中을 삼았고, 상서尙書로 옮기도록 했으나 저부는 황후의 아버지로서 굳이 외직으로 나가겠다 하여 건위장군建威將軍으로 강주자사江州刺史가 되었다. 저부는 방백方伯(도지사)의 지위에 있었으나 청렴하고 검소하여 가동家童을 시켜서 식료품과 연료를 조달했다.

그 후 저부는 위장군衛將軍으로 중서령中書令에 임명되었다. 그러나 저부는 중서령은 황제의 명을 맡은 직책이기 때문에 인척이 맡는 것은 옳지 않다고 상소하여 좌장군左將軍으로서 연주자사兗州刺史가 되었다.

저부는 소년 시절 유량庾亮을 찾아간 일이 있었다. 유량은 유명한 복술사 곽박郭璞에게 저부의 장래를 점쳐보도록 했다. 곽박이 점괘를 벌이다가 깜짝 놀랐다. 유량이 걱정스레 물었다.

"점괘가 좋지 않은가?"

"이는 인신人臣의 점괘가 아니다. 이 소년이 어떻게 될지는 두고 보면 알겠지만, 20년쯤 지나면 내 점이 맞다는 것을 알 것이다."

강제가 죽고 목제穆帝가 즉위했으나 나이가 어려 강헌황태후康獻皇太后가 수렴청정했다. 당해 관서에서 황태후의 아버지인 저부에게 신하 아닌 예로 대우하여 격을 높여야 한다고 건의해서 승인이 되니 곽박의 점괘가 이에 맞아떨어진 것이다. 그러나 저부는 황실의 가까운 인척으로서 백성들의 눈총이 두려워 다시 외직으로 나갈 것을 간청해서 서주徐州, 연주의 자사가 되었다.

저부는 '정치는 인재 등용에 달려 있다' 하여 유능한 인재를 가려서 임용했고, '연륜 있는 사람을 대우하고 승진시켜야 한다.' 하고 고화顧和, 은호殷浩를 추천하여 상서령尙書令과 자사로 임명토록 했다.

후조後趙의 석계룡石季龍이 죽자, 저부는 정벌을 건의하여 3만 군사를 이끌고 팽성彭城으로 진군했다. 저부는 왕감王龕을 패沛란 곳으로 파견하여 공격하도록 하고, 후조의 수상 지중支重을 사로잡는 등 대승을 거두었다.

저부는 다시 왕감을 노군魯郡으로 보냈다. 그러나 왕감은 저부의 작전 지시에 따르지 않아 대피代陂란 곳에서 참패하여 3천여 병사를 반이나 잃었고 왕감도 전사했다. 저부는 패전의 책임은 원수元帥에게 있다는 『춘추春秋』의 뜻에 따라 실패한 책임을 지고 상소하여 강등을 자청하고 돌아가다가 통한과 수치심으로 병을 얻어 47세를 일기로 세상을 떴다.

죄보다 벌이 무거워서는
안 된다

蹊田奪牛 혜전탈우

밭을 가로지른 소를 빼앗았다는 뜻으로,
죄보다 벌이 무거운 경우를 일컫는다.

[좌전 선11 左傳 宣11]

하어숙夏御叔, 공녕孔寧, 의행보儀行父는 다 같이 진陳나라 영공靈公을 섬기는 대부이다. 하어숙은 정 목공鄭穆公의 딸 하희夏姬를 아내로 맞이했는데 요염하고 음탕한 여자였다. 하어숙은 하희와의 사이에 하징서夏徵舒를 낳았는데, 하징서가 12세 되던 해에 병으로 죽었다. 하희는 이때부터 아들 하징서를 스승에게 맡겨놓고 식읍食邑인 주림株林으로 내려가 살았다.

과부 하희의 미모에 매혹된 대부 공녕은 하희가 주림으로 내려가자 시녀 하화荷華를 통해 하희를 만나 정을 나누었다. 공녕은 이 사실을 자랑삼아 친구 의행보에게 털어놓았다. 의행보도 하화에게 보석을 뇌물로 주어 하희를 만나 정을 나누었다. 공녕은 하희가 의행보를 가까이하면서 자신에게 냉담해진 데 질투를 느꼈다. 공녕은 고민 끝에 하희를 영공에게 소개하기로 하고, 역시 하화를 통해 영공을 하희에게 붙여주었다.

이렇게 하여 영공·공녕·의행보 등 임금과 신하, 3인이 하희를 가운데 놓고 어우러지게 되었고, 3인은 자주 주림에서 술과 색을 즐기곤 했다. 꿈같은 5~6년의 세월이 흘렀다. 하희의 아들 하징서는 18세가 되었는데 체구가 크고 힘이 세었으며 활을 잘 쏘았다. 어미의 행실이 가슴을 에이는 듯 했으나 영공이 개입되어 있어 어찌할 수 없었다. 영공은 하희의 환심을 사려고 하징서를 그 아비 하어숙이 맡았던 사마司馬(병권을 맡은 직책)에 임명하였다.

어느 날 영공은 공녕, 의행보와 주림에서 즐기다가 하희의 집에서 자게 되었다. 사마 하징서는 영공에게 사은謝恩하는 뜻으로 성대한 잔치를 베풀어 접대했다. 술기운이 오른 3인은 평소와 다름없이 노래하고 춤을 추며 농을 하기 시작했다. 하징서는 그들의 노는 꼴이 보기 싫어 옆방으로 물러났다. 이때 영공이 의행보에게

"하징서가 그대를 많이 닮았는데 그대가 낳은 것 아닌가?"

했다. 이에 의행보가 웃으며

"서글서글한 눈이 주공主公을 닮았습니다."

하고 받았다. 그러자 공녕이

"주공과 의대부의 합작입니다. 하부인은 알 것입니다."

라고 말을 이었다. 세 사람은 손뼉을 치며 웃었다.

옆방에 있던 하징서가 이들의 추잡스런 소리에 모욕감을 느꼈다. 가슴에 불덩어리가 치밀어 올랐다. 하징서는 앞뒤 헤아릴 여유도 없

이 밖으로 뛰쳐나가 수행군사에게 자기 집을 포위하도록 명령하고 연회석으로 뛰어들어 영공을 시해하였다. 하징서는 영공이 술을 마시다가 급사했다 발표하고, 세자를 임금으로 삼았다. 이 사람이 성공成公이다.

진나라의 하징서가 임금을 시해했다는 소식이 초楚나라 장왕莊王에게 전해졌다. 장왕은 당시 군소 국가들을 이끌고 있는 오패五覇 가운데의 한 사람이다.

장왕은 군사를 이끌고 진나라로 쳐들어가 대역부도大逆不道한 하징서를 붙들어 처단하고 진나라를 차지하여 군현郡縣으로 만들고 돌아왔다. 초나라 대신은 물론 속국屬國들까지도 장왕의 거사擧事에 축하를 보냈다. 그러나 대부 신숙시申叔時만은 이 대열에 끼이지 않았다. 괘씸하게 여긴 장왕은 신숙시를 불러 꾸짖었다.

"하징서가 시역弑逆을 하였으므로 과인이 벌을 주었소. 우리 대부와 여러 국가에서 축하를 하는데 유독 그대만이 한마디 말이 없소. 과인이 진나라를 토죄討罪한 일에 불만이 있소?"

"대왕께서 혜전탈우蹊田奪牛란 말을 들으셨습니까? 어느 농부가소를 몰고 길이 아닌 밭을 가로질러 건너가며 한창 자라는 곡식을 밟았습니다. 밭주인이 크게 화를 내어 그 소를 빼앗았습니다. 이 사건을 호소한다면 대왕께서는 어찌 처리하시겠습니까?"

"소를 몰아 농작물을 밟게 한 것은 나무랄 일이나, 그 피해가 크지 않으니 소를 빼앗은 행위는 지나친 일이라 하겠소. 과인이 이 일을 처단한다면 소를 밭으로 몬 자는 꾸중 정도에 그치고, 소를 찾아 돌려주겠소. 그대 생각은 어떠하오?"

"대왕께서 이 일에 대한 판단은 잘 하시면서 진나라 문제는 왜 그리 처리하셨습니까? 하징서의 죄는 임금을 시해하는 데 그쳤지, 나라를 망친 것은 아니지 않습니까? 대왕께서 그 죄를 벌하셨으면 되었지, 진나라마저 빼앗은 일은 밭을 밟았다고 소를 빼앗는 것과 다를 것이 있습니까? 그러므로 축하하지 않은 것입니다."

신숙시의 말에 크게 깨달은 장왕은 즉시 진나라를 원상회복하도록 조처했다.

법치보다는
덕치라야 한다

作法自斃 작법자폐

법을 만들고 그 법에 죽는다는 뜻으로, 질서유지를 위해
법이 없어서는 안 되겠으나 법을 범하는 자가 없도록 계도하여
법을 적용할 대상이 없도록 해야 한다는 일컬음이다.

[사기 상군 전 史記 商君 傳]

중국 전국시대 위衛나라 공족公族 출신 공손앙公孫鞅은 위앙衛鞅이라고도 일컫는데 진秦나라가 천하를 통일하도록 기틀을 마련한 인물이다. 처음에 위魏나라 재상 공숙좌公叔痤를 섬기게 되었고, 공숙좌는 공손앙이 특출한 인물임을 알았다. 문병 온 위魏 혜왕惠王에게 자기 후임으로 공손앙을 추천하였으나 혜왕은 별 반응을 보이지 않았다.

"공손앙을 임용하지 않으시려거든 다른 나라에 가서 쓰이지 못하도록 죽이십시오."

공숙좌는 혜왕이 돌아가자 급히 공손앙을 불러 서둘러 위나라를 떠나라고 권하였다.

"왕이 공의 말씀을 듣고도 저를 임용하지 않으려한다면 저를 죽

이지도 않을 것입니다."

공손앙은 자신에 찬 말을 하고 눌러 있었다. 마침 이 때 진나라 효공孝公이 인재를 널리 구한다는 소식이 들려왔다. 공손앙은 위나라를 떠나 진나라로 갔다. 공손앙은 효공이 총애하는 경감景監을 통하여 효공을 만날 수 있었다. 공손앙이 소견을 피력하는 동안 효공은 간간이 졸았다. 공손앙이 말을 마치고 물러나자 효공은 화를 내며 '그 사람은 허황된 자이다.'라고 하였다.

경감이 전하는 말에 공손앙은 '내가 왕도王道를 말하여 주군主君께서 조셨던 것이오. 다시 한 번 뵙게 해주시오.' 공손앙을 다시 만난 효공은 공손앙의 말을 솔깃하게 듣기는 하였으나 임용하려는 생각은 하지 않고 '공손앙은 꽤 괜찮은 사람이다. 더불어 말할 수 있겠다.'하였다. 이에 공손앙은 '나는 왕에게 패도覇道를 말하였던 것이오. 왕이 나를 임용하려 하실 것이오.'

수일 뒤 효공은 공손앙을 불러 나라 다스리는 방법을 물었다. 효공은 무릎이 점점 앞으로 나아가는 것을 깨닫지 못할 정도로 공손앙의 말에 빠져들었다. 효공은 며칠을 두고 공손앙과 대화를 나누었는데 조금도 싫증을 느끼지 않았다. 효공은 곧 공손앙을 고위직에 임명하였다.

공손앙은 변법變法을 기초하였다. 다섯 집을 한 묶음으로 하는 오가작통법五家作統法을 만들어 상호 연좌連坐시켰다. 이 다섯 집 안에서 일어나는 일을 서로 감시하되 부정을 고발하지 않은 자는 참형에 처하고, 고발한 자에게는 적의 수급首級을 벤 자와 같은 상을 주도록 하였으며 부정을 숨긴 자는 적에게 항복한 경우와 같은 처벌을 하도록 하고, 아들 둘이 있으나 분가하지 않고 한 집에 사는 경우 조세를 곱으로 물리도록 하는 등 1천여 건의 법을 마련하였다.

변법을 완성한 공손앙은 백성이 법을 믿고 따르지 않을까가 우려되었다. 세 길이 되는 나무기둥을 남문에 세워놓고 이것을 북문으로 옮기는 자에게는 돈 10금을 주겠다고 공고하였다. 백성들은 의심을 품고 아무도 옮기려는 자가 없었다. 공손앙은 액수가 적어 나서는 자가 없나보다 하고 대폭 올려 돈 50금을 주겠다고 하였다. 껄렁한 사람이 헛소리는 아니겠지 하며 나무기둥을 옮겼다. 공손앙은 즉시 50금을 내주어 관청에서 하는 일이 거짓이 아님을 분명히 하고, 곧바로 변법을 공포하고 시행에 들어갔다. 이에서 유래된 성어가 사목지신徙木之信이다.

변법을 시행한 지 2년에 태자가 법을 범하는 일이 벌어졌다. 공손앙은 법이 시행되지 않는 것은 위에서 법을 지키지 않기 때문이라며 태자에게는 형을 가할 수 없고, 계도를 잘못한 스승에게 그 책임이 있다하여 공자건公子虔과 공손가公孫賈의 코를 베는 벌을 가하였다. 이를 보고 두려워한 진나라 백성들은 모두 변법에 따랐다.

여러 해가 지나자 진나라 백성들은 변법에 익숙해졌다. 길에서는 남이 흘린 물건을 줍지 않았고, 산에는 도둑이 없었으며 집집이 풍족하여졌다. 다른 나라와의 전투에서는 용감하였고 사사로운 다툼은 겁을 내었다. 이렇게 하여 백성을 단합시킨 공손앙은 군사를 거느리고 위魏나라를 쳐서 하서河西 땅을 점령하고 돌아오니 효공이 크게 기뻐하며 공손앙에게 상商 땅 등 15개 고을을 베어주고 상군商君에 봉하였다. 이에 공손앙을 상앙商鞅이라 부르게 되었다.

상앙이 진나라를 도운 지 10년에 비록 나라를 부강하게 만들기는 하였으나 법을 각박하게 집행하여 종실과 귀족들에게 원망이 많았다. 효공이 죽고 태자가 즉위하였다. 스승 공자건 등이 상앙이 배반하려 한다고 고발하여 체포령이 내려졌다. 상앙은 몸을 피하여 다른 나라로 도망치려고 관문에 이르렀다.

여관에 들어가 쉬려하니 주인은 상앙인 줄은 모르고 '상군의 법에 신분증이 없는 자를 재우면 처벌됩니다.'하며 거절하였다. 상앙은 한숨을 쉬며 '내가 만든 법의 폐단이 이러하단 말인가?' 상앙은 어둠을 틈타 위나라로 달아났다. 위나라에서 상앙을 받아들이기는커녕 도리어 붙들어 진나라로 보냈다. 진나라에서는 상앙을 수레가 각 방향으로 잡아끄는 거열형車裂刑에 처하였는데 아무도 그의 죽음을 가엾게 여기지 않았다.

기요틴은 프랑스 혁명 때 사형을 집행하던 단두대이다. 이를 고안한 사람이 이 단두대의 이슬로 사라졌다는 사실은 웃지 못 할 일이다. 상앙이 법을 제정할 때 자기가 그 법에 저촉되어 죽음을 당할作法自斃 줄이야 생각이나 했겠는가? 질서유지를 위해서는 법치法治가 불가피한 일이겠으나 백성을 다스려 순화시키는 데에는 역시 덕치德治라야 한다는 것을 알 수 있겠다.

공정하게
처리하라

于公高門 우공고문

우공이 문을 높였다는 뜻으로,
음덕을 쌓으면 자손 대대로 융성해짐을 말한다.

[한서 우정국 전 漢書 于定國 傳]

우정국于定國은 중국 전한시대의 동해東海 출신이다. 아버지 우공
于公이 고을의 옥관獄官이었다가 법관法官이 되었다. 사건을 신중하고
공정히 처리하여 억울한 일이 없게 했다. 이에 고을 사람들이 생사당
生祠堂을 지어 받드니 이름하여 우공사于公祠이다.

동해에 효부孝婦가 있었다. 일찍이 홀몸이 되었고, 지식마저 없었
으나 시어머니를 정성껏 받들었다. 시어머니는 홀로된 며느리가 안쓰
러워 시집보내려 했으나 응하지 않았다.

"며느리가 나를 섬기느라 고생한다. 자식 없이 홀로 지내는 것이
애처로울 뿐만 아니라 늙어 호역戶役이 따르게 되면 어찌할 것인가?"

시어머니는 걱정이 태산이었다. 내가 살아 며느리에게 괴로움을

끼친다며 목을 매 죽었다. 시누이는 올케가 어미를 죽였다고 고발하여 며느리가 구속이 되었다. 며느리는 죽이지 않았다고 했으나 옥리는 고문으로 자백을 강요했고, 며느리는 견디다 못해 허위로 자백했다. 사건이 재판에 넘겨지자 우공이 말했다.

"이 여인은 시어미를 받든 지 10여 년에 효부로 알려졌다. 시어미를 죽일 리 없다."

우공은 거듭 무죄를 주장했으나 받아들여지지 않자, 사건 서류를 가슴에 안고 청사 안에서 울음을 터뜨렸고, 이어 신병을 이유로 사임했다. 태수는 마침내 그 며느리를 살인죄로 처형했다.

그 후 고을에는 3년 내리 가뭄이 들었다. 후임 태수가 부임하여 연유를 물으니 우공이 말했다.

"효부를 죽여서는 안 되는데 전임 태수가 억울하게 죽였습니다. 아마도 까닭은 이에 있는 것이 아닌가 여겨집니다."

신임 태수는 소를 잡아 효부의 무덤에 제사를 지내고, 비석을 세우니 곧 비가 내렸다. 그 해 풍년이 들자 고을 사람들은 우공의 공이라 했다.

아들 우정국은 아버지 우공으로부터 법을 배웠다. 우공이 죽자 우정국 역시 옥관을 거쳐 법관이 되었다. 정위사廷尉史에 보임되었다가 어사중승御史中丞의 종사從事가 되어 반역 사건을 다루었다. 능력이 인정되어 시어사侍御史에 임명되었다가 어사중승으로 옮겼다.

그 후 우정국은 광록대부 평상서사平尙書事가 되었고, 수형도위水衡都尉로 옮겼다가 정위廷尉로 승진했다. 정위는 지금의 검찰총장이다. 법을 공정히 집행하고 호소할 데 없는 자에게 관심을 기울였으며, 의

심스런 사건은 가벼운 벌에 처하되 다시 살피고 신중을 기했다.

우정국은 18년 동안 정위를 지낸 후 어사대부御史大夫로 옮겼다 가 승상丞相에 오르면서 서평후西平侯에 봉해졌다. 나이 70여 세에 유 명을 달리하니 시호를 안후安侯라 했다.

아들 우영于永이 대를 이었는데 젊어서는 술을 즐겨 허물이 많았 다. 그러나 30세가 되면서 허리를 굽히고 몸가짐을 바르게 하여 시중 侍中, 중랑장中郎將, 장수교위長水校尉에 올랐다. 우영은 어사대부가 되 어 관도공주館陶公主와 혼인했는데 공주는 선제宣帝의 장녀요, 성재成 帝의 고모였다. 선제는 우영을 승상으로 삼으려 했으나 지레 우영이 죽었다. 아들 우염于恬이 대를 이었는데 아버지만은 못했다.

지난 날, 우공이 사는 동네의 '마을 문閭門'이 비바람에 쓰러졌다. 동네 사람들이 울력하여 다시 세우려고 한창인 때, 우공이 나서며

"마을 문을 좀 더 높이고 넓혀高門, 4필 말이 끄는 수레가 마음대 로 드나들 수 있도록 합시다. 내가 사건을 다루면서 많은 음덕을 쌓아 억울해 하는 자가 없소. 아마도 자손에 높이 될 자가 태어날 것이요."

하고 마을 문을 높이고 넓혔다. 그 후 아들 우정국은 승상이 되었 고, 손자 우영은 어사대부가 되었으며 후侯에 봉해져 후손에게 이어져 내려갔다.

가르치고 나서
벌을 가하라

不教而誅 불교이주

가르치지 아니하고 주살한다는 뜻으로, 잔학하고 횡포함을 일컫는다.

[흠흠신서 경사요의 2 欽欽新書 經史要義 2] / [논어 요왈 論語 堯曰]

사재思齋 김정국金正國은 조선조 11대 중종中宗 때의 문신이다. 학문과 시문이 뛰어났으며 1509년(중종 4), 문과에 장원 급제하여 사간司諫, 승지承旨를 거쳐 참판參判에 이르렀다.

김정국이 황해감사黃海監司로 있을 때의 일이다. 연안延安지방에 이동李同이란 자가 아비와 밥을 먹다가 뜻이 맞지 않는다고 밥사발을 아비에게 던져 다치게 한 사건이 발생했다. 연안부에서는 이동을 구속하고 상급 관청인 감영監營에 보고했다. 김정국은 윤리에 관계된 범죄라 하여 조사관을 특별히 선정하고 엄벌로 다스리도록 명했다.

이동은 형장刑杖을 맞지 않았음에도 사건의 전말을 술술 털어놓았다. 사건을 종결지으려면 반드시 감사가 한 번 더 신문하도록 법에 규정되어 있었다. 감사 김정국은 이동이 형장을 맞지 않았음에도 범행을 순순히 자백했다는 사실에 주의하여 이동을 신문했다.

"너는 아비를 때린 중죄인이다. 죽음에 처해진다는 사실을 아느냐?"

"제가 묶여 와서 문초를 받게 되자 사실을 들어서 말했을 뿐, 다른 것은 모릅니다."

"네가 밥사발로 아비를 내리쳤으니 그 죄는 법에 죽음에 처하는 것으로 되어 있다. 너를 사형에 처하려 한다."

사형에 처한다는 말에 이동은 깜짝 놀랐다.

"저의 죄가 죽어야 한다는 사실을 일찍 알았더라면 어찌 감히 아비에게 대들 수 있었겠습니까? 문초받을 때 형장을 맞는 한이 있다 하더라도 제 죄를 숨기고 말하지 않았을 것입니다. 저는 아비가 이와 같이 중하다는 사실을 모르고, 평소 말다툼할 때 아비에게 핀잔을 주고 물건을 던지는 일이 보통이었습니다. 이제 부모가 중한 것을 알았으니 목숨만 살려주신다면 앞으로 아비를 잘 모시겠습니다."

이동이 눈물을 흘리며 하소연하는 것을 듣고, 김정국은 연민의 정을 느꼈다.

"가르치지 아니하고 형벌을 가함은不教而罰, 곧 어리석은 백성을 법망으로 몰아넣는 짓이다. 옛날 '덕으로 인도하고 법으로 조정한다.'고 했으니 이를 두고 한 말이다."

김정국은 이동에게 약간의 형장을 가하고 석방하라고 명했다. 김정국이 '가르치지 아니하고 형벌을 가한다.'함은 공자의 말씀을 인용한 것이다. 제자 자장子張이 정치를 어찌 해야 할지를 물었을 때, 공자는 '다섯 가지 아름다움五美을 존중하고, 네 가지 악四惡을 제거하면 된다.'고 했다. 자장이 다섯 가지 아름다움에 대한 설명을 듣고, 네 가지 악이 무엇인지를 물었다. '가르치지 아니하고 주살誅殺함은 잔학이요, 주의를 환기시키지 아니하고 일이 성사되기를 바라는 것은 횡포요, 명령을 태만히 하고 기일을 다그침은 적賊이요, 균등하게 나누어 주되 출납을 인색하게 함은 유사有司(하급담당관)나 할일이다.'

공과 사를 구분해서
사람을 대하라

跖狗吠堯 척구폐요

도척의 개가 요임금에게 짖는다는 뜻으로,
주인에게 충성을 다함을 일컫기도 하고,
악의 무리에 끼어 현자를 질투함을 비유하기도 한다.

[사기 전단전史記 田單傳] / [전국 제책戰國 齊策]

전단田單은 중국 전국시대 제齊나라 임치臨淄 사람이다. 연燕나라 명장 악의樂毅가 제나라 70여 성을 석권하자, 제나라 민왕湣王은 거성莒城으로 피난했고, 전단은 종족을 이끌고 안평安平이란 곳으로 피난했다가 다시 즉묵卽墨이란 곳으로 피했다.

제나라 국토를 거의 장악한 연나라 군대는 제나라 민왕이 있는 거성으로 주력 부대를 투입, 총공격을 가했다. 제나라 요치淖齒는 민왕을 시해하고 수비를 강화하여 완강히 저항했다. 연나라 군대는 수년 동안 거성을 공략했으나 함락되지 않자 작전을 바꾸어 즉묵을 공격했다. 즉묵 대부는 항전하다가 패하여 죽음을 당했고, 즉묵성 사람들은 전단을 추천하여 대장으로 삼아 연나라 군대에 저항했다.

연나라 소왕昭王이 죽고 혜왕惠王이 대를 이었다. 혜왕은 본래 악의와 사이가 나빴다. 전단은 이 사실을 알고 혜왕과 악의 사이를 이간시키는 말을 퍼뜨렸다.

"제나라 왕이 죽었으나 그 성이 함락되지 않는 것은 그만한 이유가 있다. 대장 악의가 왕에게 죄를 얻을까 두려워하여 감히 돌아가지 못하고 있다. 또 악의는 제나라를 정벌한다고는 하지만 왕 노릇을 하려고 제나라 인심을 수습하면서 즉묵에 대한 공격을 늦추고 때를 기다리고 있는 것이다. 제나라 사람은 다른 장군이 악의와 교체되어 오면 즉묵이 위험하다고 생각하고 있다."

이러한 말을 들은 혜왕은 기겁騎劫이란 장군을 악의와 교체시켰다. 악의는 연나라로 돌아가지 못하고 조趙나라로 달아났다. 연나라 병사들은 이를 아쉬워했고 분하게 여겼다.

전단은 성중 사람들에게 명하여 식사할 때는 반드시 뜰에서 귀신에게 먼저 바치는 의식인 고수레를 하게 했다. 날짐승들이 모여들어 고수레한 밥을 주워 먹었다. 연나라 군대는 즉묵 성중을 감도는 날짐승들을 이상스레 여겼다. 전단은 '신인神人이 내려와 나를 가르친다'는 말을 흘렸고, 이어서 이런 말도 퍼뜨렸다. '연나라 군대가 우리 제나라 포로의 코를 베어 내세우면 사람들이 겁을 먹을 것이므로 즉묵은 위험하다'고….

이 말을 들은 연나라 병사들이 제나라 포로의 코를 베어 내세우자, 즉묵 성안 사람들의 적개심은 한층 고취되었고, 포로가 될까봐 겁을 내어 경비를 더욱 철저히 섰다. 전단은 다시 '제나라 사람들은 연나라 사람들이 성 밖의 무덤을 팔까 겁을 낸다'는 말을 퍼뜨렸다. 이 말을 들은 연나라 군대는 성 밖 무덤들을 모두 파서 한 곳에 모아놓고 불을 질렀다. 성에서 이 광경을 바라보고 있던 즉묵 사람들은 분개하여 주먹을 불끈 쥐고 나가 싸우려 했다.

이에 전단은 비로소 싸울 수 있다고 판단했다. 정예 병사는 숨겨두고 노약자들만 성에 세운 뒤 연나라 군영에 사자를 보내 항복하겠다고 통고했다. 그러고는 성중의 부호를 보내 연나라 장수에게 돈을 바치게 하고, 즉묵이 함락되는 날 자신의 집만은 약탈하지 말도록 부탁하여 연나라 군대가 방심하도록 했다.

이런 다음 전단은 성중의 소 1천여 마리를 징발하여 등에 붉은 천을 씌우고 용의 무늬를 그리고 쇠뿔에 칼을 단단히 묶어놓고, 기름뿌린 갈대를 쇠꼬리에 달았다. 그리고 성 밑 수십 곳에 커다란 구멍을 뚫어 그곳으로 소들의 꼬리에 불을 붙여 내몰았다. 이른바 화우火牛다. 꼬리에 불이 붙은 소는 미친 듯이 연나라 군중으로 내달았다.

방심하고 있던 연나라 군대는 당황하여 달려드는 소를 용이나 호랑이로 착각하여 갈팡질팡하다가 쇠뿔에 찔리고 소에 밟혀서 죽는 자가 수없이 많았다. 화우의 뒤를 따라 적개심에 불타는 즉묵의 정예군이 달려들었다. 연나라 군대는 변변한 저항도 못하고 대패했고, 장군 기겁도 죽음을 당했다.

전단의 군대는 승세를 타고 연나라 군대를 추격하여 함락되었던 70여 성을 단숨에 모두 수복했다. 이에 전단은 민왕의 아들 양왕襄王을 거성에서 맞아들여 수도 임치로 환도했고, 양왕은 전단을 안평군安平君으로 봉했다.

전단은 훌륭한 전략가요, 제나라 광복의 공로자였지만, 그를 비난하는 사람이 있었다. 초발貂勃이 전단을 소인이라 비난한 것이다. 전단은 초발을 정중히 술자리로 초치하여 물었다.

"내가 선생께 무슨 죄라도 졌습니까. 내게 잘못이라고 있습니까?"

"도둑의 괴수 도척盜跖의 개가 성군 요임금을 보고 짖는 것은 도척을 귀하게 여기고 요임금을 천하게 여겨서가 아닙니다. 개는 주인이 아니란 사실만으로 짖는 것입니다. 공손자公孫子는 현자요, 서자徐子는 악인입니다. 이 두 사람이 싸우는데 서자의 개가 공손자의 장딴지를 물었습니다. 그 개가 현자와 악인을 알아보았다면 공손자의 장딴지를 물었겠습니까?"

초발은 그 후 전단의 추천으로 초나라에 사자로 가서 공을 세웠고, 전단을 도와 어려운 일에 앞장섰다.

사람 위해
자리를 내줄 수 없다

以人擇官 이인택관

능력에 맞는 직책을 준다는 뜻으로,
직책의 역할에 적합한 인재를 배치해야
그 기능이 원활할 수 있다는 일컬음이다.

[삼국 위지三國 魏志 권 16]

삼국 위魏의 두기杜畿는 경조 두능京兆杜陵 출신이다. 계모를 정성껏 받들어 효자라 일컬었다. 두기는 경조윤京兆尹 장시張時의 집안과 친히 지내는 처지였다. 나이 20에 고을의 공조功曹가 되었다가 정현령鄭縣令이 되었다. 갇힌 죄수가 수백 인이었는데 두기가 죄의 경중을 가려서 풀어 보내니 비록 모두 타당한 결정이라 할 순 없었으나 고을에서 좋게 여겼다.

천하가 어지러워지자 두기는 벼슬을 버리고 형주荊州에 가 있었는데, 계모가 죽자 고향으로 돌아와 장사를 치렀다. 두기는 시중侍中 경기耿紀를 찾아가 밤새도록 대화를 나누었다. 경기는 상서령尙書令 순욱荀彧과 담을 사이에 두고 살았다. 두기의 말을 담 너머로 들은 순욱이 별달리 생각하고 아침에 사람을 경기에게 보냈다.

"훌륭한 인재를 천거하지 않으니 중요한 자리를 메울 수 있겠소."

두기를 만난 순욱은 옛 친구를 대하듯이 반겼다. 두기는 사공사직司空司直을 거쳐 서평태수西平太守에 올랐다.

조조曹操는 하북河北을 평정했으나 고간高幹이 병주幷州에서 반기를 들었고, 하동河東의 위고衛固와 범선范先이 고간과 은밀히 동조하고 있었다. 조조가 순욱에게 물었다.

"하동은 천하의 요해지이요. 이곳을 진정시킬 만한 인물이 없겠소?"

"두기의 용기와 지혜는 능히 하동을 맡길만 합니다."

이에 두기는 하동태수河東太守에 임명되었다. 이때 위고 등은 섬진陝津을 가로막고 있었다. 두기는 수하에게 지시하였다.

"하동의 인구는 3만호이다. 모두 위고에게 동조하지는 않을 것이다. 그러나 급히 병력을 몰아 압박을 가하면 백성들이 두려워해서 위고를 따를 것이고, 동조하는 무리도 생겨나 변란은 멎지 않을 것이다. 위고 등은 드러내놓고 거역하는 것이 아니니 나는 병사를 대동하지 않고 단출하게 수레만 몰고 갈 것이다. 부임해서 한 달만 있으면 진정시킬 수 있다."

두기는 두진郖津으로 돌아 물을 건넜다. 범선이 동태를 살피며 두기 이하 주부主簿 등을 죽이려 했으나 위고가 말렸다.

"두기는 우리 손 안에 들어있어 걱정할 것이 없소."

두기는 위고에게 도독都督을, 범선에게 병사 3천을 감독하게 하고

"위고와 범선은 하동에서 인망이 두터운 사람이다. 더불어 큰일

을 논의하려 한다."

위고 등은 반기며 두기에게 더는 마음을 쓰지 않았다. 두기는 두 사람이 거느린 병력을 줄이려는 생각으로

"사람이 밖에 있으면 집을 생각하게 된다. 병사를 나누어 집으로 보내 쉬게 해야 한다. 급한 때 소집이 어려운 것은 아니다."

위고 등은 두기의 명에 따라 병사를 나누어 휴가를 보냈다. 이때 백기白騎는 동원東垣을 공격하였고, 고간은 호택濩澤을 침범하였다. 위고 등은 은밀히 군사를 동원했으나 휴가 간 병사들이 미처 귀대하지 않았다. 두기는 백성의 마음이 돌아오고 있음을 알고 병사 수십 기騎를 거느리고 방어에 나섰다. 온 성안이 나서서 두기를 도왔고 이어 4천여 명이 모여들었다.

위고 등이 고간과 더불어 두기를 공격했으나 깨뜨릴 수 없었고, 여러 고을을 공략했으나 역시 성과가 없었다. 마침 이때 하후돈夏侯惇이 거느린 병사가 도착하여 고간은 패해 달아났고, 위고 등은 붙들려 처단되었다.

그 후 두기는 하동에 16년이나 있었는데 치적은 언제나 으뜸이었다. 조비曹조가 왕위에 오르며 두기를 불러들여 상서尚書로 삼았다. 두기는 명을 받고 왕이 탈 누선樓船을 제작하여 맹진孟津에서 운전을 시험하다가 바람에 배가 뒤집히며 두기는 물에서 헤어나지 못했다.

두기의 아들 두서杜恕는 황문시랑黃門侍郎이었다. 정사의 잘잘못을 들어 바른 말을 하므로 시중 신비辛毗 등이 존경하였다. 개혁할 일을 논의하게 되자 두서는

"지난날 자사刺史(감사)는 봄가을로 관할을 순시하여 여섯 가지 정

책을 살피고 민심을 안정시키는 일을 하였습니다. 자사는 병사를 거느리지 말고 민사에 전념하게 해야 합니다."

그런데 여소呂昭가 진북장군鎭北將軍으로서 기주冀州를 겸하여 다스리게 되니 두서는 글을 올려 간했다.

'임금이 할 일은 백성의 안정에 있습니다. 안정시키는 방법은 재정을 풍요롭게 하는데 있고, 풍요롭게 하는 방법은 농사에 힘쓰고 예산을 절감하는데 있습니다.…북방을 지키려면 장수가 있어야 하겠지만 경비의 지출로 보면 전임이나 겸임에 차이가 없습니다. 여소는 평범한 사람으로서 인재가 결핍되었다면 모르겠으나 국가에서 그 능력을 보고 이에 맞는 직책을 주어야以人擇官합니다. 이는 직책을 위해 그 능력을 가리는 일이 아닙니다.…'

명쾌한 판단으로
결단을 내려라

快刀亂麻 쾌도난마

예리한 칼로 헝클어진 삼을 내리친다는 뜻으로,
어지럽게 뒤엉킨 사물을 명쾌하게 처리함을 일컫는다.

[북제서北齊書 권 4]

중국의 남북조하면 서기 4백년 경, 장강長江 유역을 중심으로, 이남 지역을 한족의 송宋·제齊·양梁·진陳이, 이북 지역을 선비족의 위魏·제齊·주周가 교차 지배하면서 서기 580년, 수나라가 마지막으로 진을 멸하고 남북을 통일할 때까지 180여 년의 기간을 일컫는다. 이때 정권의 바뀜이 빈번하여 백성은 불안해했고 사회는 혼란스러웠으나 문화면에 있어서는 크게 발전하였다. 특히 남조에는 도연명陶淵明·고개지顧愷之·왕희지王羲之등의 등장으로 그 역할은 컸다.

사가는 북조의 제를 북제北齊라 일컫는데 그 고조 고환高歡이 위에 벼슬하여 평양군공平陽郡公에 봉해졌다. 삭방朔方을 지키다가 이주조爾朱兆가 위의 효장제孝莊帝를 시해하자 병사를 이끌고 이주조를 토벌하고 효무제孝武帝를 옹립했다. 고환이 승상이 되어 막강한 권세를 휘두르니 그 위력은 임금을 압도했다. 효무제는 고환의 핍박에 견디지 못하고 달아나 관서대도독關西大都督 우문태宇文泰에게 의탁했다. 고환은 이에 효정제孝靜帝를 세워 마침내 위는 동서로 나뉘게 되었다.

고징高澄은 고환의 맏아들이다. 슬기롭고 민첩하여 온갖 처리에 막힘이 없었다. 이부상서吏部尚書로 있다가 아버지 고환이 사망하자 대신하여 대승상이 되었다. 발해왕에 봉해지고 효정제로부터 양위를 받으려했는데 원한이 있는 자로부터 습격을 받아 사망하니 이때 나이 29세였다.

고환의 둘째 아들 고양高洋은 마음 씀이 크고 겉은 부드러웠으나 거센 성격이었고, 번잡한 일을 다잡아 잘 처리했다. 고환이 여러 아들의 기질을 시험해 보려고 아들들을 불러놓고 어지럽게 뒤엉킨 실타래를 내어놓으며 풀어보라 하였다. 고양이 머뭇거림 없이 허리의 칼을 빼어들고 실타래를 내리치며 "어지러운 것은 망설임 없이 잘라야 한다."라고 하였다.

둘째 고양의 결연한 태도에 고환은 만족해했고 자랑스럽게 여겼다. 진양晉陽에 아독사阿禿師라는 중이 있었다. 어리석은 듯도 하고, 지혜로운 듯도 하여 헤아리기 어려웠다. 고양이 동료와 어울려 찾아가 앞날의 명운을 물었다. 아독사가 고양을 보고 손을 들어 하늘을 두세 번 가리킬 뿐 말을 하지 않자 사람들은 이상스레 여겼다.

고양은 속은 밝고 민첩했으나 겉은 부족한 듯이 보였다. 형 고징이 늘 웃으며 '이런 사람도 높은 지위에 오를 수 있으니 상相 보는 법을 어찌 해석해야할지?'하였으나 아버지 고환은 승상 장사丞相長史 설숙薛琡에게 '이 아이의 의식은 나보다 낫다.'하였다. 고양은 표기대장군驃騎大將軍에 오르고 태원군개국공太原郡開國公에 봉해졌으며 경기대도독京畿大都督이 되었다.

고징이 갑작스레 해를 당하자 안팎은 놀라워하였으나 아우 고양은 얼굴에 변화 없이 병사를 지휘하여 적을 찾아내 처단하고, 곧 진양으로 가서 형 고징이 맡았던 정무를 직접 살피며 너그러움을 앞세우고 백성들이 불편하게 여기는 일을 제거하려고 노력하였다. 고양은 제왕에 봉해지고 상국相國에 올랐다. 이어 효정제를 폐하고 스스로 제위에 오르며 국호를 제齊라 하였다.

고양이 처음 위에 올랐을 때에는 자못 다스림에 마음을 두었다. 법에 따라 아랫사람을 거느리되 공도公道를 우선으로 하였다. 혹 법을 어기는 자가 있으면 비록 근친이나 훈구勳舊라 하더라도 풀어주는 일이 없으니 비리가 사라져 관계가 청정해졌다. 특히 국가의 중대사에 대해서는 크고 멀리 내다보고 계획을 세웠다. 또 남조는 물론 위·주와 대치해 있는 정황이라 군비를 증강하고 강군 정예에 주력하였다. 정벌이 있을 때마다 직접 군사를 이끌고 시석矢石을 무릅쓰고 나아가 승리를 거두니 명성과 위엄이 널리 퍼졌다.

그 후 고양은 정사에 게을러지고 공적을 내세우고 자만을 부리며 놀이에 빠지고 횡포를 부리며 까닭없이 사람을 죽였다. 직접 풍악을 잡고 춤을 추고 술을 마시며 밤을 새웠다. 옷을 벗고 머리를 풀어헤치고 칼과 활을 들고 저자거리를 돌았고, 근친·훈구의 저택을 불시에 찾기도 하였다. 사람을 살해하되 사지를 분해해서 불에 태우거나 물에 던지기도 하였다.

일찍이 진양에서 창을 들고 놀이하다가 까닭없이 도독都督 위자요尉子耀를 찔러 죽였고, 삼대三臺의 대광전大光殿에서 역시 도독 목숭穆嵩을 북틀로 내리쳐 죽이기도 하였다. 결국 고양은 식사를 하지 못하고 술만 마시다가 위에 오른 지 10년 만에 죽음을 맞이했다.

대체로 처음에는 부지런하다가도 끝에 가서 게을러지고 즐기려는 것이 사람의 심정이다. 처음 먹은 마음으로 끝맺음을 잘해야 하는데 그러하지 못한다. 고양의 경우만이 어찌 그런 것이랴. 당 현종唐玄宗이 그 대표적인 예라 하겠다. 초기에는 개원지치開元之治라는 융성한 시대를 이루었으나 양귀비楊貴妃에게 고혹되어 정치에 소홀하다가 안록산安祿山의 난으로 촉蜀땅으로 몸을 피해야했고, 회복하지 못하고 아들 숙종肅宗에게 자리를 물려주었으니 '끝을 처음처럼 삼가야 한다愼終如始'는 교훈을 잊어서는 아니 되겠다.

고양이 칼을 빼어 흐트러진 실타래亂絲를 내리치다抽刀斬之라는 말이 뒤에 와서 뒤엉킨 삼亂麻을 예리한 칼快刀로 내리치다로 바뀐 것이 아닌가 여겨진다.

작은 신의에 연연하기보다
더 큰 신의를 생각하라

尾生之信 미생지신

미생의 신의라는 뜻으로,
작은 약속을 위해 큰 희생을 돌보지 않는 우직한 사람을 일컫는다.

[사기 소진 전 史記 蘇秦 傳]

옛날 노魯나라에 미생尾生이란 사람이 있었다. 신의를 생명처럼 중히 여기는 미생은 한번 약속한 일은 여하한 일이 있어도 실천에 옮기곤 했다. 미생은 어느 날 연인과 만나 밤늦도록 정을 나누며 사랑을 속삭였지만 막상 헤어져 집으로 돌아가려니 몹시 섭섭했다.

"어때? 내일 또 만나자."

"어떻게 내일 또 나와요. 매일 싸돌아다닌다고 집에서 쫓겨난단 말예요."

"무슨 소리야. 쫓겨나면 대수야!"

"그렇지만 어떻게…."

"여러 말 말고 나와. 내일 아침 10시에 동네 앞 다리에서 만나."

미생은 미진한 정을 내일 이어서 나누려는 욕심에 명령하다시피 말을 던지고 연인과 헤어졌다.

다음날 미생은 단 1분이라도 늦을 세라 약속 장소로 나갔다. 그러나 애타게 기다리는 연인은 30분이 지나고, 또 30분이 지나도 나타나지 않았다. 미생은 시간이 흐를수록 초조해졌다. 이때 먹구름이 점차 몰려들며 빗방울이 뚝뚝 떨어지더니 장대 같은 소나기로 변하여 퍼붓듯이 쏟아졌다.

미생은 돌아갈 생각은 아니하고 다리 밑에서 비가 그치기를 기다렸다. 냇물이 붇기 시작하여 무릎에 차고 허리에 찼다. 미생은 교각橋脚을 안고 버텼다. 허나 홍수는 미생의 신의는 아랑곳하지 않고 더욱 불어나며 세차게 일렁였다. 마침내 교각을 안은 미생의 팔은 힘이 풀리면서 가엾게도 홍수에 휘말려 익사하고 말았다.

박력이 있어 좋기는 하나 강요하다시피 약속해놓고 상대방이 나타나지 않자 홍수가 범람하는 위험천만한 상황에도 미생은 교각에 매달려 버티다가 끝내 목숨을 잃는 우를 범한 사실은 후세의 웃음거리가 되었다.

이 이야기는 소진蘇秦이 연나라 왕을 설득할 때 인용한 우화요, 『장자』의 도척편盜跖篇, 『전국책戰國策』에도 나오는 이야기이다.

직무에 공헌할 수 있는
인물을 추천하라

四知 사지

하늘이, 귀신이, 내가, 그대가 안다는 뜻으로,
어떤 비밀일지라도 언젠가는 반드시 드러남을 일컫는다.
사지금四知金하면 뇌물을 일컫는다.

[후한서 양진 전 後漢書 楊震 傳]

양진楊震은 후한 안제安帝 때의 인물이다. 홍농弘農의 화음華陰 출
신으로 자를 백기伯起라 했다. 어려서부터 배움을 좋아하여 폭넓은 독
서와 깊은 학문을 쌓아 사람들이 '관서공자양백기關西孔子楊伯起'라 일
컬었다. 그러나 벼슬이 늦어 50세가 되어서야 비로소 수령으로 나아
갔다. 대장군 등즐鄧騭이 양진의 명성을 듣고 관리 임용제도의 하나인
무재茂才로 발탁하여 형주자사荊州刺史, 동래태수東萊太守, 탁군태수涿
郡太守를 역임했다.

양진은 공정하고 청렴하여 사사로운 접견을 금했으며, 자손들에
게 육식이 아닌 채식을 하게 하고 걸어 다니도록 했다. 친한 친구가
자손의 장래를 위해 생활수단을 강구해주도록 권유했지만 양진은 거

절했다.

"아이들에게 청백리淸白吏의 자손이란 말을 듣도록 해주는 것 이 상으로 후한 유산이 더 있겠는가?"

양진이 동래태수로 부임할 때의 일이다. 창읍현昌邑縣에서 하룻밤을 쉬게 되었다. 그곳의 현령 왕밀王密은 양진이 형주자사로 있을 때 무재로 추천하여 현령이 된 사람이다. 왕밀은 그 은혜를 잊지 못하다가 양진이 마침 창읍에서 묵는다는 말을 듣고, 밤늦게 황금 10근을 싸가지고 숙소로 찾아갔다.

"태산 같은 은혜를 입고 한번 찾아뵙지 못하여 송구하기 이를 데 없습니다."

"별소릴 다 하는군. 공무에 바쁜 사람이 일일이 인사 차릴 수 있나. 그래 얼마나 바쁜가?"

두 사람은 밤이 깊어가는 줄도 모르고 이야기를 나눴다. 왕밀이 금덩이를 슬며시 꺼내놓으며

"은혜에 보답하기 위하여 여러 가지 물건을 생각해보았으나 갑자기 마땅한 것이 없어 이것을 가져왔습니다. 저의 성의이니 거두어주십시오."

"나는 자네의 학식과 인물됨을 알았기에 자네를 추천하여 국가에 공헌하도록 했던 것이네. 그런데 자네는 나란 사람을 너무도 모르는 것 같으이."

"아, 아닙니다. 제가 어찌 태수 어른의 고귀하신 인품을 모를 리 있겠습니까? 은혜를 입은 저로서는 거듭 말씀드리지만 성의는 표해야 하겠기에 이러는 것이고, 이 깊은 밤 누가 알 이도 없지 않습니까?

거두어주십시오."

"이 사람, 무슨 소리를 하고 있는 건가. 내가 자넬 추천한 것은 국가에 유용한 인물이 되겠기에 추천한 것이고, 자네가 직책에 충실하여 지위가 높아지고 나아가서 국가의 동량이 된다면 자네를 추천한 사람으로서 큰 보람으로 여길 터인데 한갓 물건으로 보답하려 한단 말인가? 또 이 깊은 밤 알 사람이 없다니 왜 없단 말인가? 하늘이 알고天知, 귀신이 알고神知, 내가 알고我知, 자네가 아는데子知, 어찌 아는 이가 없단 말인가? 그런 소릴 계속 하려면 당장 물러가게."

양진의 준엄한 나무람에 왕밀은 얼굴이 벌게져 몸 둘 바를 모르다가 물러나고 말았다.

양진은 태복太僕, 태상太常을 거쳐 삼공三公의 지위인 사도司徒가 되었다. 양진은 국정의 폐단을 강력히 간하여 시정을 요구하다가 권신들의 미움을 사서 도로徒勞(헛되이 수고함)에 그치자

"내가 나라의 은혜를 입고 높은 지위에 있으며 교활한 간신을 미워했으면서도 축출하지 못했고, 혼란을 조장하는 요망한 계집을 싫어하면서도 몰아내지 못했으니 무슨 면목으로 해와 달을 우러러 볼 수 있겠는가."

하고 독을 마시고 생을 마치었다.

능력 있는 사람은
원수나 친아들일지라도 추천하라

祁奚薦讐 기해천수

기해가 원수를 후임으로 추천했다는 뜻으로,
감정의 유무를 떠나 공평무사하게 사람을 추천함을 일컫는다.

[좌씨 양左氏 襄 3, 21]

중국 춘추시대 진晉나라 도공悼公 때의 일이다. 좌군, 우군, 중군의
3군 가운데 중군 대장군인 중군위中軍尉 기해祁奚가 나이 70세가 넘
어 그 직에서 물러나겠다고 했다. 도공은 기해만한 장군을 얻는다는
것이 비록 어렵기는 하지만, 그렇다고 늙은 기해를 더 붙들고 있을 수
도 없는 일이었다. 도공은 기해에게 후임을 물었다. 대개 후임인사에
있어 그 선임자에게 묻는 것이 예나 지금이나 다름이 없는 예이다.

기해는 묻기를 기다렸다는 듯이 선뜻 해호解狐를 추천했다. 해호
는 기해와 원수진 사이였다. 도공은 뜻밖에 기해가 해호를 추천한 데
귀를 의심했다.

"아니, 해호라니. 해호는 장군의 원수가 아닌가?"

"신은 나라를 위해 인재를 추천했을 뿐, 원수라는 사실에는 마음에 두지 않았습니다."

도공은 기해의 추천에 따라 해호를 중군위에 임명했다. 그러나 해호는 취임도 하기 전에 병으로 죽었다. 도공은 다시 기해에게 후임을 물었다. 그러자 기해는

"적임자는 기오祁午입니다."

하고 자기 아들을 추천했다. 기해가 사심 없는 사람임을 익히 알고 있는 도공은 주저 없이 기해의 아들 기오를 중군위로 임명했다.

얼마 안 되어 중군부장中軍副將 양설직羊舌職이 죽었다. 도공은 그 후임을 역시 기해에게 물었다. 그러자 기해는

"양설적羊舌赤이 적임입니다."했다. 양설적은 전임자 양설직의 아들이다. 도공은 아무 의심 없이 양설적을 중군부장으로 임명하여 기오가 중군위, 양설적이 그 부장이 되었다.

대부 난염欒黶은 범선자范宣子 사개士匄의 딸 난기欒祁와 혼인하여 난영欒盈을 낳았다. 난염이 죽자 아내 난기는 노주빈老州賓과 은밀히 정을 통하면서 가산을 탕진했다. 아들인 공족대부公族大夫 난영은 어머니 난기의 음탕한 행동에 골치를 앓았고, 난기는 아들 난영이 자기에게 통제를 가할까 보아 겁이 났다.

대체로 어미가 자식을 죽이는 일은 거의 없으나 음탕한 계집의 경우 그렇지 아니한가보다. 난기는 친정아버지 범선자에게 난영이 난을 일으켜 범씨를 죽이고 권력을 독차지하려 한다고 고했다. 범선자는 난영이 비록 외손자이긴 하나 난을 일으켜 나라를 위험에 빠뜨려서는 안 된다고 생각하여 처단하려 했지만, 난영에게 많은 사람이 모

여 있다는 사실이 마음에 걸렸다. 범선자는 우선 난영에게 저著란 곳의 성을 쌓도록 하여 지방으로 쫓아버리고, 그 일당인 기유箕遺, 황연黃淵 등 10인을 붙들어 처단하고, 숙향叔向 등 3인을 가두었다.

도공의 사랑을 받는 소인 악왕부樂王鮒가 유능한 인물 숙향과 미리 인연을 맺어두려고 숙향이 갇힌 곳으로 찾아가 '위에 말씀드려 돕도록 하겠습니다.'했으나 숙향은 응하지 않았다.

숙향은 벼슬을 그만두고 고향으로 내려간 기해를 생각했다. 기해는 인물을 추천할 때 원수라 하여 버리지 않았고, 집안의 인재를 추천하되 아들이라 하여 주저하지 않았으니 설마 기대부가 그냥 있겠느냐고 생각했다.

기해가 고향에 있다가 숙향이 갇혔다는 말을 듣고 서둘러 범선자를 찾았다. "숙향은 그릇된 일을 최소한으로 줄이려고 애썼으므로 국가 운영에 큰 공이 있을 뿐 만 아니라 자애 깊은 가르침을 게을리 하지 않은 사람입니다. 국가의 기초를 굳힌 사람에게는 10세손까지도 관용을 베풀어 능력 있는 자를 권장했습니다. 사소한 일로 숙향을 죽이려 하니 국가의 장래는 생각지 않겠다는 것입니까?"

범선자는 곧 잘못을 깨닫고 기해와 함께 도공을 찾아 뵙고 숙향을 석방하도록 했다. 기해는 풀려난 숙향을 찾아보지도 않은 채 고향으로 내려갔고, 숙향도 기해를 찾아 풀려난 데 대한 인사를 하지 않고 다시 관직에 나아갔다.

어려운 일을 맡을수록
능력은 빛이 난다

盤根錯節 반근착절

서린 뿌리와 엉클어진 마디라는 뜻으로,
복잡다단한 일을 처리해야 능력을 인정할 수 있음을 일컫는다.

[후한서 우허 전 後漢書 虞詡 傳]

중국 후한의 안제安帝 때, 조가현朝歌縣에는 영계寧季를 우두머리로 하는 도둑의 무리 수천 명이 발호하여 현령을 죽이고 살인 약탈 방화를 자행하고 있었다. 조정에서는 이들의 소탕을 위해 부심했으나, 방대한 세력으로 신출귀몰하는 이들 무리를 제압하기는 어려웠다.

이렇게 되자 많은 인사들이 이곳의 현령으로 임명되는 것을 기피했다. 서북 지방에서는 이민족 강羌이 자주 침입하여 병주幷州와 양주涼州가 함락될 위기에 처해 있었다. 당시는 태후의 오라비 등즐鄧騭이 대장군으로 있으면서 국정을 장악하고 있었다.

이에 긴급 중신 회의가 열려 방위문제가 논의될 때, 대장군 등즐이 내세운 주장이 낭중郎中 우허虞詡의 강력한 반대로 좌절되었다. 등즐은 중신들 앞에서 자신이 모욕을 당했다 여겼고, 우허에게 감정을 품게 되어 그를 제거하고자 했다. 등즐은 우허를 조가현의 현령으로 임명했다. 그런 다음 조가현의 치안책임을 물으려는 속셈이었던 것이다. 우허가 조가현 현령으로 임명되었다는 소식이 전해지자 친척, 친지들이 우허의 장래를 걱정하여 위로했다. 그러나 우허는 태연히 사람들을 맞이하며

"어려운 일이라도 피하지 않는 것이 신하의 직분이다. 서린 뿌리나 뒤엉킨 마디盤根錯節가 아니고는 명검名劍의 진가를 가려낼 수 없다. 이 조가현이야 말로 내가 실력을 발휘하여 공을 세울 수 있는 곳이다. 그대들은 걱정을 하지 말게."

우허는 조가현에 부임하자, 세 가지 조건을 내세워 비밀리에 사람을 모집했다. 고을의 관리가 신임할 수 있는 건장한 사람, 폭력이나 절도 혐의가 있는 사람, 건달패 등 1백여 명이었다. 우허는 모집한 사람들에게 술을 내어 즐기게 하고, 과거의 범죄에 대해서는 불문에 부친다고 안심시켰다. 그리고 이들을 도둑의 무리에 침투시켜 행동을 같이하게 하되, 약탈 나가는 지역을 사전에 관청에 제보하도록 했다.

또 삯바느질 하는 여인들을 비밀리에 도둑의 소굴로 들여보내 옷을 지어주도록 하되 옷깃 한구석에 색실로 표시해 두게 했다. 이렇게 하여 도둑의 무리는 약탈하러 나간 곳에서 잠복해 있던 포리捕吏에게 체포되었고, 시장에서는 옷의 색실 표지로 적발이 되었다.

우허의 도둑 소탕방법은 큰 성과를 거두어 후허가 부임한 지 6개월 만에 도둑의 소굴이었던 조가현은 치안을 되찾게 되었다.

조직에 유용한
사람이 되어라

伴食宰相 반식재상

밥이나 같이 먹는 재상이란 뜻으로,
자리만 차지하고 하는 일 없이 녹이나 받아먹는
무능한 장관을 일컫는다.

[신당서新唐書 권 126]

　　노회신盧懷愼은 당나라 활주滑州 출신이다. 어려서부터 범상치 않아 아버지 친구 감찰어사監察御史 한사언韓思彦이 보고 '이 아이의 그릇은 헤아릴 수 없다.'하였다. 진사進士에 입격하여 감찰어사, 이부원외랑吏部員外郎을 거쳐 우어사대중승右御史臺中丞을 지냈고, 황문시랑黃門侍郎이 되었을 때에는 어양백漁陽伯에 봉해졌다. 시중侍中 위지고魏知古와 동도東都의 고시考試를 나누어 관장하였고, 곧 돌아와 동자미황문평장사同紫微黃門平章事에 올랐다.

　　715년(현종 3), 노회신은 황문감黃門監이 되었다. 설왕薛王의 장인 왕선동王仙童이 백성에게 폭력을 휘두른 사건이 말썽을 빚자 헌사憲司에서 그 죄상을 조사하여 올렸다. 현종은 황문감과 자미령紫微令이 다시 심리하라는 명을 내렸다. 노회신은 자미령 요숭姚崇과 같이 한 점 의혹 없이 철저히 밝히고 '만약 어사御史가 의심을 하게 되면 사람들이 어찌 믿겠는가?'며 사건을 종결지었다.

노회신은 요숭과 같이 일을 하면서 그 처리능력이 자신보다 낫다고 인정하고, 모든 일을 요숭에게 미루며 전결專決을 피했다. 이에 세상 사람들은 노회신을 '식사 때 밥이나 같이 먹는 재상'이란 뜻으로 반식재상伴食宰相이라 꼬집어 비아냥댔다.

대체로 별명이란 사실에 벗어나게 꼬집는 것이 일상이다. 노회신은 본래 청렴, 검소하고 재물에 뜻이 없는 사람이었다. 기구와 복식에 금과 옥의 꾸밈이 없었고, 들어오는 녹봉도 그때마다 어려운 친척이나 이웃에 나누어주므로 집안에 비축이 없어 처자는 늘 가난에 허덕였다.

노회신은 이부상서吏部尚書를 겸하고 있다가 병으로 사임을 청했고, 사망하자 형주대도독荊州大都督이 증직贈織되었으며 문성文成이란 시호諡號가 내려졌다. 노회신이 죽음을 앞두고 마지막 충정을 펴는 글인 유표遺表를 올렸다.

'신은 능력과 아는 것이 없음에도 분수에 벗어나게 영화를 입어 여러 해 동안 주요직책에 있었습니다. 나라에 보답하려는 마음은 가졌으나 이루지 못했고, 능력 있는 이에게 자리를 물려주려고 했으나 뜻대로 되지 않아 밤낮으로 두려울 뿐이었습니다. 마지막으로 자그마한 뜻이지만 살펴주시기 비옵니다. 송경宋璟은 천성이 공정 정직하고 마음가짐이 굳어 실로 나라의 기둥이 될 만 한 사람입니다. 이걸李傑

은 노력이 대단하고 곧고 깨끗하며 국가의 일을 두루 알고 있어 일을 맡길 만 한 사람입니다. 이조은李朝隱은 의지가 굳고 능력과 아는 것이 풍부하여 실은 자기 직분을 다할 사람입니다. 노종원盧從愿은 맑고 곧고 삼가서 앞뒤 변함이 없는 사람입니다. 유용한 인물을 많이 구하기란 어렵습니다. 이들 모두는 중요한 인물이니 경력에 따라 임용한다면 실책은 없을 것입니다. 어리석은 소견에 유의해 주소서.'

현종이 동도에 왔을 때, 박사 장성張星이

"노회신은 청렴하고 충직한 사람입니다. 많은 세월 관직에 있었으나 끝까지 변함이 없었습니다. 이러한 사람에게 충분한 구호의 손길이 미치지 않으면 선행善行을 권장하는 도리가 아닙니다."

하니 현종은 곡물과 일용품을 후히 내리라 명했다.

이듬해 현종이 성남城南에서 사냥을 할 때, 노회신의 농막農幕을 지나다가 그 집 사람들이 대상大祥을 초라하게 치르는 것을 보았다. 현종은 비단 1백 필을 내리고 중서시랑中書侍郎 소정蘇頲을 보내 비문은 짓게 하고, 현종이 직접 글씨를 써서 비를 세우게 했다. 또 노회신의 아들 노환盧奐을 발탁하여 관리로 임용했는데 역시 청백리淸白吏라는 이름을 들었고, 자사刺史, 태수太守를 거쳐 상서우승尙書右丞에 이르렀다.

지위에 따라서
업무한계를 달리하라

問牛喘 문우천

재상이 소가 헐떡거리는 이유를 물었다는 뜻으로,
지위에 따른 업무한계를 가려서 감독하거나 집행함을 일컫는다.

[한서 병길 전 漢書 丙吉 傳]

병길丙吉은 한나라 선제 때의 승상이다. 법률을 전공하여 옥사獄史
가 되었다가 정위우감廷尉右監이 되었다. 무제 말년에 무고巫蠱사건이
일어나자 병길이 정위감廷尉監으로 발탁되어 이 사건을 처리하게 되
었다. 무고란 무당의 무리가 방자를 위해 궁인을 속여 나무인형을 궁
중에 묻고 제사를 지내게 한 사건이다.

이때 선제는 태어난 지 두어 달에 황증손皇曾孫으로서 위태자衛太
子사건에 연좌되어 군저옥郡邸獄에 갇혀 있었다. 병길이 보고 안타깝
게 여겼고, 또 태자가 사건에 실제 개입하지 않았다는 심증을 굳히게
되자 황증손의 억울함이 더욱 가슴에 쓰렸다.

황증손은 자주 앓아 위험한 지경에 이르렀다. 병길은 유모에게 철

저한 보호를 타이르는 한편 의약에 정성을 모아 치료했다. 재물을 내어 옷과 음식을 제공하는 데에도 마음을 기울였다.

무제의 병은 차도가 없었고, 판단력도 흐려졌다. '장안옥長安獄에서 천자의 기운이 비친다.'는 방사方士의 말에, 무제는 '옥에 갇힌 자는 죄의 경중을 가리지 말고 모두 처단하라.'고 명했다.

황제의 사자가 밤에 군저옥에 이르렀다. 병길은 문을 굳게 닫고 맞아들이지 않고 새벽까지 버텼다.

"이곳에는 황증손이 계시다. 일반인도 죄 없이 죽어서는 안 되는데 더구나 황증손이란 말이다!"

사자는 어쩔 수 없이 되돌아가 사실대로 아뢰고, 병길이 황제의 명에 따르지 않았다고 탄핵했다. 무제는 크게 깨닫고 '이는 하늘의 뜻이다.'하고 대사령大赦令을 내렸다. 목숨을 건 병길의 범할 수 없는 용기에 군저옥의 황증손은 물론이요, 전국의 죄수들까지 목숨을 유지하게 되었던 것이다.

그 뒤 무제가 죽고 소제昭帝가 즉위했으나 얼마 안 되어 후사 없이 죽었고, 이어서 창읍왕昌邑王 하賀가 위에 올랐으나 곧 폐출되었다. 이에 병길이 무제의 황증손 순詢을 추대하여 제위에 오르게 하니 곧 선제인 것이다.

병길은 공을 내세우는 사람이 아니었다. 선제는 어릴 적에 병길의 보호로 목숨을 유지한 사실을 모르고 있었다. 늦게야 다른 사건으로 인해 이 사실을 알게 된 선제는 병길을 승상으로 임명하고 박양후博陽侯에 봉하고 식읍食邑으로 1천 3백호를 봉했다.

어느 날, 병길은 외출을 하다가 천자의 경호원들이 거리에서 집단 난투극을 벌여 사상자를 낸 현장을 목격하고도 못 본 체 지나쳤다. 또 병길은 지나가다 소를 모는 사람을 만났는데, 소가 몹시 헐떡이며 牛喘 땀으로 온몸이 젖어 있었다. 병길은 걱정스런 표정으로 수레를 멈추고 소 모는 사람에게 물었다.

"소를 몇 리나 몰았느냐?"

수행비서는 병길의 행동이 이해되지 않았다. 사상자가 난 사건현장은 못 본 체하고, 엉뚱하게 소가 헐떡이는 데 관심을 기울이는 승상의 태도가 이상스러웠다. 수행비서는 병길에게 그 연유를 물었다. 병길은 입가에 웃음을 머금으며

"싸워 사상자를 낸 사건은 장안령長安令이나 경조윤京兆尹의 직임에 속하는 일이요, 그들이 처리할 문제다. 재상은 연말에 가서 그들의 직무를 평정하여 상벌을 내리면 되는 일이다. 재상은 작은 일에 개입하지 않고, 또 길에서 묻는 것도 아니다. 그런데 지금은 큰 더위가 없는 봄철이다. 한창 농사가 시작될 시기인데 소가 몹시 헐떡이며 땀에 젖는 것을 보니 기후의 이변이 아닌가 하여 소가 달린 거리를 물은 것이다. 기후에 이상이 있으면 농사의 피해를 우려하여 미리 대책을 세우려는 것이다. 재상은 음양陰陽을 조화시키고, 봄, 여름, 가을, 겨울의 사시四時에 순응시킬 책임이 있는 것이다."

사소한 일에도 방심은 금물이다

隄潰蟻穴 제궤의혈

개미구멍에 제방이 무너진다는 뜻으로,
재앙과 패망은 그 조짐이 언제나 미세한 데에서 나타난다.
작은 일이라 하여 소홀히 보지 말고 마음 기울여
미연에 방지하자는 뜻이다.

[한서漢書 권 87]

　　한나라 말기 인물 양웅揚雄은 촉군 성도蜀郡成都 출신이다. 어려서부터 배우길 좋아하였고, 안 본 책이 없었다. 꾸밈이 없고 여유가 있었으며, 말이 느리고 생각에 잠기길 좋아하였다. 욕심이 적어 부귀에 연연하지 않았고, 빈천을 역겨워하지 않았다. 성현의 글이 아니면 좋아하지 않았고, 뜻에 맞지 않으면 부자나 귀한 사람도 섬기지 않았다.

　　과거 촉땅에는 아름답고 산뜻하게 부賦를 지은 사마상여司馬相如가 있어 자랑스러웠다. 굴원屈原의 글이 사마상여보다 낫다고 보았으나 세상에 용납이 되지 않자 '이소경離騷經'을 짓고 몸을 강에 던져 죽은 것을 괴이쩍게 여겼다. 글의 내용이 슬퍼 읽을 적마다 눈물을 흘렸는데 '군자는 때를 만나면 쓰이고 그렇지 못하면 용처럼 몸을 움츠린다. 때를 만나고 만나지 못함은 운명인데 굳이 몸을 물에 던질 거야 있겠는가.'하고 '이소경'에서 문구를 따서 '반이소反離騷'를 지었다.

양웅은 40이 되어 수도 장안長安에 올라갔다. 거기장군車騎將軍 왕음王音이 문하사門下史로 삼고 대조待詔 벼슬에 추천하였다. 낭郞이 되었다가 급사황문給事黃門이 되었는데 왕망王莽·유흠劉歆·동현董賢 과 같은 지위였다. 왕망이 왕위를 찬탈하자 벼슬이 높아진 자가 많았 으나 양웅은 대부大夫 그대로였다.

양웅은 그의 글이 후세에 회자되기를 희망했다. 경經은 『주역周 易』만한 것이 없다 하여 『태현太玄』을, 전傳은 『논어論語』만한 것이 없 다 하여 『법언法言』을, 잠箴은 『우잠虞箴』만한 것이 없다 하여 『주잠州 箴』을, 사詞는 아름답기 사마상여만한 것이 없다 하여 사부四賦를 지 었는데, 유흠과 범준范逡은 우러러 보았고, 환담桓譚은 견줄 사람이 없 다 하였다.

B.C.13년(영시4) 정월, 성제成帝는 감천甘泉의 태치단泰畤壇과 분 음汾陰의 후토사后土祠에 제를 올려 후사後嗣를 구하려 하였다. 양웅은 감천에 따라 갔다가 돌아와 '감천부甘泉賦'를 지어 올려 풍간諷諫하였 다. 풍간이란 넌지시 간하는 것을 일컫고 부賦란 본래 풍간의 뜻이 있 다. 임금은 총애하는 조소의趙昭儀를 데리고 갔다. 몸과 마음을 깨끗이 해야 할 일에 흠이 된다고 꼬집은 것이다.

그해 3월, 임금은 후토사에 가는데 여러 신하를 거느리고 대하大 河를 건너 분음으로 갔다. 제를 마치고 개산介山을 거쳐 안읍安邑을 돌 아 용문산龍門山과 염지鹽池를 보고, 역산歷山의 관觀에 올랐다. 화산華 山에 올라 멀리 팔방을 바라보고 아득히 은나라·주나라의 유적을 보왔고, 요임금·순임금의 교화를 생각했다. 양웅은 옛 임금의 선정善政을 부러워 말고 그와 같이 할 것을 꾀하라고 '냇물의 고기를 욕심내는 것보다는 돌아가 그물을 뜨는 것만 못하다臨川羨魚 不如歸而結網'는 뜻으로 '하동부河東賦'를 지어 올려 권고하였다.

이듬해 가을, 임금은 사냥하러 남산南山에 갔다. 서쪽은 포사褒斜에서 동쪽의 홍농弘農까지, 남쪽은 한중漢中까지 그물을 치고 호랑이 곰 등을 잡아 장양궁長楊宮의 석웅관射熊館에 풀어놓고 호인胡人에게 손으로 때려잡도록 하고 임금은 구경하였다. 이때 백성들이 사냥에 동원돼 곡식을 수확하지 못했다. 양웅은 돌아와 '장양부長楊賦'를 지어 풍간하였다.

양웅은 살림이 구차하고 술을 즐겼으나 찾아오는 사람은 드물었다. 이때 술과 안주를 싣고 와 글을 배우는 자가 있었고, 거록鉅鹿의 후파侯芭가 따르며 『태현』과 『법언』을 배웠다. 양웅이 나이 71에 사망하니 후파가 장사를 치렀다. 소식을 들은 환담이 '지위와 용모가 감동을 주지 못해 세상에서 그 글을 가벼이 여겼다. 글은 뜻이 깊고 논의는 올곧았다. 임금을 잘 만나고 슬기로운 이가 본다면 제자諸子 보다 낫다고 할 것이다.'하였다.

경經을 지었다는 비방이 있었으나 양웅이 사망한지 40여 년에 그 『법언』이 크게 유행했다. 『주잠』의 한 토막을 소개하면 그 '유주목잠幽州牧箴'에 '…국가가 강성하다 해서 영원을 꾀하지 않을 수 없고, 오랑캐가 쇠퇴했다 해서 그 침략을 잊어서는 안 된다. 개미구멍에 제방이 무너지고, 바늘구멍에 그릇이 샌다隄潰蟻穴 器漏鍼芒…'하였다.

남을 꾸짖기 전,
내가 떳떳해야한다

責人明恕己昏 책인명서기혼

남은 나무라며 제 생각은 못한다는 뜻으로,
남의 잘못은 철저히 밝히려하면서 제가 지켜야할
예의염치는 모른다는 일컬음이다.

[사전삼편史傳三編 권 32]

송나라 때 인물 범순인范純仁은 참지정사參知政事 범중엄范仲淹의
아들이다. 어머니가 하늘에서 떨어지는 달을 치마로 받는 꿈을 꾸고
낳았는데 민첩하고 슬기로웠으며 여덟 살에 능히 배운 것을 강론하였
다. 진사시進士試에 입격하여 지무진현知武進縣이 되었는데 어버이와
멀리 떨어진다며 나가지 않았고, 가까운 장갈현長葛縣으로 옮겨졌으
나 역시 부임하지 않았다. 아버지가 '멀지 않은 곳 아니냐?' 하니 '녹
봉을 중히 여기는 것 같아 떠날 수 없습니다.' 하였다.

범순인은 호원胡瑗·손복孫復 등 명사들과 교유를 가지며 학업에
열중하였다. 밤 깊도록 밝힌 촛불의 끄름으로 드리운 휘장이 검은 빛
으로 변하였다. 뒤에 벼슬에 나가게 되자 그 부인이 거두어 간직했다

가 자손에게 보이며 공부에 열중하라 권하며

"끄름에 절은 휘장이다. 너희 아버지가 학문에 얼마나 근면하셨는지를 알수 있다."

범순인은 아버지 범중엄이 작고하자 비로소 벼슬에 나아가 저작좌랑著作佐郎으로서 지양성현知襄城縣을 겸하였다. 형 범순우范純祐가 병이 있자 범순인은 아버지처럼 받들며 몸소 약과 음식을 마련하였다. 가창조賈昌朝가 막부幕府에 참여하기를 청했으나 형의 일로 사양하였고, 송상宋庠이 시관試館에 추천했으나 역시 형의 병을 들어 나가지 않았다. 부필富弼이 대각臺閣(시관)은 아무나 가는 곳이 아니라고 했으나 부와 귀는 운명이라며 부임하지 않았다.

형이 죽어 낙양洛陽에 장사지내게 되자 한기韓琦와 부필이 낙양시장에게 도와주도록 했으나 내 힘으로 치를 수 있고, 관가에 걱정을 끼칠 수 없다며 거절하였다.

양성현에 목장이 있으나 고을에 속해 있지 않았다. 임금 경호원의 말이 민가 곡식을 짓밟으니, 범순인은 경호원을 잡아다 장杖을 쳤다. 경호책임자가 일개 수령이 감히 이럴 수 있느냐며 위에 아뢰어 강력히 다스리려했다. 범순인이

"병사의 경비는 토지에서 나옵니다. 토지를 짓밟는데도 죄를 묻지 않으면 식량이 어디서 나옵니까?"

임금이 옳게 여겨 석방하라하고 목장도 고을에 소속되도록 하였다. 신종 때 범순인은 동지간원同知諫院이 되었다. 글을 올려 '왕안석王安石이 조종祖宗의 법도를 변경하여 재물을 거둬 민심이 편치 않습니다. 백성들이 말은 않고 있지만 분노하고 있습니다. 유기劉琦와 전

의錢顗가 왕안석의 한마디 말에 내쫓기니 조정 신하 거의가 그에게 빌붙고 있습니다. 쫓겨난 자를 불러들이고 왕안석을 퇴출시켜 백성들의 소망에 답하소서.'

신종이 받아들이지 아니하자 간직諫職을 내어놓고 성도로전운사成都路轉運使가 되었다. 새 법이 불편하니 서둘러 시행하는 일을 자제하도록 고을에 지시하자 왕안석이 화를 내어 정부시책을 가로 막는다 하여 범순인을 지화주知和州로 좌천시켰다. 철종이 즉위하자 불러들여 천장각대제天章閣待制에 시강侍講을 겸하게 하고 급사중給事中에 임명하였다.

장돈章惇이 상相이 되자 범순인은 지방으로 나가기를 청하여 지진주知陳州가 되었고, 여대방呂大防이 멀리 유배되자 분연히 일어서

'일이 이 지경에 이르렀으나 한 사람도 말하는 자가 없다. 임금의 마음을 돌릴 수만 있다면 죽은들 어찌 한하겠는가?'

범순인은 여대방을 석방하도록 상소하였다. 장돈은 범순인의 죄가 여대방과 같다며 무안군절도부사武安軍節度副使로 강등시켜 영주永州에 안치하였다. 이때 범순인은 병으로 앞을 보지 못하였는데 명을 받자 곧 길을 떠났다. 영주에 있은 지 3년에, 휘종徽宗이 즉위하자 곧 사람을 보내

"지난날 그대의 언사가 충직하였음을 알고 있소. 상 자리를 비워두고 기다리겠소." 범순인은 돌아와 병을 들어 사양하였다.

범순인은 너그럽고 검소하였다. 옳은 일에 굽히는 일이 없었고, 뜻을 같이한 사람에게도 충고를 잊지 않았다. 인재를 추천하고 이끌어줌에 반드시 공의公議에 따랐고, 밀어준 사람이 누구인지를 본인은

모르고 있었다. 자제에게 늘 훈계하기를

"사람은 비록 어리석으나 남을 꾸짖는 데는 밝고, 비록 총명하다 하나 저를 생각하는 데는 어둡다人雖至愚, 責人則明. 雖有聰明, 恕己則昏. 남을 꾸짖는 마음으로 자신을 꾸짖고, 저를 생각하는 마음으로 남을 생각하면 성현의 지위에 이르지 않는다고 걱정할 것이 없다."

지위에 맞는
의무와 책임을 다하라

三旨相公 삼지상공

하나의 건의도 없고 오직 영합과 순종만을 한다는 뜻으로,
무능한 재상을 비아냥하여 일컫는 말이다.
지당대신이라고도 한다.

[송사 왕규 전 宋史 王珪 傳]

1582년(선조 15) 1월 1일자 『수정실록修正實錄』의 내용이다. 이이
李珥가 이조판서에 임명되어, 두 번이나 사퇴하였으나 윤허되지 않았
다. 세 번째 사퇴를 하면서 다음과 같이 아뢰었다.

"조종조에서 인사담당 장관을 중시하여 당대 최선의 인선人選을
하였습니다. 혹 재상이 맡거나 중신重臣이 겸하기도 하였으니 어찌 오
늘날처럼 차례에 따라 자리를 메우기만 하였겠습니까? 지난날 이 직
책에 있는 자는 국정과 세도世道(세상을 바르게 다스림)를 자기의 소임으로
여기고 인물을 명확히 검증하고 극히 공정하게 선정하였습니다. 그런
데 지금은 요직의 인선을 낭관郎官에게 맡겨두고, 미관말직만을 집행
하면서 앞뒤를 돌아보고 청탁의 높낮이에 따라 그 무게의 중심을 두

므로 위아래가 바뀌어 기강이 설 수 없습니다.

　옛날에는 당해 관원이 각자 자기 직책에 따라 일을 시정하고 임금의 실책을 바로잡았으므로 위에서 특전을 내리는 명이 있다 하더라도 공론에 부합하지 않으면 환수還收를 강력히 주장하여 그 뜻에 순종하는 것만이 임금을 존경하는 것으로 여기지 않았습니다. 그런데 오늘날 인사부서에서 문서만 받들어 시행하면 된다고 여기거나 벼슬을 주라는 명이 있으면 시비를 떠나 임금의 명만을 따르고 있으니 이것이 이른바 삼지재상三旨宰相이란 것입니다.

　이조吏曹에는 본래 고공사考功司(사정담당국)를 두고 있어 그 임무를 맡은 사람은 온갖 관원을 감찰하여 직무를 수행하지 못하는 자가 있으면 그때 그때 솎아내므로 백관들이 그 임무를 태만히 하지 못했습니다. 그런데 지금 이조에는 임명하는 일만 맡고 있을 뿐 감찰이 무엇을 하는 것인지를 모르고 있으니 모든 관사가 해이해지고 온갖 일이 잘못되고 있습니다. 이러한 고질적인 폐단을 신의 재능으로 어찌 바로잡을 수 있겠습니까. 그렇다고 여러 사람이 해온 대로 따라서 한다면 위로는 나라의 은혜를 저버리고 아래로 배운 바에 어긋나는 일이 될 것입니다. 아무리 생각해도 공직하기 어려워 사퇴를 청하는 것입니다"

　사임을 청하는 율곡栗谷 이이 선생의 말에 나오는 삼지재상은 중국 북송北宋 왕규王珪의 처신에서 비롯된 말이다.

　왕규는 어려서부터 문재文才가 뛰어나 글을 지었다하면 사람들을 놀라게 하였다. 사촌형 왕기王琪가 그 글을 보고 "천리마란 태어나면서 천리를 달릴 뜻을 가진다."하였다. 진사시進士試에 입격하여 양주통판揚州通判이 되었고 한림학사翰林學士가 되어 시독학사侍讀學士를 겸하였다.

인종仁宗(1023~1063)이 황자皇子를 세우게 되자 재상이 왕규를 불러 조서詔書(포고문)를 짓게 하였다. 이에 왕규는 '이는 큰일이다. 직접 성지聖旨(왕의 지시)를 받들지 않으면 안 된다.'하고 들어가 고하였다.

"이는 온 나라가 소망하는 바입니다. 과연 성의聖意(왕의 의사)에서 나온 일입니까?" 왕규의 아룀에 임금이 "짐의 결단이다." 하자 왕규는 비로소 물러나 조서를 초하였다. 구양수歐陽脩가 이 말을 듣고 "참 학사이다"하였다.

신종때 왕규는 학사승지學士承旨로 옮기며 18년 동안 안팎에 선포하는 조서와 제서制書:제도에 관한 명령를 맡아 제술하였고, 참지정사參知政事가 되어 평장사平章事에 승진하였고, 태학사太學士에 올라 예부시랑禮部侍郎을 거쳐 좌복야左僕射에 임명되며 문하시랑門下侍郎을 겸하였다.

왕규는 이와 같이 집정執政에서 재상에 이르기까지 16년을 고위직에 있었으나 정치는 그 학문처럼 특장이 아니었던지, 아니면 무능해서였던지 하나의 건의도 없이 영합과 순종만을 일삼아 당시 사람들로부터 삼지상공三旨相公이란 지목을 받았던 것이다.

'삼지三旨'란 전殿에 올라 문서를 올리고는 성지聖旨를 구해왔다 하고, 임금이 좋다 좋지 않다 한 것을 성지를 받아왔다 하고, 품의한 일을 성지를 얻어냈다고 하는 등 이 세 가지 성지를 일상처럼 말하였으므로 왕규에게 붙여진 이름이다.

일벌백계하라
烹阿 팽아
아 땅의 수령을 삶아 죽였다는 뜻으로, 직무를 저버리고 뇌물로 윗사람의 환심을 사려는 자를 처단하여 나라의 기풍을 바로 세움을 일컫는다.

법 앞에는 인정이 있을 수 없다
大義滅親 대의멸친
국가 대의를 위해서는 친족도 죄를 물어 처단함을 일컫는다.

백성을 아끼는 관원이 되어라
攀轅臥轍 반원와철
수레를 부여잡거나 앞에 눕는다는 뜻으로, 선정을 펴 혜택이 젖어들자 백성들이 임기 만료되어 떠나는 관료를 몹시 아쉽게 여김을 일컫는다.

맡은바 소임을 다하라
尸位素餐 시위소찬
한갓 자리만 지킨다는 뜻으로, 직책은 다하지 않고 자리만 차지하고 월급을 받는 사람을 일컫는다.

내가 시작한 일은 내가 끝을 낸다
結者解之 결자해지
매듭은 지은 자가 풀어야 한다는 뜻으로, 처음 일에 관여했던 사람이 끝까지 그 일을 해결해야 한다는 일컬음이다.

난관에 침착하게 대응하라

쥐는 천성이 의심이 많다.

구멍에서 머리를 내밀고 나갈까말까를 살피다가

안전하다는 판단이 서면 비로소 행동한다.

이는 아마도 날짐승과 길짐승이 위아래에서

목숨을 노리고 있는 데에서 살아남기 위한 방편으로

이러한 습성이 생긴 것이 아닌가 하는

생각을 해보았다.

문제를 해결할 때에는
힘을 쓰기보다 머리를 굴려라

二桃殺三士 이도살삼사

복숭아 두 개로 세 장수를 제거한다는 뜻으로,
힘보다는 머리를 굴려 화근을 제거함을 일컫는다.

[안자 간 하 晏子 諫 下]

공손접公孫接·전개강田開疆·고야자古冶子는 제나라 경공景公 때의
용력이 뛰어난 장사들이다.

공손접은 사냥을 나간 경공에게 달려드는 세 살 난 숫호랑이와
새끼 달린 암호랑이를 맨주먹으로 때려잡아 경공을 간발의 위기에서
구출한 공이 있었다. 전개강은 서徐나라를 응징하여 군소 제후들이 제
나라에 귀부歸附하게 한 공을 세웠다. 고야자는 경공이 황하黃河를 건
널 때, 배에 싣고 가던 경공의 애마愛馬를 거대한 자라가 물고 사라지
는 것을 보고 물에 뛰어들어 9리를 찾아 헤매며 자라를 죽이고 말을
구출한 공이 있었다.

이들 세 사람은 의형제를 맺고 공과 용력을 내세워 재상들을 안

중에 두지 않았고, 오만하고 방자한 행동으로 사람들의 눈살을 찌푸리게 했다.

당시의 상국相國 안영晏嬰은 이들의 행패를 크게 우려했으나 경공의 사랑을 받고 있는 터라 경솔히 손대기 어려웠다. 상국 안영이 지나갈 때에도 이들 세 사람은 자리에 앉은 채 일어서지 않았다.

안영은 이들의 무례와 횡포를 더는 그냥 두어서는 안 된다고 생각했다. 안영은 경공을 뵙고

"옛날 밝은 임금은 용사를 기름에 있어 위로는 임금과 신하의 의리가, 아래로는 위아래의 질서가 있도록 했으며, 나라 안에서는 횡포를 금하고 나라 밖에서는 적을 위압할 수 있게 했습니다. 그러므로 위에서는 그 공로를 고맙게 여기고 아래에서는 그 용맹에 승복하게 되어 지위를 높이고 대우를 후하게 했던 것입니다. 그런데 지금의 군주는 용사를 기름에 있어 위로는 임금과 신하의 의리가 없고 아래로는 위아래의 질서가 없으며 안으로는 폭력을 금하지 못하고 밖으로는 적에게 위압을 가하지 못하고 있습니다. 이는 국가를 위험에 빠뜨리는 원인이 됩니다. 이들을 제거해야 하겠습니다."

"이 자들을 치려해도 어렵고, 찌르려 해도 맞지 않을까 걱정이오."

안영이 계책을 냈다.

"이들은 힘으로 강적을 공격하는 자들이므로 어른 아이의 예가 없습니다."

하고 후원後苑의 농익은 천도복숭아가 두 개뿐이라며 그들에게 내려 공을 따져서 먹게 하자고 제의했다. 경공으로부터 복숭아를 받아든 공손접은 언짢은 표정으로

"안자晏子(안영)는 지혜 있는 사람이다. 우리에게 공로를 따져서 먹게 했으니 복숭아를 차지하지 못하는 자는 용기가 없는 사람이다. 사람 셋에 복숭아는 둘이니 공로를 따지지 않을 수 없다. 나는 맨손으로 사나운 호랑이 두 마리를 때려잡아 임금을 위험에서 구했다. 다른 사람은 나의 공로를 따를 수 없다."

하고 복숭아 하나를 들고 일어섰다. 전개강 역시

"나는 군대를 이끌고 적의 대군을 두 번씩이나 무찔러 제나라를 최강국으로 끌어올렸다. 나의 공로는 다른 사람에게 뒤지지 않는다. 복숭아는 내가 먹어야 한다."

나머지 하나를 들고 일어섰다. 이에 고야자가 얼굴에 핏발을 세우며 "나는 임금을 모시고 황하를 건너가다 자라가 말을 물고 물속으로 달아나는 것을 뛰어들어 자라의 목을 베어들고 말을 끌고 나왔다. 나의 공로도 능히 복숭아를 먹을 수 있는 공이 있다. 두 사람은 복숭아를 내놓아라."

하며 칼을 빼들었다. 공손접과 전개강이

"나의 용맹은 자네만 못하고, 공로도 자네에게 미치지 못한다. 복숭아를 양보하지 않으면 탐하는 행위가 된다. 그러나 복숭아를 차지하지 못하면 용기 없는 자가 된다. 차라리 죽는 게 낫다."

둘은 복숭아를 내려놓고 스스로 목을 찔러 죽고 말았다. 고야자는 두 사람이 죽자

"의형제 가운데 혼자 남는 것은 의롭지 못하다. 남들이 불의라고 손가락질 할 것이니 수치스런 일이다."

하고 역시 목을 찔러 죽었다.

이렇게 하여 안영은 공과 용력을 앞세워 갖은 무례와 불법을 저지르던 공손접·전개강·고야자를 복숭아 두 개로 처치하여 나라의 화합에 저해가 되는 요인들을 간단히 제거했던 것이다.

상대방의
저의를 간파하라

完璧 완벽

옥에 티 없이 완전하다는 뜻으로,
흠 없는 완전한 사물 또는 빌려온 물건을 온전히 돌려보냄을 일컫는다.

[사기 염파, 인상여 전 史記 廉頗, 藺相如 傳]

중국 전국시대 조趙나라 혜문왕惠文王은 천하의 보옥寶玉이라 일 컫는 화씨벽和氏璧을 손에 넣었다. 화씨벽이란 초楚나라 변화卞和란 사 람이 초산楚山에서 얻은 옥玉이다.

변화는 당시 그것을 왕에게 바쳤다. 왕은 돌을 가지고 옥이라 속 이려 한다는 죄목으로 변화의 발꿈치를 잘랐다. 변화는 형을 당했으 면서도 굽히지 않고 다음 대의 왕에게 바쳤다. 역시 속이려 든다며 남 은 발 발꿈치마저 잘랐다. 다음 왕이 즉위하자 변화는 3일 동안을 통 곡했다. 왕에게 이 사실이 알려져 그 옥을 다시 감정케 한 결과 둘이 있을 수 없는 천하의 보물임이 밝혀졌다. 이 옥을 이름 하여서 화씨벽 이라 일컫은 것이다.

천하를 거의 거머쥐다시피 한 진秦나라 소왕昭王은 화씨벽에 욕심을 냈다. 진나라 소왕은 조나라 혜문왕에게 화씨벽을 진나라 15개 성과 바꾸자고 제의했다. 소왕은 15개 성을 내어줄 의사는 전혀 없었고 강대한 힘으로 화씨벽을 뺏어보자는 속셈이었다.

조나라 혜문왕은 대장군 염파廉頗를 위시한 중신들을 모아놓고 그 대책을 물었다. 이에 유현繆賢이

"진나라의 요구를 거절하기 어렵습니다. 15개 성을 떼어주겠다는 말은 옥을 차지하기 위한 속임수일 뿐입니다. 진나라의 노여움을 사지 아니하고 실리를 거둘 수 있는 방법이 있습니다."

유현은 자신의 비서로 있는 인상여藺相如가 지모와 용기를 갖추고 있어 일을 맡길 만하다고 추천했다. 혜문왕은 곧 인상여를 불러 의견을 들었다.

"화씨벽을 내어주지 않으면 조나라에 구실이 있게 되고, 화씨벽을 내주었음에도 진나라가 조나라에 성을 떼어주지 않는다면 진나라에 구실이 있게 됩니다. 차라리 화씨벽을 내주어 구실을 진나라에 지우는 것이 좋겠습니다."

"그러면 누구를 보낼 것인가?"

"적임자가 없다면 신이 가겠습니다. 화씨벽을 내주는 경우 15개 성을 찾아올 것이고, 그렇지 못할 때에는 화씨벽을 완전무결하게 다시 가져 오겠습니다."

혜문왕은 인상여에게 화씨벽을 주어 진나라로 보냈다. 인상여는 진나라 소왕에게 화씨벽을 바쳤다. 소왕은 만족해하며 시첩侍妾·근시近侍들에게 돌려 구경시키고, 성 이야기는 입 밖에 꺼내지도 않았다.

인상여는 예상대로 소왕이 보상할 뜻이 없음을 알고 소왕에게

"화씨벽에는 본래 미세한 하자가 있습니다. 눈에 잘 띄지 않는데 신이 그곳을 지적해 드리겠습니다."

화씨벽을 되돌려 받은 인상여는 기민하게 몇 발짝 물러나 전각의 기둥을 끼고 서서 의연한 태도로

"대왕께서 화씨벽을 욕심내어 15개 성과 바꾸자고 하신 것은 실은 강대한 힘을 내세워 화씨벽을 거저 차지하려는 데 있습니다. 신이 화씨벽에 하자가 있다고 말씀드린 것은 되돌려 받기 위해서였습니다. 대왕께서 위력으로 화씨벽을 뺏으려 하신다면 신의 머리와 화씨벽은 이 기둥에 부딪쳐 조각나고 말 것입니다."

인상여는 화씨벽을 들어 기둥에 부수려 했다. 소왕은 당황하여 손을 내저으며 "가만 있거라. 성을 내어 주리라."

소왕은 근시에게 지도를 가져오라 하고 조나라에 떼어줄 15개 성을 일러주었다. 인상여는 속으로 성을 준다 하나 실은 조나라에 돌아오지 않을 것이라 여기고

"화씨벽은 천하의 보물입니다. 조나라 왕께서 신에게 내어주실 때 5일 동안 목욕재계를 하셨습니다. 대왕께서도 그와 같이 하신 뒤 화씨벽을 받으십시오."

소왕은 하는 수 없이 그렇게 하겠다고 했다. 이때 인상여는 비밀리에 수행원 한 사람에게 화씨벽을 주어 조나라로 돌아가게 했다. 소왕은 5일의 재계를 마치고 인상여를 불러들였다. 인상여는

"진나라는 목공穆公 이후 20여 대를 이어오면서 오늘에 이르기까지 국제간에 약속을 이행한 일이 거의 없습니다. 신이 대왕께 우롱

당하는 것이 두려워 수행원을 시켜서 화씨벽을 본국으로 보냈습니다. 대왕을 기만한 죄, 죽어 마땅 하니 벌을 내려주십시오."

근시가 달려들어 인상여를 끌어내 죽이려 하자 소왕이 이를 말리며

"지금 인상여를 죽인다고 화씨벽이 돌아오는 것은 아니다. 풀어주어 돌려보내도록 하라."

인상여는 화씨벽을 흠 없이 완벽하게 되돌려옴으로 해서 일약 상대부上大夫가 되었고, 다시 민지澠池서의 양국 군주의 모임에서 진나라가 조나라에 위압을 가하지 못하게 한 공으로 상경上卿에까지 올랐다.

어려움 딛고
일어설 생각을 하라

鼓盆之嘆 고분지탄 / 涸轍之鮒 학철지부

고분지탄은 아내의 죽음을 일컫는다.
학철지부는 바퀴 자국에 괸 물의 붕어란 뜻으로, 매우 급박한
위험에 처했다거나 몹시 고단하고 옹색한 처지를 가리켜 일컫는다.
같은 뜻으로 철부지급轍鮒之急, 줄여 학부涸鮒, 철부轍鮒라고 한다.

[장자莊子 권 6, 8]

중국 전국시대 인물 장자莊子는 이름을 주周라 하였다. 고향 몽현 蒙縣 칠원漆園의 관리였는데 탐구해 보지 않은 학문이 없었다. 자연 그 대로 살아가는 자연철학을 제창하여 노자老子의 무위자연無爲自然의 사상을 발전시키고 안심입명安心立命을 주장하였다.

초 위왕楚威王이 장자가 현명한 선비란 말을 듣고 사자에게 후한 예물을 들려 보내 맞이해 경상卿相으로 삼겠다고 하였다. 장자가 웃으 며 말했다.

"천금은 큰돈이요, 경상은 높은 벼슬입니다. 그런데 하늘과 땅에 지내는 교제郊祭에 희생으로 바치는 소를 보셨겠지요? 몇 해 곡식을 먹여 편히 잘 기른 뒤에 비단으로 된 덕석을 입혀 태묘太廟로 들여보

내 제물로 도살합니다. 이때 소는 죽음 앞에서 그간 잘 먹고 편히 지냈던 지난날이 후회되어 비록 작은 돼지라도 되었더라면 이런 일은 당하지 않았을 것이라 한탄합니다. 그러나 죽음에서 벗어날 수 있는 일이 아닙니다. 나는 작은 개울에서 노닐며 삶을 즐기려고 하지, 나라 지닌 자에게 얽매여 끌려 다니고 싶지 않습니다. 사자는 속히 돌아가 내게 누가 되지 않도록 하십시오. 나는 한평생 벼슬하지 않고 뜻한 바를 펴려합니다."

장자의 부인이 죽자 혜자惠子가 조문을 위해 찾아갔다. 장자는 다리를 뻗고 앉아 동이를 두드리며鼓盆 노래를 하고 있었다. 혜자가 어찌 이럴 수 있느냐며 나무랐다.

"부인과 오래 살았고, 선생은 늙었소이다. 부인의 사망에 곡을 하지 않음은 혹 그럴 수 있는 일이라 치더라도 동이를 두드리며 노래를 하는 것은 심한 일이 아니겠습니까?"

"그렇지 않습니다. 처음 죽었을 때에는 내 어찌 눈물이 없었겠소만 시초를 살펴보면 삶이란 본래 없는 것입니다. 삶이 없었을 뿐만 아니라 형체도 없었고, 형체가 없었을 뿐만 아니라 기氣도 없었습니다. 자연의 순리에 따라 변화해서 기가 생겼고, 기가 변해서 형체가 생겼으며 형체가 변해서 삶이 있게 된 것이요, 지금 또 변해서 죽음에 이르게 된 것입니다. 이는 봄·여름·가을·겨울이 갈마들며 네 계절이 흐르는 것과 같습니다. 사람도 편히 하늘과 땅 사이에서 잠을 자는 것인데 내가 슬피 곡을 하는 것은 자연의 섭리에 통하지 않는다는 생각이 들어 곡을 그만 둔 것입니다."

장자가 부인의 죽음에 동이를 두드리며 노래했다 해서 아내의 죽음을 '고분지탄鼓盆之嘆'이라 한다.

　장자가 벼슬을 거부하고 자연 그대로 살아가기를 주장하였으니 생활에 자연 여유가 있을 리 없다. 가난한 생활을 하면서도 마음만은 여유가 있었으나 막상 양식이 떨어져 굶게 되는 절박한 상황에 처하자 장자는 하는 수 없이 감하후監河侯를 찾아가 돈을 꾸어달라고 하였다. 감하후는 이에 선뜻 응하며 "그립시다. 식읍食邑에서 곧 조세가 들어올 것이니 그때 가서 3백 금쯤 꾸어 주리다."

　당장 굶어죽게 되었는데 '조세가 들어오면'이란 감하후의 말에 장자는 얼굴을 붉히며 말했다.

　"어제 길을 걸어오는데 누가 나를 불렀습니다. 돌아보니 수레바퀴 자국에 괸 물에서 펄떡이는 붕어였습니다. 내가 왜 그러느냐고 물으니 붕어가 '나는 동해의 수관水官입니다. 물이 곧 잦아들어 위험하니 두어 됫박의 물로 나를 살려줄 수 없겠습니까?' 하고 부탁하였습니다. 나는 망설임 없이 대답했습니다. '좋소. 내가 지금 오吳나라·월越나라 선비를 만나러 가는 길인데 만나보고 곧 돌아오다 서강의 물을 길어서 그대를 도와주겠소.' 하니 붕어가 벌컥 화를 내며 '나는 물을 떠나서는 살수 없습니다. 지금 나는 한 바가지의 물이면 살 수 있는데 선생의 말이 이러하니 차라리 돌아오다 나를 건어물전에서 찾는 것이 좋겠습니다.' 하였습니다."

　장자는 10여 만언에 달하는 『장자莊子』를 남겼다. 내편內篇 7, 외편外篇 15, 잡편雜篇 11로 이루어졌는데, 내편은 장자의 근본 사상을 기술한 것이고 외편과 잡편은 내편의 뜻을 부연한 것이다. 대체로 바퀴 자국의 물에서 구해달라는 붕어의 기사 내용처럼 주객을 설정하고 문답하는 형식이다. 당 현종 때에 와서 장자를 남화진인南華眞人이라 추존하였고, 『장자』를 『남화진경南華眞經』이라 명명하기도 했다.

신중하고 과단성이
있어야한다

首鼠兩端 수서양단

쥐가 머리를 내밀고 나갈까말까 망설인다는 뜻으로,
정세를 관망하며 진출을 저울질한다는 일컬음이다.

[사기 위기, 무안후 전 史記 魏其, 武安侯 傳]

한나라 경제景帝의 비 효경황후孝景皇后의 친동생 전분田蚡은 키가
작은데다 내세울 만한 외모가 아니었으므로 언제나 귀한 신분임을 앞
세우려 했다. 이때 대장군大將軍 두영竇嬰이 오吳·초楚 등 7국의 난을
평정하고 후侯에 봉해졌다. 사람들은 그 휘하에 모여들었고, 전분도
두영의 집에 드나들며 술시중을 들기까지 하였다. 그러다가 경제 말
년에 비로소 신분이 높아졌고, 무제武帝가 즉위하며 황제의 외숙으로
서 역시 후에 봉해졌다.

전분은 성심을 다해 무제를 보좌하고 몸을 낮추어 사람들을 예우
하였다. 명사로서 한가로이 지내는 자를 진출시켜 벼슬을 시키고, 하
는 일 없이 자리만 차지하고 있는 장군과 재상들을 밀어냈다. 무제가

민심을 진정시키고 어루만지는 계책은 거의 전분 측 사람들로부터 나왔다. 사람들은 권세와 이익을 좇아 두영을 버리고 전분에게로 모여들었는데 이것이 세상인심이다. 이로부터 전분은 교만해지고 거드름을 피우기 시작하였다.

두태후竇太后가 죽은 뒤 무제는 전분을 승상에 임명하였다. 전분이 정치를 주도하게 되면서 그의 말은 대부분 받아들여졌고, 인사와 권력도 점점 전분에게로 옮겨갔다. 오죽하면 무제가 이런 말을 하였다. '그대의 관리 임명은 아직도 끝나지 않았는가? 나도 이제 관리를 임명해 보세.' 라고 하였을 정도였다. 한 번은 전분이 저택의 정원을 넓히려고 기계를 제작하는 국가기관의 부지를 달라고 청하였다. '차라리 무기고를 내어놓으라고 하라.'며 무제가 화를 내기까지 하였으나 전분은 삼가는 일 없이 장안에 제일가는 저택을 짓고 정원을 화려하게 꾸몄으며 미녀와 기이한 물건들을 구해다 채웠다.

두영이 당고모인 두태후를 잃은 뒤 소외되어 쓰이지 않고 권세가 사라지자 사람들은 두 번 다시 두영을 돌아보지 않았다. 그러나 관부灌夫는 그러하지 않았다. 그래서 두영은 실의에 빠졌지만 관부와는 친하게 지냈다. 관부는 강직하고 술버릇은 좋지 않았으나 아첨을 싫어하였다. 귀척이 자기 위에 있어도 받들려 하지 않았고, 선비가 비록 자기 아래에 있다하더라도 반드시 예우하였다. 그러므로 세상에서 관부를 훌륭하게 여겼다.

오·초 등 7국이 반란을 일으켰을 때 관부는 아버지를 따라 싸움에 참여하였다. 그때 아버지가 오나라 군사에게 죽임을 당하였는데 관부는 장사 수십 인을 이끌고 오나라 군중으로 쳐들어가 장수의 깃

발 아래에까지 돌진하여 수십 인을 살상하였으나 더 이상 뚫고 들어갈 수 없어 하는 수 없이 돌아섰다. 관부는 10여 곳에 큰 창상을 입었으나 마침 만금고萬金膏라는 좋은 약이 있어 목숨을 건지게 되었다. 이 일로 관부는 이름이 널리 알려졌다.

전분이 연왕燕王의 딸을 부인으로 맞이하였다. 그 축하연에서 관부가 술주정을 하여 불경죄不敬罪로 갇히었다. 두영이 관부를 위해 구명에 나섰으나 전분은 완강히 거부하였다. 두영은 전분의 잘못이라고 비난하였고, 전분은 관부가 장사를 모으고 틈을 노린다고 하였다. 무제가 누가 옳은 지를 물으니 어사대부御史大夫 한안국韓安國이 아뢰었다.

"큰 죄가 아닙니다. 술자리에서 일어난 일을 가지고 죄를 씌워 목을 베어서는 옳지 않습니다."

전분이 어전에서 물러나와 한안국을 불러 수레에 같이 타고 가며 말하였다.

"두영은 관부와 같이 벼슬이 없는 백두白頭요. 무엇이 두려워 쥐가 구멍에서 머리를 내밀고 나갈까말까 망설이듯이 한단首鼠兩端 말이요."

왜 나를 돕지 아니하고 기회를 엿보느냐는 뜻으로 나무랐다. 한안국은 전분을 뻔히 쳐다보다가 말했다.

"승상께서는 왜 기뻐할 줄을 모르십니까? 두영이 승상을 헐뜯었으니 승상께서 벼슬을 내어놓고 '제 능력에 맞는 자리가 아닙니다. 두영의 말이 옳습니다.' 하면 위에서 승상을 훌륭하게 여기실 것이고, 두영은 부끄럽게 여겨 자살할 것입니다."

전분은 한안국의 말을 옳거니 하고 받아들였으나 결국 관부는 몰론 그 가족까지 얽어 죽였고, 두영마저도 죽였다.

　쥐는 천성이 의심이 많다. 구멍에서 머리를 내밀고 나갈까말까를 살피다가 안전하다는 판단이 서면 비로소 행동한다. 이는 아마도 날짐승과 길짐승이 위아래에서 목숨을 노리고 있는 데에서 살아남기 위한 방편으로 이러한 습성이 생긴 것이 아닌가 한다.

언제나 위험에 대비해야한다

狡兎三穴 교토삼혈

영리한 토끼는 굴 셋을 갖는다는 뜻으로,
화를 피할 방책에 허술한 구석이 없어야 한다는 일컬음이다.

[송사宋史 권 266]

송나라 때 사람 전약수錢若水는 하남河南의 신안新安 출신이다. 총명하고 민첩하였으며 10세에 능히 글을 얽었다. 진사進士에 올라 법관인 관찰추관觀察推官이 되었는데 판단이 명료하고 진실했다. 비서승秘書丞 직사관直史館에 발탁되었고, 우정언右正言 지제고知制誥로 옮겼다. 한림학사翰林學士가 되고, 이어 심관원審官院 은대銀臺를 맡았으며 봉박사封駁司에 나아갔다.

조보충趙保忠에게 내리는 글을 초했었는데 '이계천李繼遷을 멸하지 않아 영리한 토끼가 굴 셋을 팠다狡兎三穴'고 하였다. 곧 처단하지 않아 그 세력만 키웠다는 뜻인데 태종이 보고 매우 옳은 지적이라 하였다. 이계천은 도지번락사都知藩落使였다가 하주夏州에서 군대를 일으켰다. 서쪽의 많은 사람이 모이면서 세력이 강대해졌는데 태종이 불러서 항복하도록 하고, 조보길趙保吉이란 성명을 내리기까지 했으나 복종과 배반이 비일비재했다. 항복했을 때 곧 제거하지 않아 굴 셋을 판 토끼에 비유한 것이다.

전약수는 우간의대부右諫議大夫 동지추밀원사同知樞密院使가 되었고, 공부시랑工部侍郎을 겸하였다. 어머니가 늙어 여러 직책을 맡을 수 없다고 했으나 본 벼슬은 그대로 지니고 집현원학사판원사集賢院學士判院事에 임명되었고, 태종실록의 편수에 참여하였다. 이어 적을 막고 변경을 안정시킬 방책을 건의했다.

'…손무孫武가 지은 책에는 벌모伐謀를 위주로 하였고, 한고조漢高祖는 장수의 거느림에 용법用法을 우선으로 하였습니다. 벌모란 적의 계획을 장수가 헤아려서 공격하는 것이요, 용법이란 상과 벌을 정부에서 마음대로 하지 않는 일입니다. 지금 부잠傅潛이 수만 정병을 거느리고 성문을 닫고 진격하지 않아 백성이 적에게 포로가 되고 노략질 당하는 것을 보고만 있으니 위로는 위임委任한 은혜를 저버리고, 아래로는 병사의 사기를 꺾는 일입니다. 부잠이 이러함에도 조정에서 용법을 하지 않아 그러한 것입니다. 전선에서 명에 따르지 않는 자는 군법軍法에 참하도록 되어 있습니다. 지금 부잠을 참하여 조리돌리고, 양연랑楊延朗 등 6~7인에게 품계와 직책을 높이고 병권兵權을 주어 1만 명씩 거느리고 강한 쇠뇌로 길을 나누어 토벌하게 하면 누가 감히 명에 따르지 않겠습니까. 우리 장수가 명에 따르지 않고 물러서는 경우 죽음이 있다는 것을 적이 들어서 안다면 도망칠 생각만 할뿐 아니라 앞날에 감히 변경을 침범하지 못할 것입니다. 이러하다면 앉아

5장 | 난관에 침착하게 대응하라

서 변경을 안정시킬 것이요, 그런 뒤에 어가御駕가 도성으로 돌아가면 하늘의 위엄이 사방에 떨칠 것입니다. 지난 역사를 보면 주세종周世宗이 즉위하였을 때 유숭劉崇이 적과 내통하여 적장 양곤楊袞이 기병騎兵 수만을 거느리고 유숭을 따라 고평高平을 침범했는데 당시의 장군 번애능樊愛能 등이 적을 맞아 싸우지 않았습니다. 세종이 연회를 열고 번애능 등을 참하고 편장偏將 10여 인을 추려 병사를 나누어주어 태원太原에 진격하게 하니 유숭이 듣고 떨며 감히 나오지 못하다가 도망쳤습니다. 이로부터 위엄이 크게 떨치며 회전을 수복하고 봉평관鳳平關을 깨치고 남쪽을 석권하였습니다. 폐하의 뛰어난 무덕武德을 어찌 세종에게 양보하겠습니까? 이는 오늘날 적을 막는 기책奇策입니다.…'

건의문을 받아든 임금은 '전약수는 유신儒臣 가운데 병사兵事를 아는 사람이다.' 하였다.

섬서陝西의 순무사巡撫使로 갔다가 돌아온 전약수는 등주관찰사鄧州觀察使가 되었고, 병주幷州 대주代州의 경략사經畧使가 되었다. 병으로 두 다리에 뜸을 떴다가 잘못되어 많은 피를 쏟고 몹시 파리했는데 임금이 손수 글을 써 보내 위로하고 도성으로 돌아오게 하였다. 두어 달 만에 비로소 임금을 뵙고 친구들과 모여 식사를 하다가 사망하니 이때 나이 44세였다.

전약수는 풍채가 아름답고 도량과 식견이 있었으며 큰일을 잘 결단하였다. 계모를 효성으로 섬겼고, 견문이 넓고 담론을 잘하였다. 재물을 가벼이 여기고 베풀기를 즐겼으며 가는 곳마다 성심으로 사람을 대하였다. 동료나 아래 사람에게 일을 맡기되 줄거리만 살펴서 모두 알맞게 다스렸다. 후진을 이끌었고 유능한 사람을 추천하고 중히 여

겼으며 마음이 활달하였다. 오래 살지 못할 것을 알고 요직을 피하였
는데 사망하자 식자가 애석히 여겼다.

지나치게 강하면
부러지기 쉽다

門前成市 문전성시

문 앞에 저자를 이루었다는 뜻으로,
집안이 흥성하여 방문객이 많음을 일컫는다.

[한서漢書 권 77]

　정숭鄭崇은 한나라 애제哀帝 때 사람이다. 산동성 고밀高密의 명문가 출신으로 그 집안은 대대로 왕가와 혼인을 하였고 조정의 요직에 진출하였다. 정숭이 고을의 문학사文學史로 있다가 공부公府의 어속御屬이 되었을 즈음, 그 아우 정립鄭立이 고무후高武侯 부희傅喜와 동문수학했다. 이것이 인연이 되어 부희가 대사마大司馬가 되자 정숭을 추천하게 되었고, 애제는 정숭을 불러 상서복야尙書僕射로 발탁했다.

　정숭은 권력에 영합하려 하거나 여기저기 기회를 살피는 일 없이 소신껏 간하여 국정을 바로잡는 데 공헌하였고 애제도 정숭의 간언을 신임했다. 정숭은 갖신을 질질 끌며 다녔는데 애제는 그 발소리를 듣고는 빙그레 웃으며

"정상서鄭尙書가 오는가 보군."

애제는 할머니 부태후傅太后의 사촌동생 부상傅商을 후侯로 봉하려 했다. 정승은 당시 실력자 부씨 집안을 의식하면서도 용감히 그 부당함을 간했다.

"공로나 명분 없이 부상을 후로 봉하는 것은 제도를 문란케 하는 일이며 부씨네에게도 복이 되지 못합니다."

부태후는 애제에게 화를 벌컥 냈다.

"천자가 되어 한 신하에게 질질 끌려 다닌단 말인가?"

애제는 조서詔書를 내려

"짐이 할머님의 손에 길러졌고 가르치고 이끌어주시어 오늘의 성인이 되었다. 할머님의 은덕은 크고 높아 갚을 길이 없다. 그 친정 동생 부상을 후에 봉한다 해서 무슨 잘못이 있단 말인가?"

하고 부상을 여창후汝昌侯로 봉했다.

당시 젊은 애제는 외척인 부씨와 정丁씨에게 모든 국정을 맡기다시피 했고 동현董賢이란 미소년에게 미혹되어 그를 몹시 귀여워했다. 정승은 이 사실을 알게 되자 동현을 하루 속히 궁 밖으로 내보내야 한다고 직언했다. 그러나 애제는 듣지 않았고 도리어 정승은 애제의 미움을 사서 뜻하지 않은 꾸중을 자주 들었다.

상서령尙書令 조창趙昌은 권력에 아부하고 곧은 사람을 모함하는 것으로 애제의 신임을 얻은 자이다. 애제가 정승을 소원히 대하는 것을 보고 아뢰었다.

"정승이 종친들과 자주 왕래하고 있는 점으로 보아 엉뚱한 생각을 하고 있는 것은 아닌지 의심스럽습니다."

애제는 불쾌히 여겨 정숭을 불렀다.

"그대의 문 앞은 저자(사람이 많이 모이는 장소, 즉 시장이나 광장)와 같다는데君門如市…."

애제가 불순한 생각을 품은 것이 아니냐는 뜻으로 물었다.

"신의 문 앞은 비록 저자와 같다 하나 신의 마음은 물과 같사옵니다."

정숭은 물과 같이 담담한 심정임을 아뢰었다. 애제는 화를 내며 정숭을 가두었다. 사예司隸 손보孫寶가 조창을 탄핵하고 정숭을 변호하다가 역시 애제의 노여움을 사 서인庶人으로 격하되었고, 정숭은 결국 풀려나지 못한 채 옥사하고 말았다.

시의에 맞는
행동을 취하라

守株待兔 수주대토

그루터기를 지키며 토끼를 기다린다는 뜻으로,
구습에 젖어 시대 변화에 대응하지 못하는 사람을 일컫는다.

[한비자 오두 韓非子 五蠹]

한비韓非는 중국 전국시대 한나라의 공자公子이다. 법학을 좋아하였고, 법치주의를 도입하려 했다. 눌변이어서 말로는 소신을 자유로이 표현하지 못했으나 저술을 즐겨서 했다. 한비는 스승으로 성악설性惡說을 주장한 순자荀子를 이사李斯와 함께 섬겼는데 이사 자신은 한비의 능력을 따를 수 없다고 시인했을 만큼 출중한 인물이었다.

한비는 한나라가 진秦나라의 잦은 침략으로 국력이 미약해지자 글을 올려 간했으나 왕은 이를 받아들이지 않았다. 이에 한비는 정치에 법을 밝히지 못하고, 관원의 임용에 녹봉만 줄 줄 알았지, 외부의 수모受侮를 막을 만한 충직한 인물을 구하지 못하고, 부국강병을 성취할 유능한 인재를 발굴하지 못하며, 뇌물을 거두고 명예나 탐하는 무리들을 받아들인다고 개탄하고, 고분孤憤·오두五蠹·내외저內外儲·세림說林·세난說難 등을 편명篇名으로 하는 10만여 단어의 『한비자韓非子』를 저술했다.

"상고上古 때는 인간은 적고 날짐승, 길짐승이 많아 이것들이 끼치는 피해를 사람들은 이겨낼 수 없었다. 슬기로운 이가 나서서 나무를 얽어 둥지를 틀게 하여 모든 위험에서 피할 수 있게 했다. 그러므로 사람들은 그를 왕으로 삼아 유소씨有巢氏라 했다.

인간이 초목의 열매와 조개를 먹어 비린내와 악취로 위장을 상하게 되면서 사람들은 온갖 질병에 시달렸다. 이때 슬기로운 이가 앞장서 사람들에게 나무를 마찰하여 불을 일구어 모든 것을 익혀 먹도록 가르쳤다. 그러므로 사람들은 그를 왕으로 삼아 수인씨燧人氏라 일컬었다.

중고中古 때에 천하가 홍수로 잠기게 되자, 아버지 곤鯀과 아들 우왕禹王이 물길을 강으로 트게 했다. 근고近古에 와서는 걸왕桀王과 주왕紂王이 폭정을 행하므로 탕왕湯王과 무왕武王이 토벌하여 내쳤다.

중고시대에 상고 때의 둥지 틀고 나무를 마찰하여 불을 일구는 일을 하라 하면 곤과 우왕이 웃었을 것이고, 근고시대에 중고 때의 물길을 강으로 돌리는 일을 하라면 탕왕과 무왕이 웃었을 것이다. 현재에 와서 요堯·순舜·우禹·탕湯의 통치방법을 따르라 한다면 새로운 인물이 웃을 것이다. 그러므로 슬기로운 사람은 굳이 옛일을 답습하지 않거나 관행에 따르지 않는다. 정치를 하려는 자는 반드시 그때그때 시의에 맞는 정책을 펴야 하는 것이다.

송나라에 밭갈이하는 사람이 있었다. 밭에는 나무를 베어낸 그루터기가 있었는데 산토끼가 먹이를 찾아 밭으로 달려 내려오다가 그루터기에 부딪혀 목이 부러져 죽었다. 밭 갈던 사람은 웬 횡재냐 싶어 토끼를 구럭에 넣고 밭 갈던 쟁기는 놓아둔 채 그루터기만을 지켰다. 또 그루터기에 부딪혀 죽는 토끼를 힘들이지 않고 얻어 보려는 욕심에서였다. 그러나 기다리는 토끼待兎는 그루터기에 부딪치지 않았고, 도리어 사람들에게 웃음을 사는 신세가 되고 말았다. 지금 선왕先王의 통치방법으로 현재의 백성을 다스리려 한다면 이는 모두 그루터기를 지키는 송나라 사람의 행동과 같은 짓이다."

한비는 과거의 정책을 비판 없이 답습하려 하지 말고 시의에 맞는 정책을 펴야 한다고 역설했던 것이다.

이론에 얽매이지 말고
융통성을 발휘하라

膠柱鼓瑟 교주고슬

음을 조절하는 기둥인 기러기발을 아교로 붙이고 비파를 켜면
음을 바꿀 수 없어 한 가지 음밖에 내지 못한다는 뜻으로,
고지식하여 조금도 융통성이 없음을 일컫는다.

[사기史記 권 81]

조사趙奢는 중국 전국시대 조趙나라의 재무관리였다. 조사는 권세와 신분의 고하에 따라 조세를 가감하지 않았다.

평원군平原君 조승趙勝은 무령왕武靈王의 아들로서 제齊나라 맹상군孟嘗君과 같이 문객 수천 명을 두었고, 정치에 절대적인 영향력을 미치는 인물이었다. 그런데 평원군의 집이 조세를 잘 내지 않았다. 조세가 많이 체납되자 조사는 법을 집행하여 평원군의 가신家臣 9인을 끌어다 처단하였다. 평원군은 크게 화를 내어 무엄한 조사를 죽이려 하자 조사는 두려움 없이 간했다.

"평원군은 이 나라의 귀공자이십니다. 집안일을 위해 나라 일에 몸을 바치지 않으신다면 법은 무너지게 됩니다. 법이 무너지면 나라

는 허약해지고, 나라가 허약해지면 제후가 침략할 것이고, 제후가 침략하면 조나라는 없어지게 됩니다. 이렇게 되면 평원군께서 누리고 계신 부귀도 없어지게 됩니다. 평원군께서 앞장서 법을 지켜 나라 일에 마음 다하신다면 위아래가 법 앞에 공평해지고, 위아래가 공평해지면 나라가 부강해지고, 부강해지면 나라는 공고해져 평원군은 나라의 귀척貴戚으로서 존경을 받으실 것입니다."

평원군은 나라 위한 조사의 충직한 말에 고마움을 표하고 왕에게 추천하여 조세의 총책임자로 임명하게 했다. 조사가 세정을 맡자 나라의 조세는 형평을 이루어 백성은 부유해지고 세수稅收는 자연 증대되었다.

조사는 전술에도 특장이 있었다. 진秦나라가 한韓나라를 쓰러뜨리고 조나라의 알여閼與란 곳을 포위했다. 병력을 보강하는 문제를 놓고 장군 염파廉頗와 악승樂乘은 '길이 멀고 좁고 험해서 지원이 어렵다.'고 난색을 표했으나, 조사는 '길이 멀고 좁고 험하여 마치 두 마리의 쥐가 쥐구멍에서 싸우는 것과 같아 용기 있는 자라야 이긴다.'하고 군대를 이끌고 가서 진나라 군대를 패퇴시켰다. 이 공로로 조사에게는 마복군馬服君이란 칭호가 내려졌다.

그 후 조나라에는 혜문왕惠文王이 죽고 효성왕孝成王이 대를 이었다. 진나라와 조나라는 다시 장평長平이란 곳에서 대치하게 되었다. 이때 조사는 이미 죽고 인상여藺相如도 병이 위독했다. 조나라는 염파를 보내 진나라 군대와 싸우도록 했으나 여러 차례 패했다. 염파는 성과 지형을 이용하여 수비를 강화하고 맞서 싸우지 않았다. 진나라는 조나라 군대를 끌어내어 싸워야 했다. 이에 진나라는 조나라 대장인 염파를 바꾸도록 공작했다. 진나라는 소문을 퍼뜨렸다.

"진나라는 조나라가 마복군 조사의 아들 조괄趙括로 대장을 삼는 것을 가장 두려워한다."

나가 싸우지 않고 수비만 하고 있는 염파를 답답하게 여긴 효성왕은 이 말을 듣고 조괄을 염파와 대체시키기로 결정하니 인상여가 반대하고 나섰다.

"대왕께서 그 명성만을 듣고 조괄을 장군으로 임명하신다면 기둥을 아교로 붙이고 비파를 타는 것膠柱鼓瑟과 같은 일입니다. 조괄은 그 아비가 전한 병서를 한갓 읽는데 그쳤을 뿐 활용하지 않아 변화는 모르는 사람입니다."

효성왕은 인상여의 진언을 듣지 않고 조괄을 출전시켰다. 조괄은 어려서부터 병법을 배웠다. 병사兵事에 관한 한 자기를 당할 자가 없다고 자부했다. 조괄은 아버지 조사와 병법을 논한 일이 있었다. 조괄의 주장이 조리가 정연하여 조사는 답변할 말을 잃었다. 그러나 조사는 '네 논리가 옳다고는 생각지 않는다.'고 했다. 부인이 남편 조사에게 그 이유를 묻자

"병兵이란 사지死地임에도 괄은 너무 쉽게 말하고 있소. 나라에서 괄을 장수로 임명하지 않는다면 다행이겠으나 장수로 삼는 날에는 조나라 군대를 파멸시킬 것이오."

대장으로 부임한 조괄은 염파의 전략을 모두 바꾸고 싸우다가 대패했다. 진나라 군대에게 보급로가 차단되어 40여 일만에 조괄은 사살되고 진나라에 투항한 조나라 군사 10만 명은 하룻밤 사이에 모두

구덩이에 묻혀 죽었다. 이 싸움에서 죽은 조나라 군사는 합하여 46만 명에 달했다. 진나라 군대는 승세를 몰아 다음해 조나라 수도 한단邯鄲까지 진군하여 포위했다. 조나라는 초楚나라, 위魏나라의 지원으로 겨우 포위에서 풀려 명맥을 유지할 수 있었다.

관찰의 폭을
넓혀라

管中窺豹 관중규표

대롱으로 표범을 보려한다는 뜻으로,
좁은 대롱으로 아름다운 표범무늬를 보려하나 볼 수 없듯이
좁은 소견으로 사물을 보려한다는 일컬음이다.
나의 소견을 관견管見이라 함은 좁은 견해란 뜻이다.

[진서晉書 권 80]

진晉나라 때 사람 왕헌지王獻之는 서성書聖이라 일컫는 왕희지王羲之의 막내아들이다. 어려서부터 널리 이름이 알려졌는데 인품이 고매하고 매이기를 싫어하였으며 종일 한가로이 지내고 있었으나 권태로운 모습을 보이지 않았고 풍류가 당대의 으뜸이었다. 어린 나이에 집안에서 공부하는 학생들이 쌍륙雙六을 치는 것을 지켜보다가 승패의 요점을 지적하여 '남풍이 세지 못하군' 하였다. 학생이 이 어린것이 무엇을 안다고 끼어드느냐라는 투로 '이 애가 대롱으로 표범을 보려 하는군管中窺豹. 반점斑點을 하나만 보려 하느냐.' 하자, 왕헌지가 화를 벌컥 내며 '멀리는 순봉청荀奉淸을, 가까이는 유진장劉眞長을 부끄럽게 여긴다.'하고 소매를 떨치며 자리를 떴다.

순봉청은 삼국 위魏나라의 순찬荀粲을 말하고, 유진장은 진나라 유담劉惔을 일컬음이다. 순찬은 여색에 지나치게 빠짐을 지적받은 사람이다. 부인과의 애정이 지극하여 아내가 높은 열을 내며 앓자 추위에 밖에 나가 몸을 얼려가지고 아내의 열을 식히려 하였고, 아내가 죽자 역시 곧 죽었는데 이러므로 세상의 비웃음을 샀던 것이다. 유담은 하충何充이 술을 잘 마시는 것을 부럽게 여겨 칭찬하였는데, 하충이 길에서 술 마시는 것을 보고 '집에서 빚은 술을 동이로 기울여 마셔도 끄떡없겠다' 하였으니 이는 그렇게 많이 마셔도 주사를 부리거나 행동이 흐트러지지 않는 것을 훌륭하게 생각한 것이다. 그러나 왕헌지가 이 두 사람을 들어 부끄럽다한 것은 여색에 빠진다거나 술이나 잘 마시는 것이 내세울만한 일이 아니요, 잡스런 짓이라 여긴 것인데 잡기나 즐기는 자들이 사람을 얕잡아 보려한다는 비웃음이었다.

어느 날 왕헌지는 형 왕휘지王徽之·왕조지王操之와 같이 사안謝安을 찾아갔다. 두 형은 세속의 많은 일들을 말하였으나 왕헌지는 인사만 하였을 뿐 말이 없었다. 왕씨 형제가 돌아가자 곁에서 그 우열을 물었다. '작은 사람이 낫다.'고 사안이 답하였다. 그 까닭을 물으니 '길한 사람은 말이 적다. 말수가 적어 알게 된 것이다.'하였다. 하루는 형 왕휘지와 한방에 있었는데 갑자기 불이 났다. 왕휘지는 정신없이 피하느라 신 신을 겨를이 없었으나 왕헌지는 태연히 종을 불러 부축을 받으며 나아갔다. 밤에 재실齋室에 누웠는데 도둑이 들어 물건을 쓸어 담다시피 하였다. 왕헌지가 조용히 '이 사람아, 푸른 융단은 우리 집의 옛 물건이니 그냥 두게.' 하자 도둑이 놀라 달아났다.

왕헌지는 초서草書와 예서隷書를 잘 썼고 단청丹靑을 잘하였다.

7~8세 때 붓을 들고 글씨를 쓰는데 아버지 왕희지가 가만히 뒤로 가서 그 붓을 뽑으려 하였으나 어찌나 꽉 쥐었던지 뽑히지 않았다. 왕희지가 '이 아이는 장차 큰 명성이 있을 것'이라고 하였다. 어느 날 벽에 한길이나 되는 큰 글자를 썼다. 왕희지가 보고 만족해하였고, 소문을 듣고 구경 온 사람이 수백이나 되었다. 환온桓溫이 부채에 글을 쓰게 하였는데 실수로 붓을 떨어뜨렸다. 왕헌지는 먹칠이 된 것을 그대로 살려 얼룩말과 암소를 그리니 세상에서 보기 드문 작품을 이루어 놓았다.

왕헌지는 고을의 주부主簿에서 비서랑秘書郞을 거쳐 승丞이 되었고, 신안공주新安公主와 혼인하였다. 오군吳郡을 지나다가 고벽강顧辟彊의 정원이 유명하다는 말을 듣고, 한번 만난 적도 없고 연락도 없이 상여肩輿를 타고 들어갔다. 이때 고벽강은 친구들과 모임을 갖고 있었는데 왕헌지는 아무도 없는 것처럼 둘러보았다. 고벽강이 화를 내며 '주인을 무시했고 귀하다고 교만을 부리니 더없이 천한 자이다.'하고 문밖으로 내몰았으나 왕헌지는 전혀 개의치 않았다.

사안이 왕헌지를 매우 아꼈다. 청하여 장사長史가 되었고 위장군衛將軍에 승진하였으며 이어 건위장군建威將軍이 되었다. 오흥태수吳興太守가 되었다가 부름을 받고 들어와 중서령中書令이 되었는데 병이 들자 도가道家의 법에 따라 집안사람이 마음에 걸리는 일을 물었다. '다른 것은 모르겠으나 다만 치씨郗氏와의 이혼이다.'하였다. 왕헌지의 전처는 치담郗曇의 딸이었다. 왕헌지는 직소職所에서 사망하였는데 안희왕후安僖王后가 위에 오르자 후부后父라 하여 시중侍中이 증직되고, 아들이 없자 형의 아들 왕정지王靜之를 아들로 하였다.

마음 열고
이야기해보자

不設城府 불설성부

마음의 벽城府을 쌓지 않는다는 뜻으로,
마음을 활짝 열고 대화하고 도우면
상대가 속이려들지 못한다는 일컬음이다.

[송사宋史 권 340]

북송 때 사람 부요유傅堯兪는 10세에 능히 글을 지었고, 20세 이전에 과거에 급제하였으며 몸가짐이 정중하고 말수가 적었다. 사람을 대함에 마음의 벽을 쌓지 않으므로不設城府 상대방이 차마 속이려 들지 못하였다. 또한 임금 앞에서 일을 논함에 있어 회피하려하거나 숨기는 일이 없었다.

부요유가 처음 수령守令으로 나가 여러 고을을 옮기며 다스리다가 감찰어사監察御史에 승진하였다. 이때 나라 경제가 침체하여 운용에 어려움이 있었다. 국부國富를 말하는 자 저마다 진흥책을 논하였는데 부요유도 그 소견을 피력하였다.

"지금 예산이 부족하여 사실 걱정입니다. 이를 구제하려면 폐하께서 먼저 검소하셔야 합니다. 농부가 마음 놓고 농사를 짓게 해야 하고, 상인이 자유로이 장사를 하게 해야 합니다. 한갓 제도만을 바꾸려 해서는 도움이 되지 않고, 거둬들이려는 자만을 신임해서도 나라는 위험에 빠지게 됩니다."

신종神宗(1068~1085) 초 부요유는 여주廬州의 수령으로부터 중앙에 올라왔다. 왕안석王安石의 신법新法이 막 시행되는 때였다. 부요유는 본래 왕안석과 친한 사이였다. 왕안석은 반기며 당부하였다.

"온 조정이 신법으로 시끄럽소. 그대가 올라오기만을 기다렸는데 앞으로 간원諫院에 있으며 잘 이해시켜서 소란을 진정시켜주시오."

"세상에서 신법을 불편하다하오. 만약 그렇게 된다면 나는 강력히 반론을 펼 것이오. 평생 나는 내 마음을 속이려 아니하였소."

부요유는 아무리 친한 처지라 하더라도 우정보다는 나라 일이 우선이라는 뜻이었다. 왕안석은 크게 화를 내어 부요유를 간원이 아닌 국립도서관 격인 소문관昭文館에 발령했다가 위험하고 고된 하북전운사河北轉運使에 임명하였다. 이어 강녕부江寧府로 옮겼다가 허주許州, 하양河陽, 서주徐州 등으로 이동하였다. 2년 동안 6번을 옮기면서 먼 부임길에서 고통을 겪어야 했고, 더욱 배척을 받아 여양黎陽의 초장감草場監이 되었는데 곧 건초乾草를 관리하는 관원이었다.

이때 상급기관의 점검관點檢官이 나왔다. 부요유는 여러 사람과 같이 나아가 정중히 맞이했고 깍듯이 예를 하였다. 그곳 수령이 보기에 민망했던지 사람을 내보내 대신 시키려하자 부요유는 '직책에 있으니 그 직무를 다하지 않을 수 없다.'며 거절하였다. 부요유는 아무리 춥고 덥다하더라도 반드시 건초 창고에 나아가 일을 처리하였다.

그 후 10년 만에 부요유는 명주明州의 수령으로서 부름을 받고 올라와 이부시랑吏部侍郎, 어사중승御史中丞이 되었다. 이때 부요유가 아뢰었다.

"인재란 할 만한 일이 있고, 하지 못할 일이 있습니다. 신臣은 잘못을 바로잡아 성덕盛德(임금의 덕)을 보좌하고, 잘하고 못하는 일을 밝혀 여러 정책에 균형이 유지되도록 하며 바르고 잘못된 일을 지적하여 대신大臣을 바르게 하는 일 등에 신이 비록 능력은 없으나 어찌 힘을 다하지 않겠습니까? 그러나 남의 비밀이나 살피고 자그마한 잘못을 지적하는 일은 신이 잘하는 바가 아니요, 또 신의 의사도 아닙니다."

부요유가 화주통판和州通判으로 나갔을 때 어떤 사람이 말하였다.

"공公은 바른말을 하다가 지방으로 배척되었소. 이곳에 있으며 어찌 어사御史 때처럼 말하지 않소."

"앞서는 언관言官이었소. 그러니 어찌 말하지 않을 수 있겠소. 그러나 지금은 수령이요. 조정의 좋은 뜻을 알려야만 하오. 지금에 와서 지난날의 그릇된 정책을 굳이 말한다면 이는 비방과 무엇이 다르겠소. 관원이란 본래 그 직책에 따라 임무에 충실해야 하오."

『자치통감資治通鑑』의 저자 사마광司馬光이 상수론象數論의 제창자 소옹邵雍에게 말하였다.

"청렴·정직·용기 등 세 가지를 겸하기가 어려운데, 나는 부요유에게서 보았소."

"부요유는 청렴하면서도 빛이 나지 않았고, 정직하면서도 과격하지 않았으며, 용기가 있으면서도 따뜻한 정이 있었소. 그러하기 어려운 일이 아니겠소."

모나게 살려고
하지마라

和光同塵 화광동진

빛을 숨기고 세속과 같이한다는 뜻으로,
재능을 숨기고 평범한 사람인 듯이
사람들과 어울린다는 일컬음이다.

[후한서 장환 전 後漢書 張奐 傳]

　　후한 때 인물 장환張奐은 돈황敦煌 출신으로 아버지 장돈張惇은 한
양태수漢陽太守였다. 대장부가 세상에 태어나 국가를 위해 변경에서
공을 세워야 한다는 것이 이상이었던 장환은 인재선발의 한 과목인
현량과賢良科에 합격하여 의랑議郎이란 벼슬에 임명되었다가 안정속
국도위安定屬國都尉로 옮겼다.

　　부임하자 남흉노南匈奴 백덕伯德 등이 변경을 침범해왔고, 동강東
羌이 군병을 출동하여 이에 호응하였다. 장환의 진영에는 2백여 명의
병사가 있었을 뿐이었으나 장환은 즉시 병사를 동원하여 출격에 나섰
다. 부하가 상대가 안 된다며 말렸으나 장환은 듣지 않고 장성長城에
진군하여 주둔하고, 병사를 모으는 한편 사람을 동강에 보내 설득하

고 이어 구자龜玆를 점령하여 남흉노와 동강의 교통로를 차단하였다. 이에 동강 등 여러 부족이 앞 다투어 장환과 화친을 하였고, 다 같이 남흉노를 공격하여 격파하니 백덕이 항복해와 드디어 고을의 안정을 회복할 수 있었다.

장환의 은덕에 감동한 동강은 좋은 말 20필을 바쳤고, 선령先零의 추장은 금 그릇 여덟 개를 바쳤다. 장환은 이를 받고 여러 부족 앞에서 아랫사람을 시켜 술을 가져오라 해서 땅에 붓게 하고 '말을 양처럼 부릴 수 있으나 마구간에 들일 수 없고, 금이 곡식처럼 많으나 품속에 넣을 수 없다.'하고 말과 금을 돌려주었다. 동강은 본래 탐욕스런 부족이었으나 관리의 청렴을 귀히 여겼다. 이곳을 거쳐 간 8인의 도위都尉 모두 재물을 좋아하여 동강을 괴롭혔는데, 장환의 바른 자세와 깨끗한 성격에 크게 감복하였다.

그 후 장환은 무위태수武威太守에 임명되었다. 조세를 공평하게 부과하여 백성들이 안심하고 생업에 종사할 수 있게 하였다. 그런데 이곳 풍속이 괴이쩍어 2월과 5월에 낳거나 부모와 같은 달에 태어난 자식은 모두 살해하였다. 장환은 올바른 도리로 교화하며 자식 죽이는 자를 형벌로 다스리니 사나운 풍속은 드디어 사라지게 되었다. 장환의 다스림에 감동한 백성들은 생사당生祠堂을 짓고 향을 피우기까지 하였다 이 당시 법제에는 변경출신은 내륙으로 이주하는 것을 금하였는데 장환만은 그 공로를 인정하여 특별히 허용해서 비로소 홍농弘農 사람이 되었다.

이때 두태후竇太后가 국정에 임하였다. 대장군大將軍 두무竇武와 태자의 스승인 진번陳蕃이 발호하는 환관宦官을 제거하려고 꾀하다가 사전에 드러나 환관 조절曹節 등의 반격을 받게 되었다. 이에 장환은 부름을 받고 서둘러 올라왔으므로 조절 등의 음모를 살피지 못하였다. 조작된 황제의 명에 따라 장환은 다섯 영營의 군사를 동원하여 두무의 집을 포위하니 두무는 자살하고, 진번은 해를 입었다. 장환은 뒤에야 조절에게 속은 것을 알고 가슴 아프게 여겼다.

사예교위司隸校尉 왕우王寓는 환관출신이다. 황제의 은총을 등에 업고 요구가 많았다. 관료들은 그 위세에 눌리어 거절을 못하였으나 장환만은 이를 단연 거절하였다. 괘씸하게 여긴 왕우는 장환을 당인黨人이라 모함하여 벼슬에서 금고禁錮(벼슬에 쓰지 않음)시키니 이른바 당고黨錮이다. 장환은 벼슬에 더는 미련을 두지 않고 홍농으로 돌아가 후진을 교육하였는데 그 수가 1천인이나 되었다.

장환은 78세에 사망하였는데 죽음에 임해서 '나는 벼슬에 나아가면서 푸른 끈, 은 도장을 허리에 열 번이나 찼다. 그러나 재능을 숨기고 속세의 사람과 함께和光同塵하지 못하여 소인들의 시기를 받았으나 앞길이 트이고 막힘은 운명이다. 다만 땅 속은 어두워서 전혀 밝을 기약이 없고, 다시 고운 솜으로 얽어서 관에 단단히 못질을 하니 기쁘지 않을 뿐이다. 장사에 지나치게 화려하거나 지나친 검소를 바라지 않는다. 정을 쏟고 뜻에 따르면 아마도 허물과 인색하다는 말은 듣지 않을 것이다.'하였다.

'화광동진'은 『도덕경道德經』에 화기광이동기진和其光而同其塵이라 한데서 이루어진 말로서 장환이 이를 인용해 말한 것이다.

부드러움은 덕이요,
굳셈은 적이다

柔能制剛 유능제강

부드럽고 약한 것이 능히 굳세고
강한 것을 이긴다는 일컬음이다.

[후한서後漢書 권 18]

후한 때 사람 장궁臧宮은 겹현郟縣 출신이다. 처음에 고을의 안녕과 질서를 맡은 정장亭長이 되었다가 무리를 이끌고 하강병下江兵에 들어가 교위校尉가 되었다. 광무황제光武皇帝 유수劉秀를 따라 정벌에 나서게 되었는데 여러 장수가 그 용맹을 칭찬하였고, 근면하고 말수가 적다하여 광무제가 매우 가까이 하였다.

광무제가 즉위하자 장궁은 시중侍中 기도위騎都尉가 되었고, 병사를 이끌고 양군梁郡·제음濟陰을 평정하였으며, 중로中盧에 갔을 때에는 낙월洛越(부족명)에 주둔하였는데 정남대장군征南大將軍 잠팽岑彭이 공손술公孫述의 부장 전융田戎·임만任滿과 형문荊門에서 싸웠으나 전과가 좋지 않으므로 낙월이 등을 돌리고 촉蜀을 따르려 하였다. 공손술은 왕망王莽 때 스스로 촉왕蜀王이 되어 성도成都에 도읍을 정하고 익주益州를 점유하고 수십만의 병사를 거느리고 천자天子라 일컬은 인물이다.

장궁은 잠팽을 도와야 했으나 병력이 적어 고민이었는데 마침 소속 고을에서 보급차량 수백 채를 보내왔다. 장궁은 밤새 수레를 회전시키며 드나드는 소리를 내게 하였다. 낙월 사람이 끊임없는 수레 소리에 한나라 병사가 대량 몰려온 것으로 알고 그 수장首長이 술과 음식을 가져와 한나라 병사를 접대하였고, 장궁 역시 술을 내어 위로하자 낙월 사람이 이로 인하여 안정되었다. 이에 장궁은 잠팽 등과 형문을 격파하고 강주江州에 이르렀다. 잠팽이 파군巴郡을 점령하고 항복한 군졸 5만을 장궁에게 주어 부수涪水를 따라 평곡平曲으로 올라가라 하였는데, 공손술의 장수 연잠延岑이 원수沅水에 많은 병력을 주둔시키고 있었다.

이때 장궁에게는 병사의 수에 비례해 군량이 매우 모자랐다. 보급이 미처 도착하지 않자 사병들이 등을 돌리려 하였고, 각 고을에서는 그 성패를 관망하였다. 장궁은 도로 돌아가려고도 생각했으나 군사들이 흩어질까 두려웠다. 이럴 즈음 광무제가 잠팽에게 병사를 보내왔는데 말이 7백 필이나 되었다. 장궁은 이 병마를 편입하여 군력을 증강시키고 새벽에 진군하면서 많은 깃발을 세우고 북을 울리며 떠드니 산골짝이 들썩였다. 연잠은 뜻하지 않게 한나라 군사가 몰려들자 크게 당황하였다. 장궁은 이때를 놓치지 않고 공격하여 크게 격파하였는데 목이 달아나고 물에 빠져 죽는 자가 만여 명이나 되었다. 연잠은 성도로 달아나고 나머지 병사는 항복하니 그 수가 10만이나 되었다.

장궁은 군사를 몰아 평양향平陽鄉을 거쳐 면죽縣竹·부성涪城을 점령하고 번繁과 비郫를 평정하였다. 이때 대사마大司馬 오한吳漢이 승리의 여세를 몰아 성도로 조여들어갔고, 장궁은 성도의 함문咸門을 공격하여 오한과 같이 공손술을 격파하였다. 광무제는 촉이 평정되자 장궁을 광한태수廣漢太守로 삼았다가 불러들여 태중대부太中大夫에 임명하였다.

흉노匈奴가 기근과 여역癘疫(돌림병)에 시달리면서 내부 분쟁이 일었다. 장궁이 5천 기병騎兵으로 공을 세울 수 있다고 아뢰자 광무제가 '상승장군常勝將軍은 적을 두려워하지 않는다.'하고 웃었다. 이에 장궁이 마무馬武와 같이 글을 올렸다.

'북적北狄(흉노)은 이익을 탐하고 믿음이 없습니다. 궁하면 머리를 조아리고 안정이 되면 약탈을 일삼습니다. 현재 사람과 가축이 돌림병과 기근으로 어려움을 겪고 있어 멸망시킬 수 있는 기회입니다.'

광무제는 이 글에 비답批答을 내렸다.

'황석공기黃石公記에, 부드러움은 굳센 것을 제어하고柔能制剛, 약한 것은 억센 것을 제재한다弱能制彊 하였다. 부드러움은 덕德이요, 굳센 것은 적賊이다. 약한 것은 사람이 돕고, 억센 것은 사람이 공격한다. 가까운 곳을 놓아두고 먼 데를 도모하는 자는 고되면서 공이 없고, 먼 곳을 놓아두고 가까운 곳을 꾀하는 자는 편하면서도 끝이 있다. 토지를 넓히려는 자는 거칠고, 덕을 넓히려는 자는 굳세다. 있는 그대로를 가지려는 자는 편안하고, 남이 가진 것을 탐하는 자는 잔인하다. 잔인한 정사는 비록 성공한다 하더라도 반드시 실패한다. 지금 나라에 재변이 끊이지 않는다. 백성은 경황이 없는데 다시 먼 변경의 일을 할 수 있겠는가? 진정 천하의 반을 동원하여 거대한 적을 멸망시킬 수 있다면 어찌 바라는 바가 아니겠는가. 그러나 그 시기가 아니다. 백성을 쉬게 하는 것만 못하다.'

이후 병사兵事에 대하여 더 말하는 장군은 없었다.

소홀에는
낭패가 기다린다

亡羊補牢 망양보뇌

양 잃고 우리 고친다는 뜻으로,
평소 손을 쓰지 않고 있다가 실패가 있은 뒤에야 손을 본다거나,
이미 일을 그르친 뒤에 손을 쓴들 무슨 소용이 있느냐는
일컬음이기도 하다.

[책부원귀册府元龜 권 743]

중국 전국시대 장신莊辛은 초楚나라 사람이다. 나라가 위기에 처하자 초 양왕楚襄王에게 간하였다.

"주군主君께서 왼쪽에 주후州侯, 오른쪽에 하후夏侯, 그리고 수레에 타고 따르는 언릉군鄢陵君 및 수능군壽陵君과 사치스런 놀이만 일삼으며 정사는 돌보지 않으시니 언영鄢郢(초나라 수도)이 위험스럽습니다."

양왕은 이 늙은이가 무슨 잠꼬대냐는 듯이

"선생은 노망드셨소? 나라가 왜 상서롭지 못하다는 것이요?"

"신臣은 사실 그리리라 본 것이고, 나라가 상서롭지 못하다는 것은 아닙니다. 주군께서 이 네 사람을 끝까지 가까이 하신다면 초나라

는 반드시 망합니다. 신은 잠시 조趙나라에 가 있겠습니다."

장신이 초나라를 떠난 지 5개월만에, 진秦나라는 초나라를 침범하여 수도 언영은 물론, 무산巫山·채진蔡陳을 점령하였다. 초 양왕은 성양城陽으로 달아났고, 급히 조나라에 사람을 보내 장신을 불렀다. 양왕은 장신이 돌아오자 수습책을 물었다.

"과인寡人이 선생의 말을 받아들이지 않다가 일이 이 지경이 되었으니 후회가 큽니다. 어찌하면 좋겠소."

"속담에 '토끼를 보고 개를 불러도 늦지 않고, 양을 잃고 우리를 고쳐도亡羊補牢 늦지 않다.'는 말이 있습니다. 옛날 탕湯임금과 무왕武王은 영역이 백 리에 지나지 않았으나 번창하였고, 걸왕桀王과 주왕紂王은 천하를 소유하고도 망했습니다. 지금 초나라가 비록 작다고 하나 그래도 수천 리에 이릅니다. 어찌 백리에 견줄 일이겠습니까? 주군께서 잠자리를 보셨을 것입니다. 다리가 여섯에 날개가 넷입니다. 하늘과 땅을 날면서 아래로는 모기와 등에를 잡아먹고 위로 이슬을 마시며 사람과는 다툴 일이 없어 걱정이 없다고 합니다. 그러나 나 어린 아이가 장대에 망을 달아 후리치고, 개구리와 개미가 잡아먹으려는 것은 모르고 있습니다. 하지만 이는 작은 일입니다. 참새는 땅에 앉아 낟알을 쪼아 먹고 숲으로 날아들어 나래를 힘차게 파닥이며, 사람과 다툴 일이 없어 걱정이 없다고 합니다. 그러나 낮에 무리를 숲속으로 불러들여 놀다가 귀한 집 자식들이 던진 처란鐵丸(엽총 따위에 쓰는, 잘게 만든 총알)에 맞아 저녁에 숯불구이가 될 것은 모릅니다. 그러나 이는 또 작은 일입니다. 따오기가 강과 늪에서 헤엄치며 물속에서 메기와 잉어를 잡아먹고 물 위에서 마름을 뜯어먹다가 활활 나래 짓을 하며 맑은 바람을 타고 하늘 높이 날아오르며 사람과 다툴 일이 없어 걱정이 없다고 합니다. 그러나 궁사弓士가 활을 손질하고 주살을 갖추어 하늘 높이 쏘거나 날카로운 돌을 던져 땅에 떨어뜨립니다. 그러므로 낮에 강에서 헤엄치다가 저녁에는 솥에 삶아질 것을 또한 생각지 못합니다. 그래도 이는 작은 일입니다. 채蔡나라 영후靈侯의 일을 말씀드리면 남쪽으로 고파高坡에 노닐고, 북쪽으로는 무산巫山에 올라 여계茹溪의 물을 마시고, 상파湘波의 물고기를 먹으며 좌우에 나이 어린 계집을 끼고 더불어 고채高蔡를 가로질러 말달리면서 나라를 위해 일을 하지 않습니다. 자발子發(초나라 사람)이 영왕靈王(초나라 왕)의 명을 받들어 붉은 줄로 자신을 묶을 줄은 몰랐습니다. 그러나 이 채 영후의 일은 역시 작은 일입니다. 주군의 일은 왼쪽 주후와 오른쪽 하후, 그리고 언릉군 및 수능군은 군君에 봉해진 녹을 먹으며 나랏돈을 싣고 더불어 운몽雲夢을 달리며 국가를 위해 일을 하지 않습니다. 양후穰侯(魏冉)가 진왕의 명을 받들고 민黽땅 경계 안을 점령하고 주군을 민 땅 밖으로 내던지려 할 것을 주군께서는 모르고 계십니다.…"

초 양왕은 장신의 말을 듣자 얼굴이 부끄러움으로 변하며 몸을 떨었다. 그리고는 장신을 양릉군陽陵君에 봉하였다.

분할수록
감당할지를 생각하라

切齒腐心 절치부심

이가 갈리고 가슴이 치민다는 뜻으로,
원한이 사무쳐 앞뒤 헤아림 없이 보복하려는 태도를 일컫는다.

[사기史記 권 86]

진시황秦始皇 때 위衛나라 사람 형가荊軻는 독서와 칼 쓰는 법을
좋아했다. 연燕나라에 옮겨 살면서 축筑을 잘 치는 고점리高漸離와 사
귀었다. 축이란 거문고와 비슷한데 대나무로 쳐서 소리를 낸다. 형가
는 술을 좋아하여 고점리와 저자에서 술을 자주 마셨다. 술기운이 돌
면 '곁에 아무도 없는 듯이傍若無人' 고점리는 축을 치고 형가는 가락
에 맞춰 노래를 했으며 서로 부둥켜안고 울기도 했다. 형가는 여러 나
라에 노닐며 현사賢士 호걸과 사귀었는데 연나라 처사處士 정광田光이
형가를 녹녹치 않은 인물로 보고 대우했다.

진秦나라에 볼모로 있던 연태자燕太子 단丹이 도망쳐 돌아왔다.
일찍이 태자 단이 조趙나라에 볼모로 있을 때 진왕秦王 정政(진시황)은

조나라에서 태어나 자랐고, 태자 단을 좋아하여 둘은 다정히 지냈다. 정은 돌아가 진왕이 되었고, 단은 진나라에 볼모로 갔다. 친히 지내던 터라 가까이 할 것으로 여겼던 태자 단은 진왕 정이 심한 냉대를 하자 치미는 울화를 억제하지 못하고 도망쳐 돌아온 것이다.

진나라가 산동山東의 제후국을 잠식해 들어가니 연나라는 두려움으로 임금과 신하가 크게 걱정했다. 태자 단이 스승 국무鞠武에게 대책을 물었다. 국무는 '수모의 한을 풀려고 역린逆鱗을 건드리려 하십니까?'하고 좀 더 두고 보자 했다. '역린'이란 용의 턱 밑에 거슬려 난 비늘로서 이를 건드리면 용은 반드시 상대를 물어 죽인다고 한다. 역린을 임금의 노여움에 비겨서 일컫는데 일명 '별기역린批其逆鱗'이라 한다.

이때 진나라 장수 번어기樊於期가 연나라에 망명해 왔다. 국무가 '흉노匈奴로 보내 진나라에 구실을 주지 않는 것이 옳다.'하였으나 태자는 '차마 그럴 수 없다.'하였다. 국무가 '전광 선생을 만나 상의해 보십시오.'하였다. 태자 단을 만난 전광이 '형가에게 부탁할 만하다'하고 돌아서는데 전송 나온 태자가 '나라의 큰일이라 누설이 되어서는 안 됩니다.'하니 전광이 어이없다는 듯이 웃었다. 전광이 형가를 보고 '태자에게 소개했으니 만나보오. 누설치 말라고 하니 나를 의심하는 것이오. 그대는 서둘러 만나보되 전광은 이미 죽었다고 말해주오.' 하고 자살했다.

태자 단이 형가를 찾아가 만났다.

"지금 진나라는 한韓나라를 쓰러뜨리고 초楚나라와 조나라를 공격하고 있어 머잖아 그 창끝은 연나라로 향할 것입니다. 용사勇士 한 사람을 구해 진왕을 위협해서 점령한 제후의 땅을 돌려받고자 합니다. 이 일을 맡아 주시겠습니까?"

단이 머리를 조아리자 형가는 사양하다가 승낙했다. 태자는 형가를 상경上卿에 임명하고 매일 성대한 접대를 하며 그 요구를 들어주었다. 그런지 오래였으나 형가는 떠날 생각을 아니했고, 진나라는 조나라를 격파하고 연나라 경계에 이르렀다.

태자 단이 겁을 먹고 형가를 찾아가니 형가가

"번어기의 목에 황금 천근과 만호萬戶의 봉읍封邑이 걸려있습니다. 그 머리와 기름진 땅 독항督亢의 지도를 바쳐야만 진왕을 만날 수 있습니다."

"망명해온 번어기에게 차마 그럴 순 없습니다. 딴 방법이 없겠습니까?"

'차마'란 말에 형가는 직접 번어기를 찾아갔다.

"장군의 부모를 비롯하여 종족이 죽음을 당했고, 장군의 목에 금 천근이 걸려있습니다. 보복할 계획은 있으신지요?"

"치가 떨리고 뼈가 저립니다. 어찌해야 할지를 모르겠습니다."

방법이 서지 않는다며 번어기는 눈물만 쏟았다. 형가가

"장군의 머리를 바치면 진왕을 만날 수 있습니다. 왼손으로 소매를 잡고 비수로 그 가슴을 찌르면 장군의 원수도 갚고, 연나라의 위기도 벗어날 수 있습니다."

"밤낮으로 '이가 갈리고 가슴이 치밉니다.切齒腐心' 그리하겠습니다."

번어기는 곧 칼을 빼어 목을 찔러 죽었다. 형가는 번어기의 머리를 함에 넣고 비수에 독을 입히고, 독항의 지도를 들고 길을 떠났다.

진나라에 도착한 형가는 천금으로 진왕의 측근 몽가蒙嘉에게 줄 선물을 마련해 전했다. 몽가가

"연나라 왕이 사람을 시켜 번어기의 머리와 독항의 지도를 보내 왔습니다."

진왕이 크게 기뻐하며 함양궁咸陽宮으로 불러들이라 했다. 형가가 함을 바치자 진왕이 지도를 폈다. 말린 끝이 다하며 비수가 떨어지자 형가는 날쌔게 주워들고 진왕의 소매를 잡았다. 진왕이 놀라 팔을 채 니 소매가 떨어져 나갔다. 진왕이 기둥을 안고 몸을 피하자 형가가 뒤를 쫓았다.

진나라 법에 전상殿上에서는 자그만 쇠붙이도 가질 수 없고, 명령이 있기 전에는 전에 오를 수 없다. 다급한 때라 전 아래 병사를 부를 겨를도 없었다. 이때 한 신하가 '등에 멘 검'하고 소리쳤다. 그제야 깨달은 진왕은 검을 뽑아 내리쳐 형가를 쓰러뜨려 위기를 면할 수 있었다. 크게 노한 진왕은 많은 군사를 보내 공격했다. 연나라는 태자 단의 머리를 보내 용서를 구했지만 결국 연나라는 진왕의 손에 멸망하고 말았다.

준비가 있어야
걱정이 없다

忘戰必危 망전필위

전쟁을 잊으면 반드시 위험하다는 뜻으로,
평화가 유지되는 때라하더라도 전쟁의 위험은
늘 마음에 두어 대비해야한다는 일컬음이다.

[사기史記 권 112]

　　한 무제 때 인물 주보언主父偃은 임치臨菑 출신이다. 처음에 종횡
술縱橫術을 배웠다. 이는 당사국의 이해를 들어 설득하는 술책이다. 전
국시대 소진蘇秦의 합종술合縱術과, 장의張儀의 연횡술連衡術인 것이다.
늦게 『주역周易』·『춘추春秋』, 그리고 제자서諸子書를 익혔는데 지역
인사들로부터 환영을 받지 못할 뿐 아니라 집안이 가난하여 빌려 쓸
형편도 아니었다. 주보언은 북쪽으로 연燕·조趙·중산中山에 갔으나
대접은 고사하고 심한 고통을 겪어야 했다.

　　B.C.134년(무제의 원광元光 1), 제후諸侯의 설득이 어렵다고 생각한
주보언은 서쪽으로 가서 위장군衛將軍을 만났다. 위장군이 몇 차례 말
하였으나 무제는 주보언을 부르지 않았다. 여비가 떨어진 채 오래 머

물다 보니 사람들이 싫어하였다. 기다리다 지친 주보언은 직접 무제에게 글을 올렸다. 아침에 올려 저녁에 부름을 받고 들어가 뵙자 무제가 '그대가 어디에 있었기에 이제야 만날 수 있었단 말인가?'하고 반기며 낭중郎中에 임명하고 자주 만나 세상을 논하면서 한 해에 네 번씩이나 승진시켰다. 주보언이 글을 올렸다.

'밝은 임금은 간하는 말을 싫어하지 않고, 충신은 죽음을 피하지 않고 간하므로, 좋은 계책을 놓치지 않고 실행하여 큰 공을 세우게 됩니다.…사마법司馬法에 나라가 크다 하나 싸움을 좋아하면 반드시 망하고, 천하가 태평하다하나 싸움을 잊으면 반드시 위험하다國雖大 好戰必亡 天下雖平 忘戰必危하였습니다. 평소 병사를 훈련시키고 병기兵器를 정비하고, 봄가을로 군사를 동원하여 사냥을 하는 것은 싸움을 잊지 않으려는 것입니다.…성을 낸다는 것은 덕을 거스르는 일이요, 병兵이란 흉기凶器이며 싸운다는 것은 최후 수단입니다.…

진시황秦始皇이 천하를 통일하고 이사李斯의 간하는 말을 듣지 않고 흉노匈奴를 정벌하다가 국력을 소비하여 나라를 잃게 되었고, 한고조漢高祖 역시 천하를 평정하고 성진成進이 간하는 말을 듣지 않고 흉노를 공격하다가 결국 평성平城에 포위되는 치욕을 겪어야 했습니다.…옛날 제후는 영토가 1백리에 지나지 않아 쉽사리 제재할 수 있었으나 지금은 1천 리씩이나 되어 통제를 늦출 경우 교만하고 사치하고 부강해지고, 위급한 때에는 다른 제후들과 연합하여 중앙정부에 저항하려고 합니다. 그러나 법으로 영토를 깎아내리려고 하면 역심逆心이 싹트게 됩니다. 지금 제후의 아들이 10여 명이나 되지만 맏이가 이어서 제후가 되고 나머지는 한 형제라 할지라도 조그만 봉토封土가 없으니 인仁과 효孝가 펴지지 않습니다. 폐하께서 제후로 하여금 그들의 자제에게도 땅을 나누어주게 하시면 저들 형제는 모두 기뻐할 것입니다. 위에서는 덕을 베푸는 일이나 실에 있어서는 영토를 분할하는 것이므로 깎아내지 않고도 제후는 점점 약해지게 됩니다.'

무제는 주보언의 건의를 받아들였다. 주보언은 정책의 건의만 하는 것이 아니라 제후의 숨겨진 일도 들추어 아뢰었다. 대신들은 그 입이 두려워 여러 천금의 뇌물을 가져다 바쳤다. 횡포가 심하다는 지적이 있자 주보언은 탄식하며 말하였다.

'내가 유학을 한지 40년에 뜻한 바대로 되지 않자 어버이는 자식으로 여기지 않았고, 형제는 나를 돌보지 않았으며 아는 사람은 나를 문에 들이지 않으므로 하여 오랫동안 고생을 하였다. 장부로 태어나 소·양·돼지·생선·사슴 등 다섯 가지가 조리된 그릇을 벌여놓고 먹지五鼎食 못하면 다섯 솥에 삶아五鼎烹져야 한다. 날은 어두워지고 갈 길은 머니日暮途遠 허둥대지 않을 수 없다.'

B.C.127년(원삭元朔 2), 제왕齊王이 놀이를 좋아하고 행동이 떳떳치 못하다고 아뢰는 자가 있어 무제는 주보언을 제상齊相으로 삼았다. 부임하자 주보언은 사람을 시켜 제왕이 근친과 간통했다고 소문을 냈다. 제왕은 죄에서 벗어나지 못하고 죽음을 맞이하게 되는 것이나 아닐까하는 두려움에 결국 자살하였다. 이 사실이 알려지자 무제는 크게 화를 내어 그 죄를 물으라 하였다. 이에 공손홍公孫弘이 '주보언을 처단하지 않으면 천하의 인심을 안정시킬 수 없습니다.'하고 아뢰니 무제는 온 식구를 처단하는 족주형族誅刑에 처하였다.

『서경書經』 열명편說命篇에, 예비가 있어야 후환이 없다有備無患
하였으니 비록 평화가 오래 유지되는 때라 하더라도 항상 전쟁의 위
험에 대비하는 자세가 필요하다 하겠다.

함께 알면 좋은 고사

전쟁이란 두뇌싸움이다

火牛救主 화우구주

불 붙은 소가 임금을 구한다는 뜻으로, 기막힌 전술을 펴서 나라를 구한
다는 일컬음이다.

궁하면 쥐도 고양이를 물러 덤빈다

窮寇莫追 궁구막추, 困獸猶鬪 곤수유투

궁구막추 : 궁지에 몰린 도둑은 추격하지 말라는 뜻으로, 어차피
　　　　　 죽게 될 바엔 목숨을 돌보지 않고 싸운다는 일컬음이다.
곤수유투 : 궁한 짐승은 도리어 대어든다

시세에 맞는 생각을 하라

刻舟求劍 각주구검

뱃전에 표를 하고 칼을 찾는다는 뜻으로, 시세의 흐름은 모르고 낡은 생
각을 고집하여 고치지 않는 어리석은 사람에 비유하여 일컫는 말이다.

6장

바르게 행동하라

세상은 모두 시장의 상인처럼 이해관계에 따라

모였다 헤어졌다 하는 사귐을 하고 있습니다.

이들에게는 장군이 권세를 쥐고 있으면 모였다가

장군이 권세에서 떠나면 물러가는 것이 자연적인 현상으로,

이것이 세상의 인심입니다.

탓하실 일이 아닙니다.

횡포는 수명의 단축을 부른다

跋扈 발호

제어하기 어렵다는 뜻으로,
권세나 폭력을 멋대로 휘두르며 날뛰는 행위를 일컫는다.

[후한서 양기 전 後漢書 梁冀 傳]

양기梁冀는 후한 말기의 인물로서 잔인, 횡포의 대명사로 불리던 사람이다. 대장군大將軍 상商의 아들이요, 양 황후梁皇后의 오라비이다. 위로 치켜진 매의 어깨鳶肩에 도끼처럼 세워진 이리의 눈豺目을 가졌으며 말소리가 분명하지 않았다는 기록으로 보아 가히 그의 심성을 짐작할 수 있겠다.

양기는 황문시랑黃門侍郎으로 벼슬길에 발을 들여놓아 136년(순제 영화)에는 하남윤河南尹에 임명되었다. 직무수행에 법은 없고, 횡포하고 방자하기만 했다. 낙양령洛陽令으로 있는 여방呂放은 양기의 아버지 양상과 가까운 사이였다. 여방은 양상에게 말하여 양기의 횡포를 시정시키려고 했다. 양상이 양기를 불러 꾸짖자 양기는 앙심을 품고 자객을 보내 돌아가는 여방을 살해했다.

양기는 이러한 사실이 아버지 양상에게 알려지는 것이 두려워 살인 혐의를 여방과 원한이 있는 사람에게 뒤집어 씌웠다. 그리고 여방의 아우 여우呂禹를 낙양령으로 임명토록 했다. 낙양령에 임명된 여우는 여방과 원한이 있는 집안의 여러 형제 친척들을 철저히 잡아들여 죽음으로 몰았다. 이때 억울하게 죽은 목숨이 1백여 명이나 되었다.

141년(영화 6), 양상이 죽고 양기가 아버지의 대를 이어 대장군이 되었다. 순제가 죽고 뒤이어 황제에 올랐던 충제沖帝가 즉위 5개월 만에 죽자, 양기는 질제質帝를 세웠다. 질제는 나이는 어리지만 총명하고 영리했다. 양기의 방자와 횡포를 익히 알고 있었으므로 어느 날 조회에서 양기를 지목하여 '발호장군跋扈將軍'이라 했다. 권력과 폭력을 마구 휘둘러대는 장군이란 뜻이다.

양기는 질제의 말이 불쾌하고 괘씸했다. 사람을 시켜 떡 구이에 짐鴆독을 발라 질제에게 올렸다. 질제는 그날로 숨을 거두었다. 질제를 이어 환제桓帝가 즉위했다. 양기의 횡포가 황제의 시해도 서슴지 않는 데 이르자 관료들은 두려움에 떨었다. 양기의 명령은 곧 천자의 명령이었다. 천자는 한갓 명목일 뿐 관료들은 그저 양기에게 몸조심하느라 여념이 없었다.

159년(연희 2), 태사령太史令 진수陳授가 일식日食의 변이 생긴 것은 대장군 양기에게 그 책임이 있으니 인책引責해야 한다고 주장했다. 당시 사람들은 일식을 하늘의 문책으로 여겨 정치의 최고책임자에게 책임을 물어 자숙, 자성의 계기로 삼게 했다. 그러나 진수는 양기의 노여움을 사 투옥되어 목숨을 잃었다.

환제는 양기의 횡포를 더는 그대로 둘 수 없었다. 중상시中常侍 선초單超 등 5인에게 밀지密旨를 내려 양기를 제거하라 했다. 선초는 비밀리에 황제의 친위대를 동원하여 전광석화 같이 양기의 저택을 포위했다. 나는 새도 떨어뜨린다는 세도의 양기였지만 집이 포위된 채 공격을 받고 보니 어쩔 수 없었다. 집안에서 펄펄 뛰다가 사태가 기울어졌음을 알고 마침내 양기는 집권 20년 만에 아내와 함께 자살하여 끝을 맺었다.

포악스런 양기가 죽었다는 소식이 전해지자 백성들은 환호성을 지르며 거리로 뛰쳐나와 서로 붙들고 경하했다. 양기의 전 재산은 몰수되었는데 몰수된 재산은 30만여 금이나 되었다. 이 돈을 국고로 환수함으로써 그해 백성들로부터 거둬들여야 할 세금의 절반을 탕감할 수 있었다.

덕을
베풀어라

梁上君子 양상군자

들보 위의 군자라는 뜻으로. 도둑을 일컫는다.
천장에서 소란을 피우는 쥐를 일컫기도 한다.

[후한서 진식 전 後漢書 陳寔 傳]

진식陳寔은 후한後漢 말 사람으로, 영천潁川의 허현許縣 출신이다.
가난한 집안에서 태어난 진식은 일찍부터 고을의 말단관리로 일하면
서 앉거나 서거나 손에서 책을 놓지 않았다. 현령 등소鄧邵가 가상히
여겨 진식을 불러 대화를 나누어 보고 국립대학이라 할 태학太學에 진
학을 알선했다. 중앙관리로 진출한 진식은 사문정장四門亭長, 공조功曹
를 거쳐 태구장太丘長을 지내는 동안 학자로서 관리로서 명망을 한 몸
에 받고 있었다.

당시 한나라 왕실은 환관宦官이 국정을 주무르고 있었다. 지식층
은 정사를 바로잡기 위해 환관을 몰아내려 했으나, 환관을 비호하는
왕실은 오히려 지식층을 당인黨人으로 몰아 벼슬길에 오르지 못하도

록 하는 당고법黨錮法을 만들어 철저히 차단했다.

진식이 대장군大將軍 두무竇武의 보좌관인 연속掾屬으로 있을 때였다. 중상시中常侍 장양張讓이 아비의 상을 당해 영천에서 장례를 치렀다. 장양은 후일 십상시난十常侍亂의 주모자요, 환관의 우두머리로 나는 새도 떨어뜨린다는 권력을 쥐고 있는 자였다. 사람들은 너나할 것 없이 모여들었으나 명망 있는 인사들은 찾아가지 않았다. 그러나 원만하고 예의 바른 진식만은 홀로 찾아가 조문했다.

명사들이 장례에 고개를 돌린데 불쾌했던 장양은 진식에게만큼은 고마움을 간직했다. 당고사건이 발생했을 때 많은 지식층이 해를 입어, 진식도 연루되어 구속되었으나 장양의 도움으로 풀려날 수 있었다. 진식의 몸가짐은 난세를 살아가는 지혜라 할 수 있겠다.

근면하고 겸손한 진식은 남의 괴로움이나 불행을 알뜰히 보살펴 주었고, 정무를 공정하고 청렴, 결백하게 처리했다. 그가 고을을 맡아 다스리던 어느 해, 심한 흉년이 들어 백성들이 굶주림에 시달리게 되자 절도사건이 자주 일어났다. 진식의 집에도 도둑이 들어 들보 위에 숨어 있었다. 진식은 짐짓 알고도 모르는 체, 자리에서 일어나 옷깃을 바로하고 자연스럽게 아들 손자를 불러 일장 훈계를 했다.

"사람은 누구나 천성을 살려 공부하고 노력하지 않으면 안 된다. 악한 사람이라 해서 본래 천성이 악한 것은 아니다. 자신도 모르게 익혀진 못된 습성이 그 사람의 본바탕을 흐리게 해서 악한 짓을 하게 되었을 뿐이다. 바로 이 들보 위에 있는 사람梁上君子이 그런 부류의 사람이다."

방안의 동정을 살피던 도둑은 진식의 훈계를 듣다가 '들보 위의 사람'이란 말에 깜짝 놀라 뛰어내려 진식 앞에 엎드렸다.

"잘못했습니다. 굶다 못해 일을 저질렀습니다. 벌을 내려주십시오." 도둑은 참회의 눈물을 흘렸다. 진식은 인자한 얼굴로 타일렀다.

"너의 외모를 보니 악한 사람 같지는 않구나. 허물을 뉘우치고 깊이 반성하면 선한 사람으로 돌아갈 것이다. 오늘 너의 이 행동은 가난이 죄인 것 같다. 부디 착한 사람이 되어라."

진식은 도둑에게 비단 두 필을 주어 돌려보냈다. 이런 일이 있은 뒤 진식이 맡고 있는 고을에는 도둑이 없었다 한다.

경솔한 행동을
삼가라

漱石枕流 수석침류

돌로 양치질하고 흐르는 물을 베개 삼는다는 뜻으로,
공명을 뜬구름같이 여기고 자연을 벗하며 유유자적함을 일컫는다.

[진서 손초 전 晉書 孫楚 傳]

진晉나라 초기 인물 손초孫楚는 태원太原 출신이다. 재주가 뛰어
났으나 거리낌 없는 성격 탓으로 주위 사람들에게 큰 환영은 받지 못
했다.

위魏나라 때부터 일기 시작한 노장사상老莊思想이 풍미하던 시기
였다. 많은 지식인들이 정치와 세속의 일을 멀리하고 자연을 사상의
표준으로 삼아 인간의 본성으로 돌아가자고 주장하면서, 형식에 얽매
이지 않으려고 했다. 특히 죽림칠현竹林七賢이라 일컫는 산도山濤, 왕
융王戎, 유령劉伶, 완적阮籍, 완함阮咸, 혜강嵇康, 상수向秀 등 일곱 사람
은 대숲에 모여앉아 노장老莊을 논하고 바둑과 술로 세월을 보냈었다.
손초도 이런 시대사조에 휩싸여 젊어서부터 산림山林에 묻혀 은둔 생

활을 하려 했다.

후한 말 이후 삼국시대를 거쳐 진나라에 이르기까지 백여 년 동안 중국 대륙은 하루도 편할 날 없이 전쟁과 약탈의 연속이었다. 지식인들은 섣불리 사회에 진출했다가는 소신을 펴보지도 못하고 무의미하게 죽음을 당할 것을 우려하여 산림山林에 묻혀 노장의 무위자연을 강론하며 술과 바둑으로 세월을 보냈던 것이다.

왕제王濟는 손초와 같은 고을 출신으로 손초와 절친한 사이였다. 훌륭한 자질을 갖춘 손초가 은둔으로 일생을 보내려는 것이 안타까웠다. 왕제는 어느 날 산림에 은둔한 손초를 찾아 마음을 돌려보려고 했다. 손초는 왕제가 찾아온 뜻을 짐작하고, 아직은 이곳을 떠나고 싶은 생각이 없다는 뜻으로 '돌을 베개 삼고枕石, 흐르는 물에 양치질하며漱流 자연을 마음껏 즐기니 좀 좋은가?'하고 말하려던 것을 '돌로 양치질하고漱石, 흐르는 물을 베개 삼으니枕流….'하고 잘못 말했다. 왕제는 무슨 소리냐는 듯,

"이 사람아, 흐르는 물을 베고, 돌로 이를 닦다니?"

손초는 아차 싶었으나 뱉은 말을 거둘 순 없었다. 그렇다고 고쳐 말하기는 손초의 자존심이 허락지 않았다. 손초는 기민한 임기응변으로 뻗댔다.

"하하, 왜 내 말이 틀렸나? 내 설명을 들어보게. 흐르는 물을 베개 삼는다 함은 세상의 온갖 추악한 소리가 들린 귀를 세척하기 위함이요, 돌로 이를 닦는다 함은 돌로 이를 훈련시켜 건강한 치아를 만든다는 말일세. 건강한 이는 오복五福의 하나라 하지 않던가?"

왕제도 억지치고는 그럴듯하다고 생각하고 허허 따라 웃었다.

손초는 40세가 되어 비로소 은둔생활을 청산하고 진동장군鎭東將軍 석포石苞의 참군參軍이 되었다가 풍익태수馮翊太守로 여생을 마쳤다. 그가 기초하여 삼국 오吳나라 왕 손호孫皓에게 보낸 '항복권유문'은 논리가 정연한 명문으로 유명하다.

같은 걱정을
서로 돕는다

同病相憐 동병상련

같은 병자끼리 어여삐 여긴다는 뜻으로,
어려운 처지에 놓여있는 사람들끼리 서로
가엾게 여긴다거나 돕는다는 일컬음이다.

[사기史記 권 31] / [역사繹史 권 89]

중국 춘추시대 오吳나라는 태백太伯 이후, 19세 수몽壽夢에 이르러 강대해지며 비로소 왕이라 일컬었다. 수몽은 네 아들을 두었는데 막내 계찰季札이 가장 현명했다. 계찰에게 왕위를 잇도록 했으나 계찰이 옳지 않다고 사양하므로 차례로 내리받아 계찰에게 이어지도록 했다. 수몽이 죽고 맏이가 대를 이었고, 둘째, 셋째에 이어 계찰의 차례가 되었으나 역시 사양하고 다른 나라로 피해감으로써 셋째의 아들 요僚가 왕이 되었다.

이때 초楚나라 사람 오자서伍子胥가 몸을 피해 공자公子 광光의 집에 묵었다. 이름은 원員이요, 자가 자서이며 아버지는 오사伍奢이다. 오사는 태자 건建의 태부太傅였고, 소부少傅는 비무기費無忌였다. 초 평왕楚平王은 비무기에게 진秦나라 여자를 태자빈으로 맞이해 오도록 했는데 보기 드문 미인이었다. 비무기는 평왕에게 차지하도록 권했고, 며느리 감을 본 평왕은 내전으로 끌어들이고 태자는 다른 여자와 혼인시켰다.

비무기는 태자가 왕이 되는 경우 자신이 위험하다 생각하고 참소하여 태자에게 변경인 성보城父란 곳을 지키게 했다. 비무기는 또 태자가 군사를 거느리고 있어 장차 난을 일으킬 것이라고 꾸며댔다. 화가 난 평왕은 지도를 잘못했다하여 태부 오사를 가두고 사람을 시켜 태자를 죽이라 하자 태자는 송宋나라로 달아났다. 비무기는 오사의 두 아들이 슬기로워 초나라의 근심이 될 수 있으니 죽여야 한다고 했다. 오사와 맏이 오상伍尙은 결국 죽음을 면치 못했으나 오자서는 화를 피해 오나라로 달아난 것이다.

오자서가 오왕吳王 요僚를 보고 초나라를 공격할 기회라 했으나 공자 광은 '원수를 갚으려는 오원의 욕심이지, 아직 그 시기가 아닙니다.' 하고 가로막았다. 오자서는 찬탈하려는 공자 광의 속셈을 파악하고 용사 전저專諸를 소개했고, 공자 광은 오자서를 행인行人이란 벼슬에 앉혔다.

초 평왕이 죽자 오나라는 국상을 틈타 초나라의 침공에 나섰으나 초나라는 그 보급로를 차단하고 돌아갈 길마저 끊었다. 공자 광은 이때를 놓칠 수 없다 하고 전저에게

"찾지 않으면 무엇을 얻겠소. 내가 맏이의 아들로서 왕위를 이어야 하겠소."

"왕 요를 죽일 순 있지만 어머니는 늙고 자식은 어립니다."

전저의 말에 공자 광은 '나의 몸이 그대의 몸이요.'하고 어머니와 아이를 돌보겠다는 뜻을 밝혔다.

공자 광은 지하실에 갑사를 매복시키고 왕 요를 청하여 술을 마시다가 다리가 아프다며 지하로 내려갔고, 전저는 생선구이에 비수를 숨기고 들어가 내려놓으며 비수를 꺼내 왕 요를 찔러 죽였다. 이에 공자 광이 왕위에 오르니 곧 오왕 합려闔廬이다. 초나라와 싸우던 오나라 병사들은 왕이 바뀌었다는 소식이 전해지자 곧 초나라에 항복했다.

초나라 좌윤左尹 백주리伯州犁가 죄 없이 죽음을 당했다. 손자 백비伯嚭가 오나라로 망명해 오자 오왕 합려는 대부大夫에 임명하였다. 대부 피리被離가 오자서를 찾았다.

"무엇을 보고 백비를 신임하십니까?"

"그 원한이 나와 다름이 없소. '하상河上의 노래'에 같은 병자 서로 어여삐여기고同病相憐, 같은 걱정 서로 돕는다同憂相救 하였습니다."

오자서의 말에 피리가

"그대는 겉을 말하지만, 어찌 속마음의 의심을 푸는 것이겠습니까? 내가 백비의 사람됨을 보면 생쥐를 노리는 매의 눈에, 사슴에게 다가가는 호랑이의 걸음걸이입니다. 욕심 많고 잔인한 성격이라 친히 지내서는 안 됩니다."

오자서는 피리의 충고를 대수롭지 않게 여기고 더불어 오왕을 섬겼다. 그 후 오자서는 오나라 병사를 이끌고 초나라를 침공하여 수도 영郢에 들어갔고, 평왕의 시신을 발굴해 태질함으로써 마침내 원수를 갚게 되었다.

오왕 합려가 월越나라를 침공하다가 다친 손이 악화되어 죽었다.

아들 부차夫差가 왕이 되어 '섶에 누워臥薪' 복수할 마음을 다지고, 월나라를 공격해서 대파했다. 월왕 구천句踐이 화친을 청하자 부차는 이를 받아들이려 했고, 오자서는 강력히 반대했으나 오왕은 듣지 않았다. 백비가 월나라로부터 많은 뇌물을 받고 오자서를 참소하였기 때문이었다. 부차는 오자서에게 칼을 내렸다. 오자서는 기가 막혔다. 수하에게

"내 눈을 뽑아 동쪽 성문에 걸어놓아 월나라 사람이 들어와 오나라를 멸망시키는 것을 보게 하라."

하고 목을 찔러 죽었다. 그 후 9년, 월왕 구천은 '쓸개를 핥으며嘗膽' 보복의 칼을 갈다가 오나라를 습격하여 멸망시키고, 뇌물을 먹고 반역행위를 한 백비도 처단하였다.

부귀 영화에
거드름 피우지 말라

南柯一夢 남가일몽

남쪽 나뭇가지의 꿈이란 뜻으로,
덧없이 지나간 한때의 부귀영화가
허망한 꿈과 같다는 일컬음이다.

[유설類說 권 28]

당나라 때 사람 순우분淳于棼은 광릉廣陵 출신이다. 사는 집 남쪽에 오래된 회화나무 한 그루가 있는데 가지와 잎이 무성하여 그늘이 두터웠다. 생일이 되자 순우분은 친구를 초청하여 회화나무 아래에 술자리를 마련하였다. 좋아하는 술이라 거푸 마시다 보니 순우분은 크게 취하여 몸을 가눌 수 없이 되었다. 두 친구가 부축하여 문간방에 뉘자 이내 코를 곯았다.

붉은 옷을 입은 사자使者 두 사람이 나타나 말했다.

"괴안국왕槐安國王께서 모셔오라는 명이 있어 왔습니다."

순우분이 사자를 따라 수레에 오르니 회화나무 쪽 한 굴의 큰 성으로 들어갔는데 성문 위에 '대괴안국大槐安國'이란 현판이 걸려있었다. 한 병사가 달려 나오며 외쳤다.

"부마駙馬께서 도착하셨습니다."

순우분이 인도되어 넓은 전각殿閣에 오르니 흰옷에 붉은 구슬의 관을 쓴 국왕이 보였다.

"앞서 공주에게 순우공淳于公을 섬기게 하라는 명을 받들어 모셔 왔습니다." 사자가 순우분에게 절을 하게 하였다. 이어 여러 시녀의 인도로 금빛 휘황한 복도를 지나 한 문에 다다르니 수의궁修儀宮이라 씌어 있었다. 금지공주金枝公主라 일컫는 여인이 시녀를 거느리고 맞이하였는데 분명 선녀와 같은 자태였다. 순우분은 황홀하고 흐뭇한 심정으로 공주와 예를 갖추고 기쁨을 나누었는데 애틋한 정은 날로 깊어만 갔다. 하루는 왕이

"우리 남가군南柯郡은 다스림이 신통치 않아 걱정이다. 경卿을 보내 다스리게 해야겠다."

순우분을 남가태수南柯太守에 임명하고 금과 옥, 비단 및 부릴 남녀, 그리고 수레와 말을 내어주라 명하였다. 순우분이 임지로 떠나게 되자 거리는 깨끗이 청소되고 공주가 뒤를 따랐다. 왕비가 공주를 타일러 보내며

"순우분은 성품이 강직하고 술을 좋아한다. 지어미의 도리는 오직 유순柔順에 있다. 잘 섬기도록 하라."

순우분이 여러 날 만에 고을에 도착하니 백성들이 거리로 나와 환영하였고 관리가 풍악을 울리며 맞이하였다. 순우분은 풍속을 살피고 백성이 괴롭게 여기는 바를 제거하며 개혁해 나가니 고을이 크게 다스려졌다. 순우분이 부임한 지 20년, 백성들이 여유 있고 걱정 없는

생활을 누리게 되자 태수의 선정을 찬양하여 생사당生祠堂을 짓고 그 덕을 기렸다.

왕은 순우분의 치적을 높이 칭찬하여 불러들여 정승으로 삼고 식읍食邑을 내렸다. 아들 다섯에 딸 둘을 두니 번성하고 영화로움은 비길 데 없었다. 공주가 병으로 사망하자 순우분은 청하여 도성의 반룡강盤龍岡에 장사를 지냈다.

순우분은 의빈儀賓(부마)으로서 지위와 부를 누리게 되자 위세를 부리고 권력을 휘둘렀다. 이에 '앞날이 우려된다'는 글이 올라왔다.

'하늘이 이변을 보이는 것은 나라에 큰 재변이 있을 조짐입니다. 도읍을 옮겨야 할 재난이 걱정되는데 그 빌미는 궁성 안에 있습니다.'

순우분을 빗대어 탄핵하는 내용이었고, 외람되고 사치스럽다는 물의가 일었다. 왕은 순우분을 불러 말하였다.

"경은 잠시 돌아가 친척을 만나보도록 하라. 손자들은 과인이 잘 보살필 것이니 걱정하지 않아도 된다."

순우분은 두 사자에게 인도되어 성을 벗어나면서 비로소 꿈에서 깨어났다. 어린 종은 뜰에 앉아 있었고, 친구들은 평상에 걸터앉아 발을 씻고 있었다. 석양의 해는 산마루에 걸쳐 있고, 서쪽 창에는 햇빛이 아직 비치고 있었다. 순우분은 친구와 회화나무 아래의 구멍을 찾았다. 상 하나가 들어갈 만한 공간이었는데 흙이 성처럼 둘러싸 있었다. 성과 전각 모양이 이루어져 있고 수많은 개미가 모여 있었다. 그 가운데 큰 개미 두 마리가 있는데 흰 깃에 붉은 머리인 점으로 보아 괴안 국왕의 내외임을 짐작할 수 있고, 한 구멍을 살펴보니 남쪽 가지로 올라갔는데 개미가 모여 있는 것으로 짐작컨대 이곳이 남가군인 듯 싶었다. 또 한 구멍은 똬리굴처럼 생겨 용이 서린 모양이었고 작은 흙무덤이 있는데 높이가 한 자쯤 되었으니 이른바 반룡강이다.

순우분은 꿈속의 일을 생각하며 한동안 회상에 잠기다가 흙으로 그 구멍을 메웠다. 그런데 그날 저녁 천둥 번개에 비바람이 휘몰아쳤다. 아침에 흙으로 메운 곳을 헤치고 살펴보니 그 많던 개미가 어디로 갔는지 알 수가 없다. 앞서 '나라에 큰 재변이 있어 도읍을 옮긴다.'고 한 말을 이로 미루어 알 수 있었다.

순우분은 허망한 '남가의 꿈'을 꾸고 사람의 일생이란 한 순간에 덧없이 흘러가 허무하다는 것을 새삼 깨닫고, 도교道敎에 마음을 의지했다고 한다.

이상은 당나라 사람 이공좌李公佐가 지은 『남가태수전南柯太守傳』에 나오는 내용이다. 이공좌는 농서隴西 출신으로 진사에 올라 강회종사江淮從事 양부녹사楊府錄事를 지냈고 전傳과 기문奇文을 잘 썼다.

떳떳해야하고,
근본을 지켜야한다

內省不疚 내성불구, 狐死首丘 호사수구, 代馬依風 대마의풍

내성불구 : 내심 부끄럼이 없다는 뜻으로, 돌아볼 때 떳떳해서 두려움이
없다는 말로 일컫는다.

호사수구 : 여우는 죽어도 언덕에 머리를 둔다는 뜻으로, 언덕에서 자라
삶을 누렸으니 죽어서도 언덕에 머리를 둔다는 말로 근본을
잊지 않는다는 의미다. 수구초심首丘初心이라고도 한다.

대마의풍 : 대 땅에서 자란 말이 북풍을 반긴다는 뜻으로, 고향을 잊지
않는다는 말이다.

[후한서後漢書 권 47]

후한의 평릉平陵 사람 반초班超는 『한서漢書』를 기초한 반표班彪
의 아들이요, 이어 편찬한 반고班固의 아우이며 이를 완성한 반소班昭
의 오라비이다. 큰 뜻을 품고 사소한 일에 마음을 쓰지 않았고, 효성이
깊고 집안일에 근면하여 노고를 부끄러워하지 않았으며 언변이 좋고
책을 두루 섭렵하였다.

형 반고가 교서랑校書郎이 되자 반초는 어머니를 모시고 따라서
낙양洛陽에 올라왔다. 생활이 어려워 관청에서 글씨를 써주고 그 수입
으로 살았는데 오랜 노고 끝에 붓을 내던지고 탄식하며

"대장부 달리 뜻을 펼 길이 없다면 만 리 이역에 나가 공을 세워

후侯에 봉해져야지 글씨나 쓰고 있을 수 있겠는가."

사람들이 웃자 반초가

"너희들이 장사壯士의 뜻을 어찌 알겠는가."

반초는 처음으로 난대영사蘭臺令史가 되었는데 봉거도위奉車都尉 두고竇固가 흉노匈奴를 정벌하러 가면서 반초를 가사마假司馬로 삼아 데리고 갔다. 반초가 병사를 거느리고 나아가 이오군伊吳軍과 싸워 큰 성과를 거두자 두고는 그 재능을 인정하여 서역에 사자로 보냈다.

반초는 선선鄯善에 도착하여 우전于寘을 굴복시키고, 소륵疏勒을 소통시켰다. 사거沙車를 항복받고 구자龜玆를 도망치게 하였으며 언기 왕焉耆王을 사로잡아 처단하였다. 이에 서역의 50여 국이 한漢나라에 공물을 바치고 귀속하였다. 임금은 반초를 서역도호西域都護로 삼고 정원후定遠侯에 봉하니 세상에서 반정원班定遠이라 일컬었다. 반초는 서역에 있은 지 31년 만에 고향으로 돌아와 71세를 일기로 생을 마쳤다.

반초가 구자를 정벌할 때 병력이 부족했다. 강군을 지닌 오손국烏孫國의 지원을 받는 것이 옳다 생각하고 글을 올렸다.

'오손은 궁수弓手가 10만이나 됩니다. 지난날 무제武帝는 공주를 오손에 시집보내고 형제의 의를 다졌으며 선제宣帝 때에는 오손이 흉노의 침공을 받자 15만 기騎를 파견하여 오손을 구한 일이 있습니다. 지금 오손에 사자를 보내 협력을 구하는 것이 좋겠습니다.'

임금이 이를 받아들여 반초를 장병장사將兵長史에, 그 친구 서간徐幹을 군사마軍司馬에 임명하고, 위후衛侯 이읍李邑에게 오손의 사자를 호송하는 임무를 맡겨 별도로 보냈다.

이읍이 우전에 도착하였을 때 구자와 소륵은 맹렬한 전투를 벌이고 있었다. 이읍은 두려워 더 나아가지 못하고 글을 올려 서역의 일은 성공하기 어렵고, 반초는 밖에서 처자만을 끼고 안락을 누리며 안은 돌보지 않고 있다고 헐뜯었다. 반초가 듣고 한숨을 쉬며

"나는 증자曾子가 아니다. '세 번의 참소'를 받았으니 세상의 의심을 살까 걱정이다."

증자가 비費란 곳에 있을 때 증자와 성명이 같은 증삼曾參이 살인을 하였다. 증자의 어머니가 베를 짜고 있는데 증삼이 살인을 했다고 고하는 자가 있었다. 어머니는 내 아들은 그럴 사람이 아니라 믿고 태연히 베를 짰다. 또 한사람이 와서 같은 말을 하였으나 어머니는 역시 흔들림 없이 베를 짰다. 세 번째 고하는 자가 있자 증자의 어머니는 북을 내던지고 정신없이 베틀에서 내려 담을 넘어 달아났다. 세 번의 참소에 어머니도 의심을 하게 된다는 뜻이다.

임금은 반초의 충성심을 믿었다.

"반초가 설령 처자만을 끼고 편히 있다 하더라도 돌아가기를 바라는 1천여 사병 모두가 반초와 같은 마음이겠는가."

이읍을 크게 나무라며 반초의 지휘를 받으라고 명하였다. 반초는 이읍에게 오손의 사자를 보호하여 낙양으로 돌아가라 하자 친구 서간이

"이읍이 일을 망가뜨리려 하였소. 붙들어 두어야 하오."

"내심 부끄럼이 없는데 헐뜯는 말을 걱정할 거야 있겠소內省不疚 何恤人言."

반초는 나이가 많아지자 고향 생각이 간절했다. 글을 올려

'여우가 죽게 되면 태어난 언덕에 머리를 두고, 북쪽 대代 땅에서 자란 말은 북풍을 반긴다狐死首丘, 代馬依風고 합니다. 신에게 바람을 반기고, 언덕에 머리를 두고 싶은 마음이 없겠습니까? 또 오랑캐는 장년을 두려워하고 늙은이를 업신여기는 풍습이 있습니다. 신이 나이 들며 늘 갑자기 쓰러지지 않을까 하는 두려운 생각을 하게 됩니다. 주둔지에서 죽는 것이 한 될 것은 없으나 살아서 옥문관玉門關에 들어가는 것이 소원입니다.'

마음 두어야 할 곳에
관심을 가져라

官猪腹痛 관저복통

관청 돼지의 배앓이란 뜻으로,
나와 관계없는 일이라 관심이 없다는 일컬음이다.

[만회집 晚悔集]

권득기權得己는 이조판서吏曹判書 권극례權克禮의 아들이요, 숙부 권극관權克寬의 양아들이다. 1589년(선조 22), 진사進士에 입격한 뒤 참봉參奉 감역監役 금부도사 禁府都事를 지냈고, 1610년(광해군 2), 식년 문과式年文科에 장원하여 예조 정랑禮曹正郎에 임명되었다.

광해군의 정사가 문란해지며 모후母后(인목대비)가 서궁西宮에 유폐되자 권득기는 어지러운 세상을 우려했다. 고산찰방高山察訪에 임명되었을 때 인목대비가 유폐된 일에 관해서 소疏를 올리려고 초를 잡았는데 내용이 매우 간절하고 정성스러웠다. 사촌형이 알고 강력히 막아 올릴 수 없게 되자 벼슬을 그만두고 폐인으로 자처하였다.

병조좌랑兵曹佐郎에 임명되었으나 나아가지 아니하고 근교에서 한가로이 지내며 도성에는 발을 들여놓지 않았다. 그 뒤 호서의 한 해변으로 내려가 겨우 비바람을 피할 수 있는 집에서 살면서 태연히 여생을 보냈다. 서거 후 이조참판吏曹參判이 증직贈職되고, 공주의 도산서원道山書院에 배향되었다. 권참판의 글 가운데 한 문장을 소개해본다.

남양南陽에 이정영李廷英 선생이란 이가 살았다. 고조인 이조참의吏曹參議 이원생李原生이 처음 동촌東村에 농장을 마련하면서 자손이 눌러 살았는데 이선생이 서촌西村의 반이리盤夷里로 옮겨 살면서 사람들은 그를 반곡盤谷 이선생李先生이라 일컬었다.

집안은 몹시 가난했으나 천성이 효성스러워 부모 봉양에 정성을 다하였다. 일찍이 '부모봉양에 음식, 의복만을 받드는 것이 잘하는 일이 아니라 뜻을 받드는 것이 중요하다.'하고 온화한 얼굴로 부모의 말씀을 어기는 일 없이 마음을 기쁘게 하였다.

아무리 바쁘고 급한 일이 있다하더라도 저녁에 자리를 보아드리고 아침에 문안하는 예를 거르는 일이 없었고, 먼 곳에 다녀와서는 보고 들은 것을 일일이 말씀드렸으며 물러가 쉬라는 말씀이 있어야 물러났다. 아버지 상을 당해서는 묘에 여막廬幕을 치고 죽을 마시며 모셨는데 죄인이라 자처하여 남과 말도 하지 않았다. 마침내 기운을 차릴 수 없을 정도로 수척하여 여러 번 쓰러지기도 하면서 상을 마칠 수 있었다.

또 옛사람은 '자기 수양을 위한 학문爲己之學'에 뜻을 두어 의관을 단정히 하고 꼿꼿이 바르게 앉아 하루 종일 '사물의 이치를 탐구하고格物', 몸과 마음을 '성실하고 경건하게 하는데誠敬' 뜻을 기울여 실천하려고 하였다. 이선생은 세상의 선비들이 이 참된 학문에는 뜻을 두지 않고 한갓 문장을 화려하게 꾸미는 일만이 출세의 길이라고 생각하는 것을 병통으로 여기며 늘 탄식하기를 '이 참된 학문을 사람들은 관청 돼지의 배앓이官猪腹痛 쯤으로 여기고 아랑곳하지 않으니 통탄스런 일이 아닐 수 없다.'하였다. 관청 돼지의 배앓이란 관청 돼지가 많이 처먹고 배를 앓건 말건 나하고는 상관없는 일이라는 뜻을 가진 우리나라 속담이다. 여기서는 세상 선비들이 이 학문을 남의 일처럼 생각하여 뜻을 기울이지 않는 것을 말한 것이다.

이에 이선생은 개연히 이 학문을 밝히려는 뜻을 품고, 선비들과 말을 하게 되면 반드시 올바른 학문에 힘쓰도록 하고, 과거를 보기 위한 글공부에 힘쓰는 일이 없도록 권하였다. 배우러 오는 자가 있으면 반드시 먼저 『소학小學』을 가르쳤는데, 놓아버린 마음放心을 찾는 일을 요체로 하였다. 그리하여 '마음은 늘 간직해야하고, 잠시라도 살피지 않으면 곧 달아난다. 마음이 달아나면 어떤 일도 할 수 없다. 글을 읽을 때도 마음을 놓아버리면 비록 천 번을 읽는다 하더라도 아무 효과가 없다. 이른바 놓아버린 마음을 찾는 일을 다른 데에서 구해서는 안 된다. 잡념을 품지 않고 딴생각 없이 한결같은 자세를 견지해야만 마음을 놓아버리는 일이 적을 것이다.'하였다.

무관심이 무섭다. 관심을 가져야만 잘못을 시정하고 발전할 수 있다. 관심을 갖지 않으면 그대로 주저앉거나 침체의 늪에 빠지기 쉽다. 아무데나 덤벼들고 뛰어들어서도 안 되지만 마땅히 관심을 가져야 할 곳에 관청 돼지의 배앓이 보듯이 해서는 안 된다 하겠다.

자연의 섭리에
순응하여 움직여라

反風滅火 반풍멸화

역풍이 불며 불을 끈다는 뜻으로,
덕으로 정사를 펴면 자연의 감응을 얻어
도움을 받는다는 일컬음이다.

[후한서後漢書 권 79]

광 무제光武帝 때의 인물 유곤劉昆은 양효왕梁孝王의 아들이다. 어려서부터 예禮를 익혔고 대빈戴賓에게 『시씨역施氏易』을 배웠으며 거문고를 잘 탔다. 왕망王莽 때에는 학생들을 가르쳤는데 봄가을로 향사례鄕射禮, 곧 활쏘기를 하여 유학儒學의 덕성을 배양했다. 뽕나무 활 및 쑥대 살桑弧蒿矢을 갖추고 '호엽瓠葉(『시경』의 편 이름)'의 시를 읊으며 활쏘기를 하였다. 이 시는 손님과 음식을 같이 하되 소박하지만 정성이 담겨져야지, 풍성한 데 있는 것은 아니란 내용이다. 향사례가 있을 적마다 고을 수령守令이 아전들을 거느리고 와서 관람했다.

그런데 왕망은 많은 사람을 모아놓고 향사례를 행하는 것은 불순한 생각이 있어서라며 유곤과 그 가족을 외황옥外黃獄에 가두었는데 왕망이 패망하자 곧 풀리었다.

세상을 살아가는 인간사에 갈등은 있게 마련이다. 한순간 참으면 무사할 일을 감정이 보복으로 이어져 종국에는 비극으로 막을 내리게 되는 일이 있으니 경계해야 할 일이다.

양효왕은 전한前漢 문제文帝의 둘째 아들이다. 대왕代王이 되었다가 회양淮陽으로 옮겼고, 또 양梁으로 옮겨 요화궁曜華宮과 토원兎園을 조성하고 사방의 호걸을 불러들였다. 율태자栗太子가 폐위되자 태후는 양효왕을 후사로 삼으려 했는데 원앙爰盎 등이 적극 반대하여 좌절되었다. 양효왕은 자객을 보내 원앙을 찔러죽이고 입조入朝하여 계속 궁에 머무르려 했으나 허용되지 않아 양으로 돌아가 죽었다.

원앙은 농서도위隴西都尉였다가 오吳나라 상相을 지냈다. 원앙은 꾀주머니라 일컫는 조조鼂錯(晁錯)를 싫어했다. 조조가 있는 자리에 원앙은 돌아서 나갔고, 원앙이 앉은 자리에 조조 역시 피했다. 경제景帝 때 조조는 어사대부御史大夫였다. 오왕吳王의 뇌물을 받은 원앙은 고발되어 재물을 탐한 죄로 신분이 강등되어 서인庶人이 되었다.

조조는 제후諸侯에게 많은 허물이 있어 영지領地를 삭감해야 한다고 건의하여 실행에 들어가자 혈족血族을 이간시킨다며 오吳·초楚 등 7국이 반란을 일으켰다. 오의 상을 지낸 원앙의 의견을 물으니, 조조를 처단하면 난은 평정이 된다 하였다. 조조는 조복朝服을 입은 채 저자로 끌려 나가 참형에 처해졌다.

등공鄧公이 글을 올렸다. '오는 반역을 꾀한 지 오래입니다. 영지를 삭감한 데 화를 내어 조조의 처단을 명분으로 내세웠으나 뜻은 조조에게 있는 것이 아닙니다. 조조는 제후가 강대하면 통제가 어려움을 우려해서 영지를 삭감하여 조정의 권위를 세우려한 것입니다. 그 건의가 시행되자 조조는 목숨을 잃어야 했습니다. 충신의 입을 막았고, 제후를 위해 원수를 갚은 것입니다.'하니 임금이 '나도 한스럽게 여긴다.'하였다.

A.D. 29년(광무제 건무 5), 유곤은 강릉江陵에서 학생들을 가르쳤다. 광무제가 듣고 강릉령江陵令에 임명하였다. 강릉에는 해마다 화재가 발생하여 피해가 컸다. 유곤이 거센 불길을 향해 머리를 조아리자 장대비가 내리고 역풍이 불며 불이 꺼졌다. 이어 의랑議郎에 임명되고 시중侍中을 거쳐 홍농태수弘農太守가 되었다.

이에 앞서 효산崤山과 민애黽阨의 역로驛路(통신로)에 호환虎患이 잦아 인적이 끊겼다. 유곤이 고을을 맡은 지 3년에, 교화가 백성에게 크게 젖어들면서 호랑이가 새끼를 물고 하수河水를 건넜는데 광무제가 듣고 기이하게 여겼다. 건무 22년 광무제는 유곤을 불러들여 광록훈光祿勳에 임명하고 물었다.

"앞서 강릉에 있을 때에는 '역풍이 불어 불을 끄게 하더니反風滅火' 홍농을 지킬 때에는 '호랑이가 북쪽으로 하수를 건넜다虎北渡河'고 한다. 무슨 '덕정德政'을 폈기에 이런 일이 있단 말인가?"

"우연한 일입니다."

광무제는 이 사실을 서책에 기록하여 황태자 및 여러 왕의 왕자 50여 명에게 나누어 주라 하였다. 건무 27년 유곤은 기도위騎都尉에 임명되었다가 30년에 늙었다고 사임을 청하니 낙양洛陽에 집을 마련해주고 1천석의 녹祿을 평생 주도록 하였다.

'덕정'이란 '국민이 잘살 수 있도록 덕으로 바르게 다스리는 정치'

라고 국어사전에 풀이했다. 『맹자孟子』에는 '봄에 경작하는 것을 살펴서 부족을 보충해 주고, 가을에 수확하는 것을 헤아려서 부족을 도와준다.' 하였고, 『논어論語』에는 '백성에게 혜택이 가게 하되 국가재정에 소비가 되지 않게 한다惠而不費'고 하였다.

농경사회의 농업생산에 차질이 없도록 보충하고 도와주어補助, 백성의 생활기반이 튼튼해지도록 돌보는 것이 '덕정'이요, 국가재정을 소비하지 않으면서 백성에게 혜택이 돌아가게 하는 일이 '덕정'이다. 유곤의 행적에서 '덕정'을 펴면 자연도 돕는다는 것을 알 수 있다.

옛사람의 득실이
오늘의 교훈이다

覆車之戒 복거지계

뒤집힌 수레를 경계로 삼는다는 뜻으로,
앞사람의 잘못을 교훈으로 삼아 뒤엣 사람이
그 같은 일을 되풀이하지 않는다는 일컬음이다.
같은 뜻으로 전복후계前覆後戒라 하고,
줄여 전철前轍이라고 한다.

[진서晉書 권 50]

중국의 서진西晉 때 사람 유순庾純은 널리 배우고 재능과 의리가 있어 유사儒士들이 우러러보는 큰 선비이다. 고을의 문서를 담당하는 주부主簿에 임명되었다가 정남부征南府에서 일을 보았고, 황문시랑黃門侍郎, 중서령中書令, 하남윤河南尹을 역임하였으며 관내후關內侯에 봉해졌다.

유순은 가충賈充을 간신이라 하여 달갑게 여기지 않았다. 가충은 삼국시대 위魏나라의 검찰총장 격인 정위廷尉를 지내다가 진晉나라 무제武帝 사마염司馬炎이 천하를 차지한 뒤 좌명공신佐命功臣이 되었고, 사공司空 시중侍中 상서령尙書令을 지내면서 아첨으로 자리를 유지한 인물이다. 이런 가충을 유순이 곱게 볼리 없었다.

어느 날 가충이 조정의 여러 인사를 초청하여 잔치를 벌였는데 유순이 뒤늦게 참석하게 되었다.

"그대는 늘 남보다 앞서 움직였는데 오늘은 왜 이리 늦었는가?"

주인 가충이 물었다. 유순은 가충의 말이 비꼬임으로 들렸다.

"저자거리에 일이 있어 마치느라 좀 늦었습니다."

가충이 전에 시장을 감독하는 시괴市魁를 맡았던 일이 있었으므로 유순이 짐짓 저자를 들어 말한 것이다. 유순보다 지위도 높고 명망도 무거운 가충은 유순의 뼈있는 말이 마땅치 않았으나 참았다. 유순이 술을 돌리며 가충에게 권하자 가충이 마시지 않았다.

"장자長者를 위한 축배인데 이럴 수 있습니까?"

유순이 말하니 가충은 얼굴빛이 변하며 쏘아붙였다.

"아비가 늙었음에도 돌아가 봉양하지 않는 자가 무슨 할 말이 있는가?"

"세상이 흉흉한 것은 이 가충 한 사람 때문이다."

유순이 화를 내며 목소리를 높이자 가충이 받았다.

"나는 두 대를 내리 보좌하며 파촉巴蜀을 평정하였다. 무슨 죄가 있어 천하가 흉흉하다는 것인가?"

자리가 소란스럽자 손님들은 뿔뿔이 흩어졌다. 가충의 부하가 유순을 붙잡으려 하였으나 막아서는 사람이 있어 유순은 빠져 나갈 수 있었다. 가충은 부끄럽고 화가 나서 글을 올려 사임을 청하였고, 유순도 두려운 생각에 하남윤과 관내후의 인수印綬를 바치고 자책하는 글을 올렸다.

'아랫사람으로서 불손하게 술에 취해 윗사람에게 대어들었으니

죄를 내려주소서.'

황제가 내린 유순에 대한 답에서

'옛 임금이 상하의 예를 높이고 귀천의 질서를 밝히며 온화하고 공손한 덕을 드러냈다. 술로 인한 해를 기록한 것은 도덕과 교화를 펴고 예절을 보이려는 것이다. 옛날 광한廣漢은 재상을 능멸했다가 윗사람에게 대든 벌을 받았고, 관부灌夫는 취했다 핑계대고 분풀이를 했다가 죄로 죽음을 당하였다. 유순은 경윤卿尹의 지위에 있으면서 겸손하고 공손치 않았을 뿐만 아니라 앞 수레가 전복된 일을 경계覆車之戒로 삼지 않고 윗사람에게 무례한 짓을 하였으니 벼슬길에서 내쫓아 조정의 기강을 세워야 한다.'

유순은 이에 면직이 되었다.

예禮에, 부모 나이 80이면 한 아들만이 벼슬길에서 물러나고, 90이면 모든 아들이 벼슬을 그만 두고 부모를 모시는 것으로 되어 있다. 유순은 여섯 형제이고 아버지는 81세였다. 맏형은 이미 벼슬을 그만두고 아버지를 모시고 있고, 세 아우도 집에 있었으므로 유순이 벼슬을 그만둘 형편이 아니었다. 그런데 가충이 많은 내빈이 모인 가운데에서 '벼슬을 버리고 부모를 봉양해야 옳은데 그러하지 않았다.'고 꾸짖었으니 유순이 화를 낼만도 하였다. 그 뒤 이러한 정황을 파악한 황제가

"옛 사람은, 취해서 하는 말은 뿔 없는 염소도 나오게 할 수 있다 하였다. 취한 것을 책하는 것이 아니라 행동에 실수가 있을까 두려워한 것이다. 유순을 면직시킨 일은 앞으로 술에 취하는 것을 경계하기 위한 것이었다."

하고 유순을 불러들여 성균관成均館의 장이라 할 국자좨주國子祭酒
로 삼고 임금을 가까이 모시는 산기상시散騎常侍에 임명하였다.

전날의 잘못을
깨끗이 바꾸다

呑刀刮腸 탄도괄장, 飮灰洗胃 음회세위

탄도괄장 : 칼을 삼켜 장을 긁어낸다는 뜻으로, 철저히
　　　　　개과천선한다는 말이다.
음회세위 : 재를 마시고 위를 씻어낸다는 뜻으로, 외모와 심성을
　　　　　분명히 바꾸어 지난날의 잘못을 고친다는 일컬음이다.
　　　　　이 두 성어를 합성하여 괄장세위刮腸洗胃라고도 한다.

[남사南史 권 47]

중국 남북조시대 남조의 한 정권인 송宋은 동진東晉의 권신 유유
劉裕가 순제順帝를 옹립했다가 양위를 받아 건설한 나라이다. 건강建康
에 도읍을 정했고, 8대 59년 만에 역시 권신 소도성蕭道成에게 멸망하
니 소도성은 남제南齊의 고제高帝이다.

순백옥荀伯玉은 당시의 인물로서 광릉廣陵출신이다. 송에 벼슬하
여 진안왕晉安王 자훈子勛의 진군행참군鎭軍行參軍이었는데 회음淮陰을
지키던 소도성이 불러 관군형옥참군冠軍刑獄參軍에 임명되었다. 수하
였던 축경수竺景秀가 죄로 구속이 되자 소도성은 순백옥을 의심하여
축경수를 만난 일이 있느냐고 물었다.

　"자주 만났고 타이르기도 하였습니다. 새로워지도록 허락된다면

칼을 삼켜 장을 긁어내고呑刀刮腸, 재를 삼켜 위를 씻어내겠습니다飮灰洗胃."

소도성은 순백옥의 말에 의심을 풀고 곧 풀어주었다. 순백옥이 소도성을 따라 건강으로 돌아가자 소도성은 순백옥을 봉조청奉朝請에 임명하고 집안일을 돌보는 집사執事를 겸하게 하였다.

소색蕭賾은 소도성의 맏아들로서 곧 남제의 무제武帝이다. 저택을 마련하고 아버지 집에 사람을 보내 정원수 두어 그루를 파가려 했으나 순백옥은 허락지 않고 소도성에게 고하니 잘했다 하였다. 소도성이 남연주南兗州를 맡게 되자 순백옥은 따라가 진군중병참군鎭軍中兵參軍이 되었다.

소도성이 계양桂陽을 격파하자 그 명성은 크게 퍼졌다. 순백옥을 표기중병참군驃騎中兵參軍에 임명하고 제양태수濟陽太守를 겸하게 하였다. 소도성이 순제의 양위를 받아 제위에 오르니 소색은 태자가 되었고 순백옥은 남풍현자南豐縣子에 봉해졌으며 예장왕豫章王의 사공자의司空諮議가 되었다.

소색은 아버지 고제를 도와 왕업을 창건했다 해서 조정의 크고 작은 일을 전횡하였고 법도를 어기는 일이 많았다. 측근 장경진張景眞은 태자의 신임을 등에 업고 신분에 걸맞지 않은 사치를 하고 방자한 행동을 서슴지 않으나 기세에 눌려 말하는 자가 없었다.

이에 효기장군驍騎將軍 진윤숙陳胤叔이 태자와 장경진의 비리를 아뢰게 되었고, 순백옥도 그 잘못을 은밀히 아뢰니 고제는 크게 화를 내어 태자를 바꿀 생각을 하였다. 소도성은 본래 예장왕을 사랑했으나 소색이 맏이요, 나라에 공이 있어 태자에 봉한 것이다. 고제는 사

람을 보내 태자를 힐책하고 장경진을 처단하게 하였다. 진윤숙은 앞
날을 걱정하여 모든 일을 순백옥에게 미루었고 소색은 순백옥을 원망
하고 질시하며 몸이 아프다고 드러누웠는데 한 달이 넘도록 소도성의
노여움은 풀리지 않았다.

고제가 태양전太陽殿에 누웠는데 왕경칙王敬則이 곧바로 들어가
조아리며 동궁에 나아가 태자를 위로하도록 계청하였다. 아무 말이
없자 왕경칙은 큰 소리로 '위에서 동궁에 납신다'하고 차비를 갖추게
하는 한편 비밀히 태자에게 사람을 보내 음식을 마련하고 맞이하게
하였다. 그리고 고제를 모시고 수레에 올라 동궁으로 향하였다.

여러 왕을 불러 술자리에 참석하게 하였는데 현포원玄圃園에서 술
자리는 이어졌다. 장사왕長沙王은 화개華蓋를, 임천왕臨川王은 치미선
雉尾扇을, 문희공자聞喜公子는 세 발 달린 보온 술잔인 주쟁酒鎗을 받들
었고, 남군왕南郡王은 술을 돌렸으며 태자와 예장왕 및 왕경칙은 안주
를 받들었다. 취기가 도도해진 고제는 태자에게 술을 내렸다. 모두 흥
겹게 즐기다가 날이 저물어서야 각자 돌아갔는데 이날 왕경칙이 아니
었으면 태자는 폐위될 뻔하였다.

소도성은 순백옥에게 나라의 중요사무를 맡기니 그 권위는 조정
의 으뜸이었다. 순백옥이 말미를 받아 외출을 하면 고위 관리의 수레
는 순백옥이 머무는 곳의 동구를 메웠다. 그리고 '여러 번의 칙명勅命
이 순백옥의 한 명령만 못하다.'는 말까지 떠돌자 태자는 이를 곱게
볼리 없었다.

고제가 죽게 되자 태자에게 순백옥을 가리키며 일을 맡길 만하니
가까이 하라하였으나 순백옥은 불안했다. 무제는 강서江西에서 농사

짓는 원숭조垣崇祖가 순백옥과 친하다는 말을 듣고 혹 난을 일으키지나 않을까 걱정하여 마음 써 어루만지니 순백옥은 비로소 마음을 놓았으나 결국 모함을 받아 원숭조와 아울러 죽음에서 벗어날 수 없었다. 좌율左率 여문현呂文顯이 탄식하며 '순백옥이 고제는 잘 받들었으나 스스로는 보호하지 못했으니 안타까운 일이다.' 하였다.

자신의 말에
믿음이 가게 하라

一諾千金 일낙천금

한 번의 승낙이 천금 같다는 뜻으로,
신의를 지켜 변함이 없음을 일컫는다.

[사기 계포 전 史記 季布 傳]

계포季布는 초패왕楚霸王 항우項羽의 장군이었다. 한나라 고조 유방劉邦과의 싸움에서 여러 차례 고조를 궁지로 몰아넣었다. 유방은 7년여의 투쟁 끝에 마침내 항우를 물리치고 황제위에 오르며 계포를 찾았다. 천 금의 현상금을 걸고 계포를 숨긴 자는 삼족을 멸하겠노라 했다. 한 고조로서는 계포와 싸워 번번이 당하기만 했던 쓰라림이 골수에 사무쳤던 것이다.

계포는 복양濮陽의 주씨周氏 집에 숨어 있었다. 주씨는 계포를 호송하는 죄인으로 가장하여 머리를 깎고 족쇄足鎖를 채워 함거檻車에 태워 노魯나라의 주가朱家에게 팔았다. 주가는 계포임을 짐작하고 사들여 농장에 두었다. 이어 주가는 수도 낙양洛陽으로 가서 정계요인

여음후汝陰侯 등공藤公을 찾았다. 주가는 등공에게 물었다.

"계포에게 무슨 죄가 있기에 현상금까지 걸어가며 긴급체포하려 한답니까?"

"계포가 여러 차례 주상을 괴롭혔으므로 체포하려는 것입니다."

"그대는 계포를 어떻게 보십니까?"

"그야 슬기로운 사람이지요."

"사람이란 각각 그 주인을 위해 일을 합니다. 계포는 항우의 장군으로서 직분을 다했을 뿐입니다. 과거 항우의 사람이었던 사람은 모두 벌을 주어야 한다는 말입니까? 지금 주상께서 천하를 소유하시고 사적인 원한으로 계포를 체포하려 하신다면 너그럽지 못함을 만천하에 드러내는 일입니다. 또 계포는 슬기로운 사람입니다. 한나라에서 용납이 되지 못하면 북호北胡나 남월南越로 달아나지 않는다고 보장할 수 있겠습니까? 장군이 달아나 적국에 도움이 되게 한 역사적인 사실은 초楚나라에서 탈출하여 오吳나라 군대를 이끌고 돌아와 초나라를 짓밟은 오자서伍子胥에게서 찾아볼 수 있습니다. 그대는 왜 이러한 사실을 주상께 말씀드리지 않는 것입니까?"

주가와 대화를 나눈 등공은 내심 '이 자가 계포를 은닉하고 있구나' 짐작하며 주가의 말이 옳다고 생각했다. 등공은 곧 들어가 고조에게 주가가 한 말 그대로를 아뢰었다. 주가의 말을 전해들은 고조는 비로소 계포에 대한 원한을 풀고 특사령을 내려 계포를 사면하고 낭중郎中으로 삼았다.

고조가 죽은 후에도 계포는 중용되어 혜제惠帝 때는 중랑장中郎將이 되었고, 문제文帝 때에는 하동수河東守가 되었다.

어떤 사람이 문제에게 계포를 슬기로운 사람이라고 천거하니 문제는 계포를 어사대부御史大夫로 임명하려고 낙양으로 불러들였다. 그런데 그 사람이 이번에는 문제에게 계포를 비방했다.

"계포는 용맹스러워 술주정을 하면 접근이 어렵습니다."

계포는 낙양에 온 지 1개월이 되었으나 아무런 조치가 없자 문제를 뵙고

"신이 공이 없음에도 사랑을 받아 하동에 나가 있었습니다. 폐하께서 까닭 없이 신을 부르심은 아마도 폐하께 신을 칭찬한 자가 있었던 것이며, 신에게 소임을 맡기지 않으심은 신을 비방한 자가 있었던 것입니다. 폐하께서 한사람의 칭찬으로 신을 부르시고, 헐뜯는다고 신을 버리신다면 폐하의 마음 깊이를 드러내는 것이 아닌가 합니다."

"하동은 중요한 고을이기에 특별히 부른 것이다."

문제는 할 말이 없자 얼버무려 답하였다.

공명정대하고 신의를 중히 여겼던 계포는 평소 권력을 추종하며 아부하는 자를 미워했다. 그는 조구생曹丘生을 싫어했다. 변사辯士로서 소인小人이라 하여 좋아하지 않았던 것이다. 조구생이 계포를 찾아왔다.

"초나라 사람들에게는 '황금 백 근을 얻는 것이 계포의 한 번 허락만 못하다—諾千金'는 말이 있습니다. 장군이 어찌하여 이런 말을 듣게 되었는지 아십니까? 나도 초나라 사람이요, 장군도 초나라 사람입니다. 내가 천하를 돌며 장군을 찬양하는 것도 중요한 일입니다. 그런데 장군은 왜 나를 멀리 하십니까?"

조구생의 말에 일리가 있다고 여긴 계포는 조구생을 상객上客으

로 모시고 융숭한 접대를 하여 보냈다. 계포의 명성이 널리 알려지게
된 데에는 조구생의 영향이 컸다고 한다.

입이 화를
부른다

食言 식언

거짓말이라는 뜻으로,
실천에 옮기지 않는 헛된 말을 일컫는다.

[좌씨 애25 左氏 哀25]

　　노魯나라는 주周나라 무왕武王이 아우 주공周公에게 봉한 나라이
다. 춘추시대 노나라의 혜공惠公은 부인에게 아들이 없었고, 첩 성자聲
子가 낳은 식息이란 아들이 있었다. 식이 장성하자 혜공은 송나라 무
공武公의 딸 중자仲子에게 장가를 들이려 했다가 중자의 미모가 출중
하자 자신이 빼앗아 아내로 삼고 윤允이란 아들을 낳았다.

　　그 후 혜공은 중자를 부인으로 승격시키고 그 소생 윤을 태자로
삼았다. 혜공이 죽자 윤이 어리다하여 나라 사람들이 장년이 된 식을
섭정攝政으로 추대하여 군왕의 일을 행하게 하니, 이 사람이 은공隱公
이다. 은공 11년 겨울, 공자휘公子揮가 은공의 환심을 사기 위해 다음
과 같이 말했다.

"백성들이 주공을 지지하고 있습니다. 주공께서 그대로 왕위에 오르십시오. 주공을 위하여 제가 태자 윤을 제거하겠습니다. 그리고 제게 태재太宰 자리를 주십시오."

"무슨 소리인가? 선왕의 명이시다. 윤이 어리기 때문에 내가 섭정이 된 것이다. 지금 윤이 성장했으니 곧 섭정의 자리를 접고 나는 시골로 내려가 노후를 보내려 한다. 윤에게 국정을 돌려주겠다."

은공은 결연히 말했다. 공자휘는 은공에게 한 자신의 말이 윤에게 알려지기라도 하면 처벌이 있을까 두려워 도리어 윤에게 은공을 모략했다.

"은공이 태자를 제거하고 왕위에 오르려 꾀하고 있습니다. 태자는 대비하셔야 합니다. 제가 태자를 위해 은공을 제거하겠습니다."

윤은 이를 허락했다. 그해 11월, 은공은 종무鍾巫라는 제사를 지내러 나갔다. 사포社圃에서 재계하고 구지舊氏라는 곳에 머물러 쉬고 있었다. 공자휘가 이 틈을 노려 은공을 살해했다. 그리고 윤이 왕위에 오르니, 이 사람이 환공桓公이다.

환공은 제齊나라 양공襄公의 누이를 부인으로 맞이했다. 이 부인은 출가하기 전 오라비 양공과 아름답지 못한 일이 있었다. 환공 18년, 환공은 부인과 같이 제나라에 갔다. 부인은 오라비 양공과 만났고, 환공은 수레 안에서 팽생彭生이란 역사力士에게 목숨을 잃었다.

환공에게는 네 아들이 있었다. 맏이 동同이 뒤를 이으니 장공莊公이요, 다음은 경보慶父, 숙아叔牙, 계우季友이다. 경보는 맹씨孟氏, 숙아는 숙씨叔氏, 계우는 계씨季氏를 성씨로 했다. 이 세 집안을 환공의 후손이란 뜻으로 삼환三桓이라 일컬었다. 이들 세 집안은 날로 번성했고, 세력은 왕실을 압도하기에 이르렀다. 왕실에서 이들의 번창을 꺼려 여러 차례 꺾어보려고 시도했으나 번번이 실패했고, 도리어 삼환의 세력에 억눌려 허수아비로 지내다가 결국 진秦나라에 멸망되기에 이르렀다.

이에 앞서 노나라 애공哀公 25년 6월의 일이다. 애공이 당시 패자覇者인 월越나라 왕 구천句踐을 만나고 본국으로 돌아오는 길이었다. 삼환의 후손인 계강자季康子와 맹무백孟武伯이 오오五梧란 곳으로 나아가 애공을 맞이했다. 애공의 경호원 곽중郭重이 아뢰었다.

"저 사람들의 언동에 심상찮은 점이 많습니다. 주공께서 이번 기회에 단단히 힐책하셔야 합니다."

잔치가 열리자 맹무백이 애공에게 술을 올리고는 곽중을 보며 비꼬았다.

"살이 많이 쪘소."

애공에게 고자질하는 곽중이 미워서 한 말이었다. 계강자가 말을 이었다.

"곽중에게 술과 돼지고기를 듬뿍 내리십시오. 저희들은 노나라의 적이 너무 가까이에 있어 주상께서 먼 길을 떠나시는데도 모시고 가지 못했습니다만 주상을 모시고 고생한 곽중이 저렇게 살이 쪘기 때문에 하는 말인 듯 싶습니다."

애공은 속으로 괘씸한 것들, 평소에 식언食言을 밥 먹듯 하면서…. 빗대어

"식언을 많이 했으니 살이 찌지 않았겠는가食言多矣, 能無肥?"

이쯤 되니 분위기는 험악해졌고, 이로 인해 애공과 삼환 사이는

틈이 벌어졌다. 그 후 애공은 제후의 힘을 빌려 삼환을 제거하려다가 오히려 그들에게 축출되는 신세가 되었다.

스스로 다짐한 일을
저버리지 마라

掛劍 괘검

보검을 묘지의 나무에 걸어놓는다는 뜻으로,
마음속으로 결정한 일을 끝내 지킴을,
또는 양심을 저버리지 않음을 일컫는다.

[사기 오태백세가 史記 吳太伯世家]

계찰季札은 오吳나라 왕 수몽壽夢의 네 아들 가운데 막내이다. 맏이는 제번諸樊, 둘째는 여제餘祭, 셋째는 여매餘昧이다. 계찰은 형제 중에서 가장 슬기로웠다. 아버지 수몽은 형들을 제쳐놓고 계찰을 세자로 심으려 했으나 계찰이 강력히 사양하여 맏이인 제번을 세자로 삼았다.

이어서 왕이 된 제번은 다음해 계찰에게 양위하고자 했다. 계찰은 조曹나라의 예를 들어 사양했다. 계찰이 말한 조나라 예란 이러하다.

조나라 선공宣公이 제후 연합군의 일원으로 출정했다가 죽자, 나라 안에서는 공자부추公子負芻가 태자를 죽이고 임금이 되었다. 조나라 대신과 백성들은 공자부추를 축출하고 자장子臧을 왕으로 세우려

했다. 자장은 이 사실을 알고 국외로 달아났던 것이다.

계찰은 자장이 택한 행동에 따라서 시골로 내려가 밭갈이를 했다. 제번이 죽자 선왕의 뜻이라 하여 다음 아우 여제에게 전위한다고 했다. 왕위를 차례차례 물려서 계찰에게 미치게 하려는 것이다. 계찰은 연릉延陵에 봉해져 연릉계자延陵季子로도 불렸다.

여제 4년, 계찰은 순회대사巡廻大使 자격으로 제후 각국을 순방하게 되었다. 노魯나라를 비롯하여 제齊나라, 정鄭나라, 위衛나라, 진晉나라를 거쳐 서徐나라을 방문했다. 서나라 왕은 계찰이 차고 있는 보검을 몹시 부러워했다. 감히 달라고는 못하지만 갖고 싶어 하는 눈치가 역력했다.

계찰은 서나라 왕의 마음을 읽었으나, 아직 순회대사의 임무가 끝나지 않았기 때문에 선뜻 내줄 수 없었다. 보검을 아껴서가 아니라 의례상 지녀야 하는 의장용儀仗用 검劍이었기 때문이다. 계찰은 내심 임무를 마치고 돌아가는 길에 서나라에 다시 들러 보검을 서나라 왕에게 주리라 마음먹었다.

계찰은 순방을 마치고 돌아가는 길에 서나라에 들렀는데 서나라 왕은 이미 죽고 없었다. 계찰은 서나라 왕의 무덤을 찾아 참배하고 보검을 끌러 묘지의 나무에 걸어놓았다掛劍. 수행원이 물었다.

"서나라 왕은 이미 죽고 없습니다. 누가 가지라고 검을 걸어놓습니까?"

"나는 이미 이 검을 서나라 왕에게 주기로 마음먹었다. 그가 죽었다 하여 내 마음의 결정을 저버릴 수 없다."

그 후 여제가 죽고 다음 아우 여매가 왕이 되었다. 여매가 왕이 된

지 4년 만에 죽자 계찰에게 전위하려 했다. 그러나 계찰은 사양하고 도망쳤다. 오나라에서는

"선왕의 명으로 형이 죽으면 다음 아우가 이어서 왕이 되게 하여 계찰에게 미치도록 했다. 그러나 지금 계찰이 도망쳤으니 하루도 왕의 자리를 비워서는 아니 된다. 그 아들로 대신 세울 수밖에 없다."

여매의 아들 요僚가 오나라 왕이 되었다. 요는 얼마 뒤 제번의 아들 공자광公子光에게 시해되고, 공자광이 왕이 되었다. 이 사람이 합려闔廬이다. 합려가 왕이 되자 돌아온 계찰은 다음과 같이 말했다.

"선왕의 제사가 이어지고 백성에게 주인이 있고, 사직이 잘 받들어지면 곧 나의 왕이다. 죽은 이를 슬프게 여기고, 산 이를 섬기면서 천명을 기다리련다. 나는 난을 일으키지 않을 것이고, 왕이 된 이를 받들 것이다."

말의 화살은
결국 내게로 날아든다

愼桑龜 신상귀

거북에게 뽕나무 이야기를 삼가라는 뜻으로,
별 생각 없이 지껄인 말이 피차의 화를 부름을 일컫는다.

[이원異苑 3] / [장자 산목莊子 山木]

중국 삼국시대 오吳나라 손권孫權 때의 일이다. 영강永康 고을에 사는 사람이 산에 들어갔다가 큰 거북을 만났다. 잡아서 묶어 가지고 돌아오는데 거북이 탄식했다.

"세월을 생각지 않고 돌아다니다가 그대에게 잡히게 되었다. 이미 저질러진 일을 후회한들 무슨 소용이 있겠는가?"

거북의 말을 들은 그 사람은 매우 괴이쩍게 생각했다. 그 사람은 거북을 오나라 왕에게 바치려 했다. 거북을 배에 싣고 가다가 밤에 월리越里라는 곳에서 자게 되었다. 그는 거북을 실은 배를 큰 뽕나무에 매어 놓았다. 밤중에 뽕나무가 거북에게 말을 건넸다.

"딱하게 되었네. 어쩌다 그리되었는가?"

"나는 일수가 사나워 곰국으로 끓여지게 되었네. 그러나 남산南山의 모든 나무를 가져다 끓인다 하더라도 나를 삶지는 못할 것이네."

뽕나무는 거북의 말에 어이가 없었다.

"제갈각諸葛恪은 박식한 사람이네. 반드시 뽕나무로 그대를 삶으라 할 것이네. 그런다면 어찌할 것인가?"

"그대는 지혜롭네. 여러 말 하지 말게. 화는 자네에게도 미칠 수 있네."

뽕나무는 거북의 딱한 사정만을 생각하여 가벼이 지껄였을 뿐, 뒤에 닥칠 재앙은 미처 생각지 못했다.

거북은 마침내 오나라 수도 건업建業으로 끌려갔다. 오나라 왕 손권은 거북을 끓이라 명했다. 그러나 수많은 나무로 거북을 고았으나 삶아지지 않았다. 그러자 제갈각이 늙은 뽕나무로 끓이면 삶아진다고 했다.

거북을 바친 사람이 뽕나무에 배를 매었던 날 밤에 뽕나무와 거북이 주고받은 말을 아뢰었다. 손권은 그 늙은 뽕나무를 베어다 끓이게 했다. 수많은 나무로도 삶아지지 않던 거북은 곧 곰국이 되었다. 거북을 안타깝게 여겨 별 생각 없이 지껄인 뽕나무의 말이 뽕나무 자신에게도 화가 미치는 것을 미처 생각지 못했던 것이다.

이 밖에도 가벼이 내뱉는 말뿐 아니라 아무 생각 없이 취하는 행동도 오해를 부를 수 있다는 뜻에서 다음의 시를 덧붙인다.

세상의 공과 명예에
나무와 기러기*를 살펴보고,   世上功名看木鴈

좌중의 말과 웃음에
뽕나무와 거북을 삼가야 하네.   座中談笑愼桑龜

저자에 호랑이가 들었다고
세 사람이 전하면 모두 믿고,   三傳市虎人皆信

서모의 치마에 붙은 벌을 털다가   一撒裙蜂父亦疑
아비의 의심도 샀다네.

---

* 곧은 나무는 먼저 베어지고, 잘 우는 기러기는 귀여움을 받는다는 뜻에서 쓰였음.

함께 알면 좋은 고사

추악한 이름을 남겨서는 안 된다
流芳百世 유방백세

아름다움을 길이 전한다는 뜻으로, 올바른 일을 위해 비록 고난과 장애
가 있다하더라도 초심을 변함없이 밀고나가 사람들의 아낌을 받고 역사
에 기록되어 길이 전한다는 일컬음이다.

전거문헌典據文獻의 해제

고금사문유취 古今事文類聚: 송宋의 축목祝穆이 지음. 여러 서적의 요긴한 말, 고금의 사실과 문집 등을 모아놓은 것.

고문진보 古文眞寶: 송宋의 황견黃堅이 편찬하였음. 진秦에서 송宋까지의 시문詩文을 모은 책.

고소지 姑蘇志: 명明의 왕오王鏊가 저술하였음. 고소姑蘇의 연혁·인물·지지地志 등이 기록되어 있음.

구당서 舊唐書: 중국 정사. 후진後晉의 유구劉昫 등이 명을 받들어 저술하였음. 이 책은 위술韋述의 구사舊史를 가감해서 이룬 것임.

구오대사 舊伍代史: 송宋의 설거정薛居正이 명을 받들어 저술하였음. 그 후 구양수가 별도로 오대사를 저술하자 설거정의 오대사를 구오대사라 함. 두 책 모두 체재가 있어 하나를 폐기하기 어려워 그대로 두었다 함.

금사 金史: 원의 탁극탁托克托 등이 저술하였음. 본기 19, 지 39, 열전 73, 총 135권 임.

남사 南史: 중국의 정사. 당의 이연수李延壽가 저술하였음. 연수가 남사와 북사를 동시에 편찬하였는데 이 책이 먼저 이루어짐.

남제서 南齊書: 중국의 정사. 양梁의 소자현蕭子顯이 저술하였음. 본기 8, 지 11, 열전 40으로 이루어짐.

명사 明史: 중국의 정사. 청淸의 강희康熙 때 왕홍서王鴻緖 장옥서張玉書 진정경陳廷敬 등이 명을 받들어 편수하였음. 양이 많고 내용이 여러 갈래여서 이루지 못하다가 옹정雍正 때 장정옥張廷玉이 주관해서 완성했는데 체례가 완비되었다고 함.

몽구 蒙求: 당唐의 이한李瀚이 지었음. 옛날의 사적으로서 엇비슷한 것을 네 글자로 쌍으로 모아 어린 아이들이 외우기 편하도록 엮은 책임.

북몽쇄언 北夢瑣言: 송宋의 손광헌孫光憲이 지었음. 광헌이 고계흥高季興을 따라 형주荊州의 몽택夢澤 북쪽에 살았으므로 제호를 북몽北夢이라 붙였다 함. 당나라 말 오대伍代의 일을 기록한 것으로서 잡다하긴 하나 고증할 만한 자료가 된다고 함.

북사 北史: 중국의 정사. 당의 이연수李延壽가 저술하였음. 연수가 여러 대 북쪽 지역에 살았으므로 특히 이 책에 정력을 기울여 사건 서술이 자세하다고 함.

북제서 北齊書: 중국의 정사. 당唐의 이백약李百藥이 명을 받들어 저술하였는데 그 아버지 덕림德林의 업을 이어서 편찬하였음. 본기 8, 열전 42임.

사기 史記: 중국의 정사. 한漢의 사마천司馬遷이 저술한 것으로서 황제부터 한 무제漢武帝까지의 역대 왕조의 사적을 기전체紀傳體로 엮었음.

삼국연의 三國演義: 나관중羅貫中이 엮은 소설 삼국지를 일컬음. 중국 사대기서四大奇書의 하나임.

삼국지 三國志: 중국의 정사. 진晉의 진수陳壽가 지었음. 위·촉·오 3국의 사적을 기록하였음.

송사 宋史: 중국의 정사. 원元의 탁극탁托克托 등이 명을 받들어 저술하였는데 내용이 번잡하고 난잡스러우며 서술에 많을 오류와 소략함이 있음.

송서 宋書: 중국의 정사. 양梁의 심약沈約이 제齊 무제武帝의 명을 받들어 편찬하였음.

수서 隋書: 중국의 정사. 당의 위징魏徵 등이 명을 받들어 저술하였음. 본기 5, 지 10, 열전 50임.

신당서 新唐書: 중국의 정사. 송宋의 구양수歐陽脩 송기宋祁 등이 명을 받들어 저술하였는데 병제兵制, 선거지選擧志, 열전 안에 공주公主 간신奸臣 등을 추가하였음.

신오대사 新伍代史: 중국의 정사. 송의 구양수가 지었고, 서무당徐無黨이 주를 내었으며 총 75권임.

신원사 新元史: 중국의 정사. 청말 가소문柯劭忞이 저술하였음. 소문이 명의 송렴 등이 편찬한 원사元史가 사실에 어긋나고 빠진 것이 많다 하여 시정하거나 보충해서 새로이 원사를 편수하였음. 민국民國 8년에 신당서 신오대사의 예에 의하여 정사로 편입시킴.

십팔사략 十八史略: 원의 증선지曾先之가 지었음. 18종의 중국 정사正史인 사기, 한서, 후한서, 삼국지, 진서, 송서, 남제서, 양서, 진서, 위서, 북제서, 주서, 수서, 남사, 북사, 당서, 오대사, 송사 등의 사적을 간략히 기록한 책.

아계유고 鵝溪遺稿: 조선 선조 때 인물 이산해李山海의 시문집詩文集.

안자춘추 晏子春秋: 안자晏子는 중국 춘추시대 제나라 안영晏嬰의 존칭. 안자춘추를 안영이 지었다고 하나 안영의 일들을 기록한 점으로 보아 뒤에 사람이 수집해 저술한 것으로 보인다고 함. 약해서 『안자』라고 함.

양서 梁書: 중국 정사. 당의 요사렴姚思廉과 위징魏徵이 명을 받들어 편찬하였음. 본기 6, 열전 50으로 이루어짐.

역사 繹史: 청의 마숙馬驌이 지은 책. 개벽 이후 진나라 말까지의 사건을 기록하였음.

열녀전 列女傳: 한의 유향劉向이 저술하였음. 모의母儀·현명賢明·인지仁智·정신貞愼·절의節義·변통辨通·폐얼嬖孼 등 7개항으로 이루어졌음.

열자 列子: 주의 열어구列禦寇가 짓고, 진의 장담張湛이 주를 담. 학문의 기본을 황제黃帝 노자老子에 두었음.

예기 禮記: 한의 대성戴聖이 저술한 책. 소대기小戴記라고도 함. 예의 이론과 실제를 기록한 것임. 시경·서경·주역·춘추와 아울러 오경伍經의 하나임.

요사 遼史: 중국의 정사. 원의 탁극탁 등이 명을 받들어 저술하였음. 야율엄耶律儼과 진대임陳大任의 기록에 의해 이 책을 편찬하였으므로 자못 소략하다 함.

원사 元史: 중국의 정사. 명의 송렴宋濂 등이 명을 받들어 저술하였음. 태조 때 원의 13조 실록 등을 근거로 이선장李善長, 송렴 등 10여인이 편찬하였으나 조잡하고 간략하다 해서 구양우歐陽祐 등에게 명하여 북경 가서 유사遺事를 채집해서 다시 편찬하였음.

위서 魏書: 중국의 정사. 북제의 위수魏收가 편찬하였는데, 당시 올바른 사서史書가 아니란 논란이 있었음. 송의 유서劉恕와 범조우范祖禹 등이 수정 보완하였음.

유설 類說: 송의 증조曾慥가 엮은 책. 한 이후 여러 소설의 사실을 모아서 편찬한 것임.

이십오사 二十伍史: 청의 건륭 때 정사로 정한 이십사사二十四史에 신원사新元 史를 추가해 일컬음. 사기, 한서, 후한서, 삼국지, 진서, 송서, 남제서, 양서, 진 서, 위서, 북제서, 주서, 수서, 남사, 북사, 구당서, 신당서, 구오대사, 신오대사, 송사, 요사, 금사, 원사, 명사, 신원사 등임.

장자 莊子: 중국 전국시대 장주莊周가 지은 책. 노자의 도덕경과 아울러 도가 의 사상을 집성한 것임.

전국책 戰國策: 한의 유향劉向이 진 이전 전국시대 여러 나라의 일을 수집하여 엮은 책.

좌씨 左氏: 춘추 좌씨전春秋左氏傳의 약칭. 춘추는 주대周代 노魯의 연대기로 서 공자가 지었음. 춘추 3전이라 하여 좌씨전 외에 곡양전穀梁傳·공양전公羊 傳이 있음.

주서 周書: 중국 정사. 당의 영호덕분令狐德棻이 명을 받들어 저술하였음. 정관 貞觀 때 양梁·진陳·주周·제齊·수隋 5사를 편찬하였는데 덕분이 주서를 전 담함.

증보문헌비고 增補文獻備考: 우리나라 상고로부터 조선말까지의 문물제도를 분류 정리한 책. 정조 때 이만운李萬運에게 명하여 『동국문헌비고』를 증보한 것임.

진서 晉書: 중국 정사. 당의 방교房喬 등이 명을 받들어 편찬하였음.

진서 陳書: 중국 정사. 당의 요사렴이 그 아버지의 유고遺稿를 정리, 편찬하여 양서와 같이 올림. 본기 6, 열전이 30임.

한비자 韓非子: 중국 전국시대 한韓의 공자公子 한비韓非가 지은 책. 노장의 무위자연설無爲自然說을 받들어 법치주의를 주장한 내용임.

한서 漢書: 중국 정사. 후한의 반고班固가 저술하였음. 반고의 아버지 표彪가 짓기 시작한 것을 반고가 이어서 지었고, 그 누이 소昭가 보수하여 완성하였음.

후한서 後漢書: 중국 정사. 남조 송의 범엽范曄이 저술하였음. 본기本紀, 열전列傳, 지志로 이루어졌는데. 지는 진晉의 사마표司馬彪가 지었음.

항언록 恒言錄: 청의 전대흔錢大昕이 지었음. 방언 속담을 채집하여 그 근원 및 변화 또는 그릇된 것을 추구해서 이 책을 편찬함.

회남자 淮南子: 한의 회남왕淮南王 유안劉安이 지었음. 도덕을 근본에 두자는 내용임.

찾아보기